심리학으로 읽는
삼국지

| 일러두기 |

1. 본문 내용은 실제 역사와 소설《삼국지연의》내용을 종합했으며, 가급적 구분해서 표현하고 있다.
2. 중국의 인명, 지명은 우리나라에서 익히 알려진 표기법을 따랐다.
3. 고서 인용의 경우, 중국어 한자 다음에 편의상 우리식 독음을 달았다.
4. 각 챕터 도입부에 주요 역사적 사건을 정리해 본문을 이해하는 데 도움을 주고자 했다.
5. 본문에서 보충 설명이 필요한 부분은 따로 주석 처리했다.
6. 챕터 소제목이 끝날 때마다 본문 인물들의 성공 및 실패의 심리를 정리했다.
7. 본문에 사용된 그림은 퍼블릭 도메인에서 가져왔다.

삼국지 인물들로 배우는 성공과 실패의 심리

심리학으로 읽는
삼국지

三國志

이동연 지음

평단

01

황건적의 난과
유비의 비상

400년 한나라의 집단 퇴행

황건적의 난

184년 후한 말에 발생한 민중 반란. 정치에는 무관심한 황제 영제가 향락에만 몰두한 사이 권력을 잡은 외척과 환관이 부패해 농민들의 고통이 날로 깊어 갔다. 이때 장각이라는 자가 나타나 '태평도'라는 종교를 일으켜 불안한 민심을 사로잡았고, 이 세력이 커지는 데 두려움을 느낀 정부가 탄압하면서 수십만 명의 태평도 신도가 반란을 일으켰다. 화북 지방을 중심으로 머리에 노란 띠를 묶은 민중들이 일으킨 반란이라 하여, 황건적의 난이라 한다.

도원결의

황건적의 난을 진압할 의병에 뜻을 둔 유비, 관우, 장비 세 청년이 처음 만나 형제애를 맺은 사건. 가난했지만 300년 전 황실의 후예라는 굳건한 믿음과 놀라운 친화력을 지녔던 유비, 다혈질에 술주정까지 심했지만 재산은 제법 있었던 장비, 무와 문을 두루 겸비해 합리적인 판단을 할 줄 알았던 관우. 이 세 명의 환상적인 조합은 황건적의 난을 시작으로 위, 촉, 오 삼국시대를 열 때까지 계속된다.

도원결의와 군중심리

서기 180년경, 복사꽃 만발한 탁현涿縣의 과수원에서 세 청년이 천지신명 앞에 사뭇 비장한 목소리로 맹세문을 읽어 내려간다. 그들 앞에는 검은 황소와 백마가 차려진 제사상이 놓여 있다.

"하늘이시여, 우리는 도탄에 빠진 백성을 구하려 의형제를 맺나이다. 태어나기는 각기 다른 날이었으나 한날, 한시에 죽기 원합니다. 우리 중 누구든 의리를 저버리는 자가 있다면 천벌을 내려주소서."

그 유명한 유비, 관우, 장비[이하 '유관장']의 도원결의桃園結義의 장면이다. 세 청년은 이후, 40년간 난세 평정을 위해 그림자처럼 붙어 다니며 드넓은 산하를 넘나든다.

후한의 영웅들은 어떻게 탄생했나?

난세일수록 사람의 본성은 쉽게 드러나며 아무리 철석같이 맹세한 약속이라도 쉽게 깨진다. 그런데도 유관장의 도원결의는 당시 중국을 흔들었고 1천 년이 지난 지금까지도 인구에 회자되고 있다. 어떻게 그들의 약속은 깨지지 않았을까? 무엇보다도 강력한 '집단 동일시group identification' 때문이라고 본다. 강력한 집단 동일시가 동심원이 되어 퍼져나가며 걷잡을 수 없는 대중 동원력을 갖추게 되었던 것이다.

집단 동일시가 강할수록 성원 간 응집력은 강해진다. 그러나 그만큼 배타성도 강해져 그 집단은 확장되기 어렵다는 한계를 지닌다. 그럼에도 유비劉備, 관우關羽, 장비張飛의 무리가 세력을 확장해 삼국지의 주역이 된 이유는 무엇일까?

유관장에게는 난세에 갈팡질팡하던 백성들이 절실히 갈구하는 모습이 있었는데, 그 모습은 바로 유협游俠의 정신이었다. 유협이란 검을 숭상하고 의리를 중시하는 사람을 말하는데, 그런 사람들의 정신이 선진先秦 시대부터 민간에 깊이 흡수되어 내려오고 있었다.

전한前漢 고제高帝 유방劉邦[기원전 256~기원전 195]은 그런 정신적 토대 위에서 소하蕭何, 한신韓信 등의 협

● **조조, 유비, 손권**: 후한의 혼란을 평정한 세 영웅으로 훗날 위, 촉, 오 삼국시대를 여는 주역이 된다. 유비는 촉나라, 조조는 위나라, 손권은 오나라의 기틀을 세운다.

●● **종횡가**: 중국 춘추전국시대의 제자백가 중 하나로, 군주들에게 각종 책략을 제시하며 정권을 취득하고자 했던 무리를 말한다. 종횡가의 시조는 전국 시대의 귀곡선생鬼谷先生 왕후王詡이다.

객들과 함께 한제국을 세운 후, 황권 강화를 위해 유학을 받아들였다. 그런데 후한後漢 [25~220] 말기 사회가 어지러워지자 다시 '협俠'의 기풍이 일기 시작했다.

이러한 '유협적 유교'의 대표적 표상이 유비였는데, 그는 협俠으로 대중의 무의

유관장의 도원결의, 《삼국지연의》(1591), 베이징 대학교 소장

식을 사로잡고 유儒로 지식인의 명분을 움직였다. 시대가 영웅을 만든다는 말이 있는데, 정확히 말하면 시대정신에 부합하거나, 시대정신을 아울러야 영웅이 될 수 있다는 뜻이다. 달리 말해, 시대정신 중 대표적인 하나의 흐름을 타고 대표성을 획득할 때 그 시대를 주도하는 인물이 될 수 있다.

조조曹操나 손권孫權●도 마찬가지였다. 유비가 시대정신과 부합했다면, 조조는 법가의 법치주의를 내세우며 시대정신을 앞서나갔고, 손권은 전국시대의 종횡가縱橫家●●에 버금가는 외교력을 과시하며 시대정신을 아울렀다. 조금 단순화해서 요즘 식으로 표현한다면 유비는 보수, 조조는 진보, 손권은 중도를 대표했다.

원소袁紹, 원술袁術, 여포呂布, 동탁董卓, 공손찬公孫瓚을 보라. 그들도 나름대로 실력이 출중했고 기회도 많았지만 유비, 조조, 손권에게 밀린 것은 주요 시대정신 중 하나인 대표성을 획득하지 못해서였다.

유비 황손론이 시대 흐름을 제대로 탔다

보수적인 흐름의 대표자 유비는 쉼 없이 유가의 덕을 내세우며 한나라 황실 부흥을 외쳤다. 유교에서 황제는 천자天子, 즉 하늘을 대표하는 존재였다. 유비가 그토록 "나는 황손"이라고 떠들고 다닌 이유도 거기에 있었다.

그러나 알고 보면 황당한 이야기이다. 유비의 조상이 3백 년 전 인물인 경제景帝[한 효경황제 유계, 기원전 188~기원전 141]의 아들 유승劉勝이라고는 하나, 경제의 아들만 1백 명이 넘는 데다가 까마득한 옛일이라 유비의 주장이 사실인지는 확인할 길이 없었다. 하지만 그런 '유비 황손론'이 민심을 모으는 역할을 한 것은 물론이고, 유관장 삼형제의 의리를 지켜주는 방패막 역할도 톡톡히 했다.

후한의 제14대이자 마지막 황제 헌제獻帝[한 효헌황제 유협, 181~234]가 면전에서 유비를 '유황숙劉皇叔[황제의 숙부라는 의미]'이라고 부른 후부터 유비 황손론은 더욱 기정사실화되었다. 유비 자신도 황숙임을 자처했고 관우, 장비도 누구를 만나든 "우리 형님은 유황숙"이라고 자랑했다.

유비가 처음 융중隆中에 있는 제갈량諸葛亮을 찾아갔을 때였다(p.365 참조). 제갈량이 출타 중이라는 동자의 말을 듣고 돌아서던 유비는 "황실의 유황숙이 찾아왔다고 꼭 전하거라"라는 말을 남겼다. 그만큼 유비는 후한 사회에서 황숙이라는 '명칭의 무게감'을 익히 알고 있었다. 유비, 관우, 장비 삼형제의 정체성도 바로 이 유황숙이라는 명칭과 관련이 깊다. 관우와 장비로서는 그들이 황숙을 형님으로 모시고 있다는 대단한 자부심이 난세를 헤쳐 나가는 든든한 힘이 되었을 것이다.

유관장 삼형제 집단뿐만 아니라, 다른 어떤 집단도 일단 시작되면 단지 개인들의 집합에만 머물지 않는다. 개인에게 자아가 있듯 집단에도 집단정체성group identity이 있기 때문이다. 집단정체성이란 집단을 구성하는 각 개인의 성격과 차이에서 오는 자극의 총합을 뜻한다. 그런 집단정체성 때문에 개인은 혼자 있을 때와 집단 속에 있을 때의 모습에 차이가 발생하는 것이다. 평소 합리적인 사람이 특정 집단에만 들어가면 이해할 수 없는 행동을 저지르는 일이 비일비재한데, 집단 분위기에 휩쓸려 자기 가치관이나 특성이 약해지는 몰개성화 현상이 발생해서 그렇다. 몰개성화를 방지하면서도 건전한 집단정체성을 유지하려면 같은 진영, 같은 이념이라 해도 끊임없는 비판 의식과 객관적인 성찰로 자기 자신을 들여다볼 필요가 있다.

집단이 클수록 대면보다 구호, 계급장, 복장, 깃발 등 상징작용을 통한 의사전달이 늘어난다. 유비가 활용한 상징은 '나는 황숙'이라는 구호였으며, 다른 황손들과의 차별화로 유협식 의義와 유교식 인仁의 정치를 표방했다. 백성들은 그런 유비에 열광했다. 유비를 보면 심지어 향을 피우고 절하는 사람이 있을 정도였다. 유비가 조조에게 쫓기는 신세가 되었을 때도 수만 명이 위험을 무릅쓰고 그의 뒤를 따랐다. 훗날 유비가 촉나라를 세워 삼국시대의 한 축을 이룰 때도 가장 강력히 작용한 힘은 분명 그런 집단 동일시였을 것이다.

집단 응집력이 강해질 때 나타나는 위기

하지만 그 견고한 동일시 때문에 위기가 발생하기도 한다. 유비가 의형제인 관우의 복수전을 무리하게 감행하다가 종말을 맞이한 것(p.420 이후 참조)이 대표적인 사례이다. 유비 집단의 응집력은 가능성이면서 동시에 한계였다. 집단이 태동할 시기에는 강한 동일시가 필요하지만, 집단의 성장기에는 동일시가 집단 가치에 대한 공감으로 발전해나가야 한다. 그래야 변화에 적응하고 새로운 인재도 충원해나갈 수 있다.

유비가 제갈량을 처음 영입했을 때 관우와 장비는 자신들의 집단 정체성이 위협받는다고 느끼고는 내심 불편해했다. 오죽하면 유비가 "내가 공명孔明[제갈량의 자]을 얻음은 물고기가 물을 얻음과 같으니 두 아우는 더 이상 여러 말 하지 마라"라며 주의를 주었을까?

제갈량도 관우와 장비를 달래려고 많이 노력했다. 거병 때부터 유비와 생사고락을 함께한 관우와 장비를 존중하는 한편, 책사가 전무한 유비 진영에 연이어 뛰어난 전략을 내놓았다. 그렇게 제갈량이 자신의 가치를 확인해주자, 관우와 장비도 방어적인 태도를 다소 누그러뜨렸다. 그때부터 유비 조직은 손권 무리와 연대하면서 일취월장한다.

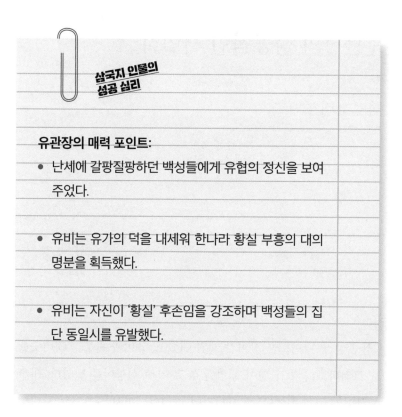

삼국지 인물의
성공 심리

유관장의 매력 포인트:

- 난세에 갈팡질팡하던 백성들에게 유협의 정신을 보여
  주었다.

- 유비는 유가의 덕을 내세워 한나라 황실 부흥의 대의
  명분을 획득했다.

- 유비는 자신이 '황실' 후손임을 강조하며 백성들의 집
  단 동일시를 유발했다.

유관장의 성공적인 서열화

　유관장 중 나이로는 장비가 제일 어렸고, 유비와 관우는 엇비슷했다. 그러다보니 누가 형이 될까를 놓고 자주 실랑이를 벌였다. 하루는 장비가 근처 큰 나무를 가리키며 말했다. "먼저 올라가는 사람이 큰형님 하자!"

　장비는 이 말과 동시에 부리나케 나무 꼭대기로 올라갔다. 관우도 뒤질세라 나무에 껑충 뛰어올랐지만 중간쯤에서 멈췄다. 제일 늦게 출발한 유비는 허겁지겁 달려와 겨우 몸통만 껴안고는 이렇게 능청을 떨었다. "이놈들아 뿌리 없는 나무가 어디 있냐? 뿌리가 있어야 위로 줄기가 뻗어가는 법. 그러니 뿌리에 가까운 기둥을 차지한 내가 맏형이 되어야 맞다."

　관우와 장비는 이 말에 시원스럽게 동의했다.

　"좋다! 오늘부터 유비가 맏형님이다."

나무에 오른 역순으로 형제 서열이 정해졌는데, 그 방식은 세 사람의 특성과도 묘하게 맞는 구석이 있었다. 지식으로 치면 관우가 유비보다 한 수 위였고, 무술로 치면 유비는 두 아우에게 한참 못 미쳤다. 그러나 유비는 특유의 친화력으로 소신의 관우, 다혈질의 장비를 품었다. 세 사람의 소망 역시 묘하게 조화를 이루었는데, 유비는 어릴 적부터 몽상가마냥 가슴에 대망을 품었다. 그런 소망이 있었기에 온갖 난관을 뚫고 나아갈 수 있었을 것이다. "신대륙을 꿈꾸는 한 어떤 풍랑도 이겨낼 수 있었다"라는 콜럼버스의 말처럼 말이다.

다행이랄까! 그런 웅장한 신대륙이 관우와 장비의 가슴속에는 없었다. 유비가 '미래 지향적'이라면, 장비는 늘 가슴에 불이 타오르는 '솔직한 기분파'였고, 관우는 의미를 중시하는 '원칙주의자'였다. 그런 관우나 장비가 맏형이 되었다면? 삼국시대의 한 축이 된 촉나라 개국은 애초에 불가능했을 것이다. 비전의 유비, 명분의 관우, 기분의 장비가 형제 서열을 조화롭게 정했기에 중국의 삼국시대도 열릴 수 있었다고 본다.

애정과 헌신으로 단단해진 삼각관계

셋은 생김새도 성격도 역량도 달랐다. 유비는 얼굴이 옥처럼 하얬고, 관우는 잘 익은 대추처럼 붉었으며, 장비는 제비턱에 호랑이 수염을 지닌 검은빛이었다. 검은색이 강직함과 직선적인 것을 상징한다면 붉은색은 충성심을, 백색은 결백을 상징한다. 이 또한

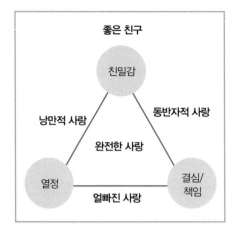

좋은 친구

친밀감

낭만적 사랑   동반자적 사랑

완전한 사랑

열정   얼빠진 사랑   결심/
책임

스턴버그Robert Sternberg의 삼각이론

Sekkan Sakurai, 삼국시대의 세 영웅:
좌에서부터 차례로 유비, 관우, 장비.
《삼국지연의》, The Field Museum 소
장

셋의 성격과 묘하게 맞는
다. 대의명분을 중시하던
유비였기에 명분 있는 대
상에 충성하는 관우와 다
혈질이지만 의협심 넘치
는 장비를 충분히 제어할
수 있었다.

특히 장비는 매우 위험
한 인물이었다. 흔히 장비
를 우레 같은 목청과 질주
하는 말의 기세를 지녔다고 하는데,
언제 분노가 폭발할지 모르는 시한폭
탄 같았다.

이들 의형제가 그토록 긴밀할 수
있었던 이유를 로버트 스턴버그Robert
Sternberg의 삼각이론으로 설명해보자.

애정의 기본 요소는 열정passion, 친
밀감intimacy, 헌신commitment 세 가지이
다. 모든 애정 관계는 초기에 열정이
강하고, 시간이 흐르면 그 강도가 줄
어든다. 그 빈자리를 친밀감과 헌신
이 메워준다면 애정은 변함없이 유지
될 수 있다. 유관장의 유별난 관계는

맏형인 유비가 자기 가족의 안위 이상으로 두 아우를 각별히 대했고, 그 애정을 뼛속 깊이 느낀 관우와 장비가 혼신을 기울여 헌신한 데 있었다.

유관장 조직의 파워는 무엇이었나?

친밀감과 헌신 외에도 유관장을 묶는 또 하나의 암묵적 룰이 있었는데, 그것은 바로 '춘추대의春秋大義', 즉 대의명분을 중심으로 한 '의리'였다. 어느 집단이나 그 집단이 작동되는 전제이자 동기인 암묵적 룰이 작용하기 마련이다. 그런 암묵적 룰이 개인적인 필요, 가치, 동기와 결합될 때 조직의 파워는 증가한다. 유관장 팀이 그랬다. 성격은 제각각이었으나 신념은 '춘추대의' 하나였기에 평생 의리가 가능했던 것이다.

관우는 전쟁터에서까지 공자의 《춘추春秋》를 옆구리에 끼고 다녔고, 장비 역시 성격은 불같았지만 지방 사대부 출신으로 지적 허영심이 있어서 학식 있는 선비를 만나 이야기하기를 좋아했다. 오히려 유비가 관우나 장비보다 독서를 덜 좋아했다. 물론 유비는 15세 때부터 대유학자 노식盧植에게서 유교를 배웠다. 옳고 그름이 분명했던 노식의 가르침에서 유비가 특히 깨달은 바는 눈앞의 이익보다 명분이 더 중요하다는 것이었다.

유비 삼형제처럼 암묵적 룰이 서로 통하면 정서적 상호작용이 원활하게 일어난다. 그래서 이들의 의리는 혈육보다도 진했다. 훗날 장비가 술에 취해서 여포에게 서주성을 빼앗기고 유비의 가족까지 지키지 못해 자결하려 할 때 유비가 급히 장비의 칼을 빼앗으며 이렇게 타일렀다.

"옛말에 형제가 손발이라면 처자식은 옷이라 했다. 옷이야 찢어지면 꿰맬 수 있지만 손발이 끊어지면 어찌 이을 수 있겠냐? 우리 셋은 도원에서 같은 날 죽기로 맹세한 사이 아니냐? 서주성이야 원래 우리 것도 아니고 여포가 내 처자를 잡아갔지만, 설마 죽이기까지야 하겠냐? 그들을 구해낼 방도를 찾으면 되지, 네가 죽을 일은 아니야."

유비가 옷소매로 눈물을 닦아내자, 관우도 장비도 울음을 참지 못했다. 이처럼 세 사람은 서로를 위해서라면 목숨도 아끼지 않는 사이였다.

유비가 제갈량을 등용한 다음 해인 208년 8월경이었다. 하북河北을 장악한 조조가 남쪽으로 방향을 돌려 형주荊州의 주도인 양양襄陽까지 달려오자, 근처 번성에 주둔하던 유비는 강남 지역으로 도주해야 했다. 그때 장비가 20명의 기병을 이끌고 당양當陽에 이르러 강을 방패삼아 다리를 끊고, 조조의 추격대 5천 기병을 막아섰다. 그사이 유비는 무사히 도망칠 수 있었다.

관우도 마찬가지였다. 200년에 서주 소패성에 머물던 유비가 조조에게 등을 돌리며 조조의 공격을 받고 세 사람이 뿔뿔이 흩어진 일이 있었다. 그때 유비는 기주冀州의 원소袁紹에게로, 장비는 망탕산芒碭山으로 피신했고, 하비성下邳城에서 유비의 두 아내, 감甘 부인, 미糜

부인을 지키던 관우도 결국 조조 군대에 쫓겨 토산 꼭대기에서 홀로 포위당하고 말았다. 그러나 관우는 항복을 거부하고 장렬히 전사하겠다며 버티는데, 평소 관우의 무용과 충의를 흠모하던 조조가 항복하라고 설득했다.

그러자 관우는 "유비 형님이 계신 곳을 알면 떠나겠다"는 조건으로 조조에게 항복했다. 그 후 조조가 관우를 극진하게 대우하며 회유했지만 그는 조금도 흔들리지 않았다. 그리고 조조가 원소와 백마白馬 땅을 놓고 다툴 때, 관우는 원소의 맹장 안량顔良에게 붙들린 조조를 구해냄으로써 그 은혜에 보답했다. 그런데도 얼마 후 유비의 거처를 알게 되자 관우는 미련 없이 편지 한 장만 남겨놓고, 원소의 부하 노릇을 하던 유비에게로 달려갔다.

이처럼 우여곡절 끝에 헤어졌다가 다시 뭉치기를 반복하는 세 의형제의 이야기는 전쟁에 시달리던 백성들에게 동병상련을 일으키며 무한 감동을 주었다.

유비의 '내려놓음'이 통했다

유비는 맨주먹으로 나락에 떨어지기[赤手空拳]를 수차례 했지만, 그때마다 의형제들 덕분에 잘 이겨냈다. 유비가 여러 차례 권력을 털린 것은 우유부단한 성격 탓이 컸는데, 오히려 그런 성격이 도겸, 조조, 원소 등에게서 동정심을 불러일으켰고, 빼앗겼던 권력을 다시 쟁취하는 데도 유리했다.

유비는 도겸陶謙에게서 거저 받은 서주성을 여포에게 털렸고, 그 후 조조가 원술을 치라고 빌려준 군사로 자기 세력을 불리다가 조조에게 크게 혼난 뒤 혈혈단신으로 원소에게 피신했다. 원소가 관도대전官渡大戰(p.342 이후 참조)에서 조조에게 대패하자, 오갈 데 없는 유비는 형주자사 유표劉表를 찾아갔다. 그때 유표에게서 공짜로 받은 신야新野(p.354 참조) 덕분에 유비는 그곳에서 다시 세를 불려갈 수 있었다. 아울러 제갈량을 얻은 유비는 남하하는 조조에게 밀리던 중 손권孫權과 연대해 208년 적벽대전에서 승리한다. 그 승리로 유비는 삼국의 한 축인 촉을 얻는다.

이처럼 유비는 권력을 통째로 주웠다가 통째로 털리기를 최소 세 번은 반복한 셈이다. 《삼국지》에서 유비만큼 이름 앞에 '단기필마'나 '홀홀단신'이라는 수식어가 많이 붙은 인물은 없다. 그런데도 그런 큰일을 해낼 수 있었던 것은 우유부단한 성격 외에도 포기할 건 포기하고 미련에 휘둘리지 않는 미래 지향적인 성격 덕분으로 보인다. 이와 더불어 관우와 장비의 굳건한 의리가 없었다면 유비 혼자 난세를 돌파해나가기란 불가능했을 것이다.

유비, 관우, 장비 특별한 관계의 비결:

- 나이, 지식, 실력과는 상관없이 유비를 맏형으로 인정
  했다.

- 유비는 아버지 같은 리더십으로 관우와 장비라는 전혀
  딴판인 두 호걸을 품으며 그들의 헌신을 이끌어냈다.

- 유비는 미래 지향적 성격으로 과거의 실패에 연연하
  지 않았다.

대중의 환상이 된 유비,
미신의 탄생

《삼국지연의》에 묘사된 유비의 성품은 다음과 같다.

那人不甚好讀書(나인불심호독서) : 독서를 즐기지는 않았으나

性寬和(성관화), 寡言語(과언어) : 관대하고 말수가 적었다.

喜怒不形於色(희로불형어색) : 감정을 얼굴에 잘 드러내지 않고

素有大志(소유대지) : 큰 뜻을 품었으며

專好結交天下豪傑(전호결교천하호걸) : 천하호걸들과 교류하기를 좋아

했다.

유비의 외모에 대해서는 이렇게 묘사했다.

生得身長八尺(생득신장팔척) 兩耳垂肩(양이수견) : 큰 키와 큰 귀

雙手過膝(쌍수과슬) : 무릎 아래까지 내려오는 손

보잘것없는 유비가 어떻게 영웅이 되었나?

종합해보면, 유비는 큰 키에 원숭이처럼 긴 팔과 자기 눈에도 보일 정도의 큰 귀를 지녔다. 어떻게 보면, 공자와 부처를 조합한 모습이다. 공자는 장신이며 긴 팔에 거북이등이었고 부처는 유달리 큰 귀를 지녔다. 잦은 황제 교체와 민란에 고통을 겪는 민중의 열망이 유비의 외모에 투영된 것은 아닐까?

한 시대의 영웅은 그 시대의 민중 심리에서 탄생한다. 영웅이 탄생하기 좋은 두 가지 토양이 있다면, 첫째는 기득권이 사회적 자원을 계속해서 독점하는 상황이고, 둘째는 기득권이 만들어놓은 교묘한 절차가 불의를 그럴듯하게 합법화해놓은 환경이다. 근대국가 이후 민주주의 체제에서 지배 엘리트들은 자주 후자의 오류에 빠진다. 후한 말기는 전자에 속했다. 그 토양에서 도교가 탄생했고, 황건적과 오두미도五斗米道교●(p.401 참조)도 그 연속선상에 있었다. 이런 사회적인 아노미 상태에서 대중

● **오두미도**: 오두미교라고도 함. 후한 말기 설립된 도교 기반의 종교로 창시자는 장릉張陵이다. 황건적이 토벌되면서 태평도 잔당이 오두미도교에 흡수되었다. 오두미도교의 수뇌 장릉은 특별한 약과 비술로 병을 잘 고친다는 소문이 퍼져 수만 신도를 얻었다. 오두미도五斗米道라는 이름은 신도들에게 쌀 5두斗씩 바치게 한 데서 유래한다. 장릉의 손자 장로張魯는 후한 멸망 직전 약 20년간 정치와 종교가 일치하는 독립 왕국을 이루었으나 215년 조조의 침공으로 정치적 성격을 잃고 종교만 지금까지 그 명맥을 이어오고 있다.

은 무의식적으로 원시사회에 존재했던 '부족의 우두머리' 같은 인물을 희구하게 된다. 그때 대중이 찾는 리더가 강력한 힘의 소유자라면 파시스트가 출현하고, 자상하고 희생적인 리더라면 유비 같은 인물이 출현하게 된다.

유비가 겪은 시련과 갈등은 곧 민중의 시련과 갈등으로 여겨졌고, 그가 극복해낸 과정은 민중의 신화가 되었다.

극빈했지만 자존감은 높았던 아이

어린 시절 유비는 홀어머니를 모시고 짚신과 돗자리를 팔며 겨우 생계를 이어갔다. 그런 냉혹한 현실을 버틸 수 있었던 것은 허울뿐일망정 황실의 후예라는 자긍심 덕분이었다. 앞서도 이야기했지만, 전한의 6대 황제 경제가 유비의 조상이라는 주장은 딱히 증명할 수 없었다.

유비는 내세울 것이 없었다. 가문은 물론, 무술, 지력, 자금력 등 어느 것 하나 특별히 눈에 띄는 것이 없었다. 유비는 50세가 다 되어서야 겨우 기반을 닦았고 그전에는 몸을 의탁할 곳을 찾아 온 나라를 전전하는 처량한 신세였다. 그런데 바로 그 모습이 민중에게 통했다. 바닥에서 올라가며 몇 번씩 쓰러져도 큰 뜻을 잃지 않는 모습. 겨우 칼 한 자루만 품고 외로이 대륙을 누비며 옳은 일을 행하는 협객의 모습. 민중들에게 유비는 그런 이미지로 각인되었다. 따라서 '300년 전 황제의 후손'임을 내세운 것마저 민중에게는 영웅들에게서 흔한 '신비로운 출생의 비밀'로 작용했다.

유비의 생가 근처에는 뽕나무가 많았다. 그중 제일 큰 나무를 볼 때마다 유비는 입버릇처럼 종알거렸다. "나는 이 다음에 커서 황제의 수레를 탈 거야." 늘어진 뽕나무 가지가 유비에게는 황제가 타는 수레의 덮개처럼 보였던 모양이다. 그 소리를 들은 숙부 유자경劉子敬이 "말조심해라. 멸문지화를 당할 수도 있다"라고 주의를 주었다.

그때부터 유비는 차츰 말수를 줄였고, 감정을 잘 드러내지 않았다. 노식에게 배울 때도 공부보다는 화려한 의복에 관심을 더 두었고, 말이나 개 등 짐승을 돌보고 음악 듣기를 더 좋아했다.

유비에게는 공부 자질은 없는 대신 사람을 끌어들이는 흡인력이 있었다. 같은 문하생 중에 공손찬公孫瓚과도 호형호제하고 지냈는데 이것이 인연이 되어 훗날 공손찬이 유비를 수차례 도와준다.

유비는 누구보다 노식에게서 많은 영향을 받았다. 노식은 대학자이기도 했지만 천성이 담백했다. 벼슬길에 올랐을 때는 환관의 횡포를 반대했으며 영제靈帝[후한 효령황제 유굉, 156~189] 옹립에 큰 공을 세운 외척 두무竇武에게도 교만하지 말라고 조언한 바 있다. 제자들에게는 경전 암송보다 겸양지덕과 올바른 정치적 식견이 중요함을 강조했다. 이런 영향으로 훗날 유비는 환관의 후손이라는 비난을 듣던 조조와는 정반대의 액션을 취하게 된다.

● **후한 시대의 행정구역:** 가장 큰 행정구역으로 13개 주州가 있었고, 각 주 아래에 여러 군郡, 또는 국國이 있었다. 군 또는 국 아래에는 여러 현縣이 있었다. 주의 우두머리는 목牧, 또는 자사刺史, 군 또는 국의 우두머리는 상相, 현의 우두머리는 현령縣令이라 칭했다. 여기서 익주는 13개 주 가운데 하나이며, '자사'란 군의 태수를 감찰하던 직위로서 '목'이라고도 불렀다.

민중은 자비로운 지도자를 원했다

211년경 조조가 한중漢中의 장로張魯를 공격할 것이라는 소문이 돌았다. 한중 바로 옆에 있는 익주益州 ●의 자사이던 유장劉璋이 겁을 먹고 형주에 머물던 유비에게 도움을 청했다. 그리하여 유비가 수만 명의 군사를 이끌고 익주로 들어갔는데, 방통龐統은 유비에게 이대로 유장을 잡고 익주를 차지하자고 했다(p.407 참조).

"북쪽에 조조, 동쪽에 손권이 있는데 형주는 황폐해져 이대로는 천하의 한 축을 이루기가 어렵습니다. 익주는 부유하고 호구수가 백만이 넘지만 유장이 나약하기 이를 데 없으니 이를 임시로 취해 대사를 이루십시오."

방통의 그 말에 유비는 다음과 같이 반대한다.

今指與吳爲水火者(금지여오위수화자) 曹操也(조조야) : 내게 물, 불과 같은 존재가 조조이다.
操以急(조이급) 吾以寬(오이관) : 그가 성급하면 나는 관대했고
操以暴(조이폭) 吾以仁(오이인) : 그가 난폭하면 나는 인자하게 했다.
操以譎(조이휼) 吾以忠(오이충) : 그가 속임수를 쓰면 나는 진정으로

대했다.

每與操反(매여조반) 事乃可成耳(사내가성이) : 나는 항시 조조와 반대로 행했기에 가히 일을 이룰 수 있었다. - 《자치통감(資治通鑑)》

이래서 유비가 '자비한 우두머리'를 바라는 민중의 환상이 될 수 있었다. 그렇다면 유비의 실체도 과연 그랬을까?

방통이 유비에게 재차 익주 전투를 제안했다.

"난세를 어찌 하나의 방법만으로 헤쳐 나갈 수 있겠습니까? 약한 나라를 공격해 합병하는 것[兼弱攻昧]은 춘추시대의 5대 강국[춘추오패]도 했던 일입니다. 역취순수逆取順守[도리에 어긋난 행위로 천하를 취하되 바르게 다스린다]하시면서 유장을 대국大國에 봉해주신다면 이 또한 신의가 아니겠습니까? 만일 지금 우리가 익주를 취하지 않으면 결국 조조가 차지할 것입니다."

유비는 이 말에 수긍해 익주를 공략했고 승리를 거두었다. 연전연승을 축하하는 잔치에서 술에 취한 유비가 방통에게 속내를 털어놓았다. "오늘 잔치는 참으로 흥겹구려."

그러자 방통이 슬쩍 비아냥거렸다. "초대해준 나라를 토벌하면서 흥겨워한다면 어진 사람이 아닙니다."

이 말에 유비가 발끈 화를 냈다. "주 무왕이 은 주왕을 토벌할 때, 노래하는 자가 앞에 서고 춤추는 자가 뒤를 따랐으니 어진 사람이 아니겠구려. 이런 고약할 데가⋯. 당장 일어나 나가시오!"

얀리벤(閻立本), 《역대제왕도권(歷代帝王
圖卷)》(7세기) 中 촉 황제 유비, 보스턴미술
관 소장

이 말에 방통이 물러났다. 그
러자 유비가 금세 후회하고 사과
했다.

"취중에 내가 실수했소."

"아닙니다, 군신君臣이 더불어
실수했습니다."

그래서 모두가 함께 웃었다는
일화이다. 방통은 인의와 신의를
앞세운 유비의 속내를 들여다본
것이다.

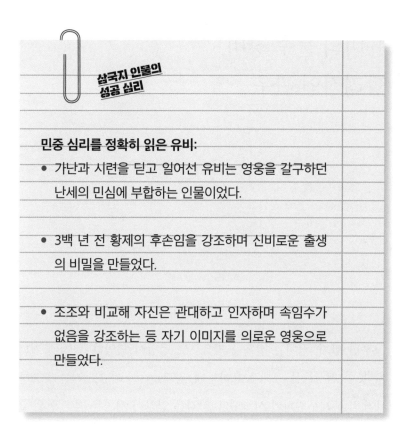

삼국지 인물의
성공 심리

민중 심리를 정확히 읽은 유비:

- 가난과 시련을 딛고 일어선 유비는 영웅을 갈구하던 난세의 민심에 부합하는 인물이었다.

- 3백 년 전 황제의 후손임을 강조하며 신비로운 출생의 비밀을 만들었다.

- 조조와 비교해 자신은 관대하고 인자하며 속임수가 없음을 강조하는 등 자기 이미지를 의로운 영웅으로 만들었다.

유비의 물주 장비,
합리적인 관우

후한 말기, 정치는 진흙탕 싸움으로 엉망이 되었다. 학정에 견디다 못한 백성들은 크게 동요하는데, 장각張角이 '태평도'라는 종교를 내세워 혹세무민하기 시작했다. 장각은 인간이 저지른 죄로 인해 질병과 고통이 온다면서 참회하고 부적을 사용해야 고칠 수 있다고 주장했다. 태평도를 따르는 사람들이 차츰 늘더니 화북 지방에서만 수십만 명이 몰려들었다. 머리에 황색 띠를 두른 이들이 폭동을 일으킨 것이 바로 184년 발생한 황건적黃巾賊의 난이다.

영제가 황건적 진압군을 보냈지만 부패한 군대는 제대로 싸우지 않았다. 심지어 군이 황건적과 뒷거래하는 일도 허다했다. 그런 가운데 황건적의 난은 벌판에 불이 붙은 것처럼 순식간에 전국으로 번져 나갔다. 다급해진 조정은 의용군을 모집했고, 이때 유비의 스승 노식도 황제의 부름을 받았다. 그 바람에 노식 아래서 동문수학하던 유비와 공손찬은 낙양을 떠나 각기 고향으로 돌아가야 했다.

유비 삼형제를 이어준 황건적의 난

유비의 고향 유주幽州 탁涿군에서는 곳곳에서 의용군을 모집한다는 공고가 나부끼고 있었다. 오가는 이들이 그 공고문을 읽는 가운데, 유달리 큰 키에 비쩍 마른 청년이 한숨만 내쉬고 있었다. 그 뒤에 서 있던 장비가 걸걸한 목소리로 따졌다.

"여보시오, 젊은 사람이 한숨만 쉬면 뭐 합니까?"

"소생은 황실 종친으로 이름은 유비, 자는 현덕이라 합니다. 의병을 모아 도적을 치고 싶지만, 힘이 못 미치니 탄식만 하고 있습니다."

"그러십니까? 우리 집안은 대대로 탁현에 살며 돼지를 잡아 술과 함께 팔고 있소. 그 덕에 전답이 조금 있으니 고을 장정을 모아 의병을 일으킬 수 있소."

이 말에 눈이 번쩍 뜨인 유비를 장비가 근처 주막으로 데려갔다. 서로 비분강개를 토로하며 술잔을 주거니 받거니 하는데, 위풍당당한 한 청년이 들어왔다. 대춧빛 얼굴에 봉황 같은 눈을 지닌 그 청년은 홀로 앉아 눈을 지그시 감은 채 가슴까지 내려오는 수염을 쓸어올리며 몇 잔 술로 갈증을 달래고 있었다. 그 모습에 반한 유비가 유달리 긴 손을 들어 말했다.

"이봐요! 혹시 일행이 없으시면 같이 한잔합시다."

"그러시죠. 난 관우라 하오. 자는 운장이고. 하동사람인데 호족 몇 놈을 때려죽이고 세상을 떠돈 지가 5~6년째요. 의병에 들어가 역적이나 때려잡으려고 가는 중이오."

도망자 관우, 화끈한 장비

그때 처음으로 세 명이 통성명을 하면서 의형제 관계가 시작되었다. 당시 유비는 말만 황손이지 형편없이 가난했고 관우는 호족을 죽이고 도망하는 신세였다. 그나마 장비가 약간의 재물을 지니고 있었다. 그런 장비가 왜 유비에게 일생을 바치기로 했을까?

기분 내키면 모든 것을 거는 화끈한 성격이 크게 작용했을 것이다. 장비의 화끈한 성격은 일생에서 잘 드러난다. 장판교에 선 장비의 모습이 그랬고, 결혼도 그런 식으로 했다. 200년경 유비가 조조에게 서주성을 빼앗겨 삼형제가 생이별을 하게 되었는데, 그때 장비는 혼자 망탕산으로 가서 산적들을 제압하고 두목이 되어 고성古城을 차지했다. 그런데 마침 근처 산에서 나무하던 하후패夏侯霸•의 사촌여동생••을 보고는 한

● **하후패:** ?~259년 이전. 위나라와 촉한의 무장이다. 조조 휘하의 장수 하후연夏侯淵의 차남이자, 전투 중 화살에 맞은 자신의 한쪽 눈알을 먹은 일화로 유명한 하후돈夏侯惇의 조카이다. 하후패의 사촌여동생 하 씨는 장비의 아내였다.

●● **장비의 아내 하 씨:** 정사 《위략魏略》에 따르면, 하후패의 사촌여동생 하 씨가 땔감을 주우러 나왔다가 장비에게 붙들렸는데, 당시 13세인 하 씨가 양가집 규수임을 안 장비는 하 씨를 아내로 삼았다고 한다. 하 씨는 조조 휘하의 장수 하후연의 조카딸이다.

눈에 반해 강제로 아내로 삼았다.

그즈음 관우는 조조를 떠나 유비의 감甘, 미麋 두 부인을 모시고 유비가 있던 여남汝南으로 가고 있었다. 도중에 고성에서 장비와 조우한 관우는 반가워하는데 장비가 다짜고짜 관우의 목을 베려 했다. 관우가 황급히 피하며 "아우! 상황 파악 좀 하고 성질 부려!"라고 소리쳤다. 그리고 자신을 추격해온 조조의 장수 채양蔡陽을 죽이

하후패, 《삼국지연의》(청시대)

자 그제야 장비가 오해를 푼다. 장비는 관우가 유비의 두 부인을 납치하는 줄 오해한 것이다.

한번은 이런 적도 있었다. 어느 날 저녁, 치열한 전투에서 공을 세운 장비를 위해 축하연이 벌어졌다. 장비의 전포戰袍[장수가 입던 긴 옷웃]가 찢어진 것을 본 제갈량이 장비는 바느질을 못하니 하녀를 불러 꿰매달라고 부탁했다. 그러나 장비는 자신도 잘할 수 있다고 큰소리치며 제갈량과 내기를 제안한다. 그리고 모두 잔치를 즐기는 가운데 장비 혼자 큰 눈으로 바늘귀를 뚫어져라 쳐다보며 실을 끼우려 안간힘을 썼다. 그러나 뭉툭한 손으로 아무리 노력해도 잘되지 않았다[大眼瞪小眼].

그런 장비를 보고 제갈량은 '속수무책束手無策'이라며 웃었다. 그래도 장비는 포기하지 않고 바늘귀에 실을 꿰려 무진장 애를 썼고, 세

개의 향이 다 타들어갈 때쯤 마침내 성공했다. 이때 유비가 장비의 등을 두들기며 칭찬한다[張飛穿針].

장비 평생에 가장 빛나던 순간

앞뒤 안 가리는 성격의 장비도 능청스러운 유비 앞에서 만큼은 순한 양이 된다. 장비는 유비와 30여 년 어울리면서 정말 부드러운 사람이 되었고, 장점은 극대화되고 단점은 최소화되었다. 그 정점을 찍은 것이 217년 익주의 탕거岩渠산 전투였다. 탕거산 전투는 장비의 인생에서 가장 빛나는 순간이기도 했다.

당시 서촉[촉나라 서쪽]을 얻은 유비에게 한중漢中이야말로 하늘이 내린 요새였다. 한중을 확보하면, 굳이 형주를 차지하지 않아도 자립과 북벌이 가능했다. 그 한중이 215년에 조조의 손에 넘어갔다. 당시 조조의 장수 하후연夏侯淵과 장합張郃이 한중을 지키고 있었는데, 하후연은 주로 수비를 맡았고 장합은 수시로 익주의 변방과 한복판에 출몰하며 유비 군대를 괴롭혔다.

어느 날 장합이 3만 군사를 몰고 익주의 중심지 근교인 탕거에 나타났다. 일대는 험산과 깊은 계곡들이 빼곡한 산악 지역으로, 장합의 군사들은 산길을 따라 일렬로 늘어서서 진군했다. 그때 장비가 1만 5천 병사를 이끌고 장합의 진격로 중에서 허리를 기습적으로 차단했다. 앞뒤가 끊긴 장합의 군사들은 각기 샛길을 찾아 간신히 탕거산으로 들어가 유리한 고지에 진을 치고는 장비가 아무리 공격해도 수비만 했다.

장합이 지구전으로 나가자, 장비는 제풀에 지친 듯 하루하루 술로 세월을 보내기 시작한다. 장비의 조급한 성격과 일이 안 풀릴 때 술에 취해 난폭해지는 성향은 이미 널리 알려져 있었다. 그런 장비가 술에 취해 지낸다는 소식이 장합의 진영에 알려졌다. 이를 기회로 여긴 장합은 고지에서 내려와 장비의 본진으로 쳐들어갔다. 그런데 본진이 텅 비어 있는 것이 아닌가! 자신이 속았음을 깨달은

하후연, 《삼국지연의》(청시대)

장합은 급히 후퇴 명령을 내렸지만, 사방에 숨어 있던 장비의 군사들이 순식간에 들이닥치는 바람에 속수무책이었다. 이로써 장비는 생애 최고의 승리를 거머쥐었다.

어떤 성격이든 장단점이 있을 뿐 성격 그 자체로 좋고 나쁘다고 할 수 없다. 물론 성격 간의 우열도 있을 수 없다. 장비는 자신의 단점을 이용하려는 상대의 허점을 역으로 이용해 승리를 차지했다. 장비가 그렇게 되기까지 유비의 덕이 컸다. 장비의 '툭하면 욱하는 기질'을 좋은 방향으로 잡아줄 수 있는 사람은 천하에 유비뿐이라는 것을 장비 자신도 잘 알았다. 아무리 화가 나도 유비 앞에만 서면 장비의 분노는 눈 녹듯 사그라졌다.

대체 유비가 장비에게 어떻게 했길래?

유비 앞에만 서면 한없이 작아지다

● 오자서: ?~기원전 485. 춘추시대의 인물. 원래 출신지는 초나라였지만 오나라로 건너가 정치가로 활약하며 합려闔閭와 부차夫差를 왕으로 세웠다. 이름은 운員이고 자서子胥는 자字이다.

춘추시대 말기, 오자서伍子胥●는 천신만고 끝에 초나라를 탈출해 오나라에 들어갔다. 그는 구름 같은 인파 틈에서 기골이 장대한 거인이 여러 깡패를 상대로 싸움하는 것을 구경했다. 그런데 잠시 후 가녀린 여인이 나타나자 그 거인은 금세 기가 죽어 따라갔다. 그 거인은 춘추시대 최고의 협객 전제專諸였고 자그만 여인은 그의 아내였다.

훗날 오자서가 전제에게 1만 명도 거뜬히 이기는 사람이 왜 그리 아내를 두려워하느냐고 묻자 전제는 "굴일인지하屈一人之下"라고 답했다. 아무리 천하를 제압하는 능력이 있어도 한 사람에게만큼은 심리적으로 굴복한다는 뜻이다. 그 한 사람이 전제에게는 아내였고 장비에게는 유비였다.

한 사람의 일생에서 표출되는 지배적 열정을, 성격심리학자 고든 올포트Gordon Willard Allport는 주특질cardinal traits이라 불렀다. 장비의 주특질은 기분 내키면 모든 것을 걸어버리는 것이었다. 성격에는 주특질 외에도 가끔 비교적 가까운 사람에게만 드러나는 이차적 특질secondary traits이 있는데, 장비나 전제 같은 인물의 이차적 특질은 바로 충성이었다. 이들은 마음을 바칠 만한 대상을 만나기만 하면 그 앞에서 주특질은 사라지고 이차적 특질이 나타나며 '한없이 작아'진다.

만약 장비가 유비가 아닌 다른 주군을 만났다면? 장비의 주군이 교만하고 의심 많은 원소였다면, 술만 먹으면 사고치는 장비는 당장

하옥되었을 것이고, 빈틈없는 조조였다면, 군령으로 다스려졌을 것이며, 불같은 손책이었다면, 당장 목이 베어나갔을 것이다. 유비도 장비 때문에 치욕적인 낭패를 여러 번 당했다. 그런데도 유비가 장비를 품어준 덕분에 장비는 탕거산의 대승을 거두게 되었고 한중 정복의 기틀을 마련할 수 있었다.

장비는 의용군 모집 공고문 앞에 선 유비를 처음 본 순간, 저 사람이야말로 자신의 불같은 성정을 다스려줄 인물임을 알아보고는, 전 재산을 털어 유비를 도와 3백여 명의 의병을 조련하기 시작했다. 그런데 얼마 못 가 자금이 바닥났다. 그렇다고 역적 잡겠다는 의병을 데리고 도둑질을 할 수도 없는 노릇이고 유비에게 죄송한 심정으로 고개도 들지 못했다. 유비가 그럴 필요 없다는 데도 말이다. 그런데 기적 같은 일이 일어난다.

하북성에서 말을 거래하는 상인 장세평張世平과 소쌍蘇雙이 탁현이라는 시골까지 말을 구하러 왔다가 우연히 유비를 만났다. 그는 유비가 "장차 큰 인물이 되겠다"며 그에게 금은 5백 냥, 철 1천 근, 말 50필을 내주었다. 이때부터 장비는 더욱 유비의 말이라면 무조건 따랐다.

뜻밖에 거금을 쥔 유비는 궁수를 보완해 의용군을 5백여 명으로 늘리는 한편, 철공에게 무기 제작을 주문했다. 병사들의 투구와 갑옷, 관우의 청룡언월도靑龍偃月刀●와 장비의 장팔사모丈八蛇矛●●, 유비의

> ● **청룡언월도**: 무게 18kg가량, 외날에 긴 자루가 달린 언월도偃月刀의 일종. 청룡이 새겨져 있어서 청룡도靑龍刀, 계속된 설원의 전투로 창에 붉은 피가 얼어붙었다는 데서 냉염거冷艶鋸라고도 불린다. 관우의 청룡언월도는 《삼국지연의》의 창작물이며, 실제 이 형태의 무기는 송나라 이후 개발되었다.

쌍고검双股劍●도 특별 주문했다. 드디어 5백 의용군이 나름대로 위용을 드러냈고, 얼마 지나지 않아 황건적의 부장 정원지程遠志가 거느린 5만 군사가 탁涿군 쪽으로 다가왔다.

발등에 불이 떨어진 유주幽州의 태수太守 유언劉焉은 지휘관校尉 추정鄒靖을 불러 "한시바삐 의용군을 조직하라!"고 명했다. 때마침 유비가 의용군을 거느리고 찾아오자, 유언은 같은 종친이라고 크게 기뻐하며 그에게 선봉장을 맡겼다. 유언의 아들은 먼 훗날 유비에게 익주를 내주는 유장劉璋이다.

관우는 어떻게 무신이 되었나?

말 위에 오른 유관장 3형제가 군대를 이끌고 앞장서서 나아가는 가운데 유주성 4km 밖에서 황건적 무리와 만나게 된다. 너른 들판이 그야말로 황건적의 누런 두건과 누런 깃발로 출렁였다. 5만 황건적 앞에 유비의 5백 의용군은 초라하기 그지없었다. 그러나 유비는 당당히 나아가 말채찍을 들어 정원지에게 일갈했다.

"이 역적놈아, 당장 투항하지 못할까?"

정원지는 가소롭다는 듯 유비를 보더니 부장 등무鄧武에게 나가 싸우라고 명했다. "저 애송이의 주둥이를 짓이겨 놓아라!"

등무가 창을 빙빙 돌리며 기세 좋게 달려 나오는데, 유비 오른편에 있던 장비가 달려 나가 단 1합으로 등무의 심장을 뚫었다. 이를 본 정원지가 쌍칼을 쳐들고 직접 나섰다. 그러자 관우가 뛰쳐나가며 외쳤다. "아우 익덕[장비의 자]은 물러서라! 괴수는 내가 상대한다."

관우가 청룡언월도를 한 차례 휘저으니 정원지의 몸뚱이가 그대로 두 동강이 나 말 아래 뒹굴었다. 그 광경을 지켜본 5만 황건적이 사방으로 우르르 흩어졌다. 바로 그들이 관우의 위력을 다음과 같이 천하에 알린 증인이었다.

丹鳳眼(단봉안) 臥蠶眉(와잠미) : 봉의 눈에 누에 눈썹에

相貌堂堂(상모당당) 威風凜凜(위풍늠름) : 위풍당당하고 늠름했다.

아무리 그래도 5만 병력인데 어떻게 관우의 단칼에 무너진단 말인가? 과장이 아닐까?

아니다. 충분히 가능한 이야기이다. 이유는 이렇다. 초기 황건적은 말 그대로 대가족이면서 경제 공동체였다. 가장이 태평교도가 되면 식솔은 물론 심지어 친척까지 줄줄이 황건적의 무리에 동참했다. 이들은 솥, 땔감, 식량 등을 가지고 다니면서 마치 집시처럼 생활했다. 숫자만 많았지 정규병은 드물었고 오합지졸에 불과했다. 더구나 황건적은 신통력을 바라는 태평도의 무리인지라 전술과 전략, 무술 따위에는 도통 관심이 없었다.

부장 등무에 이어 하늘같이 여겼던 우두머리 정원지까지 목숨을

잃자 황건적 무리는 뿔뿔이 흩어져 줄행랑을 쳤다. 그러면서 관우가 마치 무신武神인 것처럼 소문을 내고 다녔다.

관우의 세 가지 트레이드마크

본래 관우는 사례司隸 하동河東군 출신으로 본명은 고우告于, 자는 장생長生이었다. 고향 서당에서 훈장 노릇을 하는 등 관우는 제법 먹물 냄새가 나는 사람이었는데, 소금 밀매업자를 돕던 중 관리를 죽이고 도망자 신세가 된다. 그 후 어느 관문에서 검문을 당하는데, 마침 공중에 나는 새의 깃털이 팔락이며 떨어지는 것을 보고 순간 '깃털 우'가 떠올라 자신의 이름을 관우라고 둘러댔다. 문文과 무武를 겸비한 관우의 기질이 잘 드러나는 우화이다.

관우의 트레이드마크는 세 가지, 청룡언월도[반월 모양의 칼]와 적토마•, 그리고 《춘추좌씨전》[《춘추》의 주석서로 관우가 즐겨 읽었다]이었다. 청룡언월도와 적토마가 무의 상징이라면 《춘추》는 문의 상징이다. 무는 타고난 감각이 필요한 분야이며 문은 합리적 이성이 비교적 많이 필요한 분야이다. 유비보다 한 살 위인 관우가 유비에게 맏형 자리를 양보한 것 또한 합리적인 사고 덕분이었다. 이들의 의형제가 평생 유지될 수 있었던 비결 가운데 그 점을 무시할 수 없다.

• **적토마**: 붉은 털에 토끼처럼 빠른 속도의 말이라는 뜻으로 정사 《후한서》와 《삼국지》에는 여포가 탔다고 기록되었고, 소설 《삼국지연의》에서는 여포에 이어 관우가 탔다고 전해지면서 오늘날에는 적토마 하면 관우를 떠올리게 된다.

관우의 초자아superego의 중심에는 춘추대의春秋大義가 있었다. 관우는 권력욕이 적었고 명분 있는 충성을 바칠 대상이 필요했다. 그래서 도망 다니던 중 황실 가문에 인품까지 갖춘 유비를 만나 그를 충성의 대상으로 삼은 것이다. 그렇다면 유비의 초자아superego의 중심에는 무엇이 있었을까? 그것은 바로 권력이었다. 황제의 수레를 타겠다는 어릴 적 야심에서 그런 권력욕은 이미 표출된 바 있다. 유비에게 황실 부흥은 명분에 불과했다.

유관장 삼형제는 침식을 같이할 만큼 자주 붙어다녔다. 유비는 한 명만 데리고 가야 할 때는 관우를 택했다. 돌발 사고가 잦았던 장비보다는 《춘추》를 읽어 대화도 되고 나름대로 전략도 내놓는 관우가 나았기 때문이다. 관우가 춘추대의를 얼마나 중시했는지 다음 두 사례만 보아도 알 수 있다.

첫 번째 사례는 관우가 조조의 포로였을 때의 일화이다. 조조는 관우의 전향을 기대하며 여포가 타던 적토마 등 온갖 보물을 그에게 주었다. 그런데도 관우는 유비의 거처를 알자마자 그 적토마를 타고 다섯 관문五關을 지나는 동안 여섯 장수六將를 칼로 베며 내달렸다. 여기서 "겹겹이 쌓인 난관을 돌파한다"는 '오관참육장五關斬六將'이라는 고사성어가 유래했다.

두 번째는 화용도華容道의 '의기義氣'라고 알려진 사례이다. 적벽대전에서 대패한 조조가 도주하던 중 화용도에서 관우와 맞부딪쳤다. 조조의 운명이 끝날 상황이었다. 그때 조조가 관우에게 오관참육의 사건을 떠올리며 은혜를 베풀어달라고 호소하자 관우는 조조를 도망치도록 포위망을 풀어주었다. 관우가 위, 촉, 오와 남북조, 수, 당,

관우와 청룡언월도, "Lang Hoa Di Hoa Vien", 베이징(2015)

송, 명, 청을 지나 지금까지도 의리와 용맹의 화신으로 추앙받고 있
는 것은 바로 그 사건 덕분이다.

유비의 아킬레스건

관우의 무예로 황건적 5만 무리가 사방으로 흩어진 다
음 날, 청주태수 공경龔景이 황건적에게 포위당했다며 유언에게 구조
를 요청했다. 유언은 추정에게 5천 군사를 내주며 유비와 함께 청주
성으로 가도록 한다. 그런데 청주를 포위한 황건적은 정원지의 부대
와 달리 정예부대였다. 그들은 청주성 포위를 풀지 않은 채 1만 군사
만 따로 보내어 유비 군대를 막았다.

지난번의 승리에 도취한 유비는 관우, 장비 등 장수 중심으로 싸
우려고 덤볐지만 황건적은 병사 중심으로 대응했다. 일대 격전이 벌

어지며 유비군이 12km를 밀려났다.

유비는 재빨리 깨달았다. 지난번처럼 상대가 아무리 5만 군사라도 오합지졸이면 5백 군사만 가지고도 거뜬히 격파할 수 있지만, 상대가 정예병 1만 명이라면 5천 군사를 가지고도 정면 대결은 어렵다는 것을. 따라서 유비는 정면 대결 대신 유인 작전으로 변경하고, 관우와 장비에게 각각 군사 1천 명씩을 주어 산모퉁이의 협곡 좌우에 숨게 했다. 자신은 나머지 군사들을 이끌고 북을 치고 나팔을 불며 진군했다.

황건적이 덤벼들자 유비는 맞서서 싸우는 척하다가 별안간 퇴각한다. 그러기를 몇 번 하니 신이 난 황건적이 열심히 산모퉁이까지 쫓아갔다. 그때 관우와 장비의 매복군이 뛰쳐나오고 유비도 군대를 돌려 삼면에서 협공했다. 유비는 그 여세를 몰아 청주성까지 구출해 냈다.

청주태수 공경이 감사의 뜻으로 잔치를 베풀었다. 그 자리에서 추정은 유비에게 "이제 그만 회군하자"고 제안했다. 그러자 유비가 속에 감추어둔 야망을 은근히 드러냈다.

"제 스승이신 중랑장 노식과 황건적의 수괴 장각이 기주의 광종현에서 교전 중이랍니다. 가서 도와주는 것이 도리입니다."

황건적을 두 번 물리친 유비는 내친 김에 더 큰 공을 세우고 싶었던 것이다. 그래야 자신의 명성도 떨치고 더 큰 벼슬을 얻을 수 있을 것 아닌가! 유비의 명예욕을 꿰뚫어본 추정은 "병사를 함부로 움직일 수 없다"면서 유언이 빌려준 5천 군사를 회수해 유주로 돌아갔다. 청주태수도 유비를 도와주지 않았다. 한마디로 유비는 속내를 들키는 바람에 상승세가 꺾인 것이다. 유비는 어쩔 수 없이 5백 명의 군사만 데리고 광종현으로 갔다.

재야 학자 노식이 황건적의 진압군?

황건적의 주력 부대와 대치 중이던 노식은 유비가 찾아오자 크게 기뻐했다.

"오! 너를 본 지가 어느덧 20년이 훌쩍 넘었구나. 돗자리 팔던 소년이 이제 의젓한 장수가 되었구나!"

"아유! 스승님도…, 언제 적 이야기를 지금까지 하십니까? 하하하하!"

노식은 태수를 역임했다고는 하나 어디까지나 재야 학자였다. 군부에 기반이 없던 그가 어떻게 진압군의 장수가 되었을까?

농민군 출신 유방이 한나라를 세운 것처럼, 농민이 거세게 반란을 일으키면 정권이 뒤바뀔 수도 있었다. 그만큼 당시 중국에서 농민의 힘은 대단했다. 그래서 만에 하나 농민군을 진압하러 갔던 대장군이 농민군과 내통하기라도 하면 곧바로 제국이 무너질 수도 있었다. 이 때문에 농민군을 진압할 때는 병권을 한 장수에게만 주지 않고 두세 명에게 분산하던 관습이 있었다.

영제도 그리했다. 정사는 눈 밖이고 허구한 날 궁녀들과 놀기에 바빴던 영제는 황건적의 난이 일어나자 십상시十常侍●들과 의논한 뒤 황후의 오빠인 하진何進을 대장군으로 삼고 실제 진압 장수로는 좌중랑장에 황보숭皇甫嵩, 우중랑장에 주준朱儁, 북중랑장에 노식을 임명한 것이다.

● **십상시:** 후한 말 영제 때 정권을 잡아 조정을 농락한 10여 명의 환관을 가리킨다. 《후한서》에 등장하는 십상시(장양, 조충, 하운, 곽승, 손장, 필람, 율숭, 단규, 고망, 장공, 한회, 송전)와 《삼국지연의》에 등장하는 십상시는 약간 차이가 있다.

유비를 영웅으로 만든 핵심 인물:

- 기분 내키면 모든 것을 걸고 술만 마시면 사고치는 장비. 어떤 잘못도 잘 품어준 유비에게 황건적의 난 때 전 재산을 바치고 죽는 날까지 충성했다.

- 《춘추》를 즐겨 읽었고 춘추대의를 가장 중요시하던 관우는 삼형제 중 학식이 가장 높고 합리적이었다. 유비의 인품과 대의를 보고 그를 충성 대상으로 삼고 평생 의리를 지켰다.

- 대학자이면서 천성이 담백한 노식은 유비에게 사상적으로 가장 많은 영향을 끼쳤다. 경전 암송보다는 겸양지덕과 올바른 정치적 식견이 중요함을 가르쳤다.

02

십상시의 난과
어부지리

권력을 업은 사디즘

당고의 금

후한 말, 관료 세력과 환관 세력이 충돌해 환관 세력이 관료들을 금고에 처한 사건으로 환제와 영제 때 2회에 걸쳐 일어났다. 당고의 옥黨錮之獄, 당고의 화黨錮之禍라고도 한다. 배경을 보면, 후한의 황제들이 대부분 단명하면서 어린 황제들이 등극하게 되자 외척과 환관이 득세했다. 권력이 추락한 황제들은 지방 호족들을 견제하기 위해 환관들을 이용했다. 환관들은 그 기회를 틈 타 국정을 농단하려 했다. 사대부들이 부패한 환관들을 탁류파라 규정하며 비난하자 이에 대한 반발로 일어난 사건이 당고의 금黨錮之禁이다.

십상시의 난

십상시란 후한 시대 정권을 장악했던 10명의 환관을 일컫는다. 십상시의 난은 영제가 집권하던 후한 189년 9월 22일에 십상시에 의해 발생한 사건으로 무려 2천 명의 환관과 사람들이 죽었다. 이 사건으로 권력을 휘두르던 대장군 하진은 죽고 동탁이 권력을 잡았다.

의존적 성향의 황제와
인지 편향

유비의 스승 노식이 황건적을 진압할 장수에 임명된 것은 군사적 역량보다는 유교적 이념에 충실한 인물이라는 점이 부각되었기 때문이었다. 노식은 어떤 경우에도 황실에 충성할 사람이라고 평가되었다. 그때 노식이 유비에게 소개해준 인물이 원소袁紹였다. 원소는 지체 높은 사세삼공四世三公●의 하남 원 씨 집안 아들로 이미 명성이 자자했다.

노식은 유비에게, "우리는 이미 장각을 포위한 상태이다. 그러니 너는 영천潁川으로 가거라. 거기서 장각의 아우 장보張寶, 장량張梁과 함께 대치 중인 황보숭과 주준 두 장군을 도와주거라"라고 명했다.

스승의 명에 따라 유비는 자신의 5백 의병과 노식이 지원해준

> ● **사세삼공:** 4세대에 걸쳐 최고위직 3명을 배출했다는 표현이다. 최고위직이란 시대마다 다른데, 당시 후한 시대에는 사도司徒, 사공司空, 태위太尉를 일컫는다.

1천 군마를 데리고 영천을 향해 남쪽으로 떠난다. 그러던 중 황보숭의 후미를 도우려고 다급하게 출전하던 조조를 유비는 처음 만나게 된다.

내시의 모함을 받은 노식

당시 주준의 부대는 영천군에서 황건적 장보의 부장 파재波才에게 격파당해 장사長社현으로 도주했다. 그러면서 황보숭 부대의 후방이 노출되어 파재의 거센 공격을 받는다. 따라서 황보숭도 급히 장사현으로 들어가 주준의 부대와 합류해야 했다. 이때 장사현을 포위한 파재에게 장보와 장량까지 합세했다. 이들은 숲속에 진을 친 뒤 황보숭 부대에 공격을 퍼부었다.

절체절명의 위기를 만난 황보숭은 화공火攻을 시도하며 포위망을 풀려고 애를 썼다. 그때 조조가 숲의 불길을 보고 황건적에게 일격을 가함으로써 관군이 승기를 잡았다. 조조의 승전보에 황보숭과 주준이 크게 기뻐할 즈음 유비가 도착하자 황보숭이 유비에게 이렇게 지시한다.

"장량과 장보는 아마 광종으로 도망갈 것 같다. 이대로 돌아가서 노식 장군을 도우라."

유비는 뭔가 거국적인 공을 세우고 싶어서 노식과 황보숭을 번갈아 찾아갔는데 갈 때마다 상황이 종료된 상태가 반복되고 있었다. 멋쩍은 일이었지만 유비는 명성을 쌓으려는 노력을 포기하지 않았다. 공수래공수거空手來空手去가 거듭될수록 유비의 집념은 더욱 강해졌다. 유비는 외유내강형이었다. 허탈함에 오던 길을 되돌아가던 유비의 눈에 죄인의 수레에 실려 가는 노식이 눈에 띄었다. 유비가 깜짝 놀라 달려가 물었다. "스승님, 이 무슨 일입니까?"

자초지종은 이랬다. 내시 좌풍左豊이 황제의 명으로 전황을 살피러 와서는 노식에게 뇌물을 원했고, 노식이 거절하자 앙심을 품은 좌풍이 황제에게 노식을 모함한 것이었다. "노식이 방어만 할 뿐 몸을 사려 나가 싸우지 않습니다"라고 말이다.

이 말 한마디에 진노한 영제는 "당장 노식을 압송해 죄를 물으라!"라고 명하고, 노식 대신 하동태수 동탁을 장군으로 내려보냈다. 아무리 그래도 그렇지, 명색이 황제가 어찌 내시의 보고 한마디에 전쟁 중인 장수를 교체할 수 있을까?

한낱 거상의 꿈을 꾸던 가난한 소년

영제의 전임 황제는 환제桓帝[한 위종 효환황제 유지, 132~168]였다. 환제는 6천 명 넘는 궁녀를 거느린 호색한이었지만 자식을 두지 못한 채 36세에 요절했다. 그래서 후계자를 방계인 황족 가운데에서 찾아야 했다. 그렇게 환제의 5촌 조카인 영제가 황제로 등극하게 되었다.

● 두 태후: ?~172. 환사황후 두묘. 후한 환제의 세 번째 황후이며 두 무武寶의 딸. 165년 폐서인된 황후 등 씨의 뒤를 이어 환제의 황후로 책봉되었다. 환제 사후 두 씨는 환제의 5촌 조카를 영제로 세워 태후가 되었다.

소년 시절 영제는 황실의 뒷배 없이 가난하게 살면서, 그저 장사꾼으로 큰돈을 벌 꿈만 꾸고 있었다. 대장군이자 태후의 아버지 두 무武寶와 두 태후桓思皇后●는 바로 그 점 때문에 다루기 쉽다고 보고 열세 살짜리 영제를 황제로 옹립했다.

영제는 황제 등극 후 34세까지 20년간 통치하면서 어떤 것도 주체적으로 결정하지 못하는 극도로 의존적인 성격을 보였다. 황제 등극 후에도 '십상시'라는 환관 중 최고 연장자 장양張讓을 아버지라 부르고, 그다음인 조충趙忠을 어머니라 불렀다. 어릴 때는 그럴 수 있다 해도, 20년 통치 기간 내내 그랬다.

의존형 성격이 절대 권력을 쥐면 어떤 세상이 될까? 세상은 간신 천지가 된다. 왜 그런지 살펴보자.

주체성이 부족한 최고 권력자는 자신의 빈약한 내면과 심리적 허기를 채워줄 측근을 원한다. 그래서 아부하고 뇌물을 주는 측근을 더더욱 가까이 하게 된다. 만일 측근이 바른 말을 한다면? 무시당한다는 느낌이 들어 그들을 멀리 내친다. 문제는 한두 번의 아부로는

얀리벤(閻立本), 《역대제왕도권(歷代帝王圖卷)》(7세기) 中 후한 1대 광무제, 보스턴미술관 소장

그런 심리적 허기가 결코 충족되지 않는다는 점이다. 계속해서 새로운 아부가 공급되어야만 자신이 인정받는 느낌을 유지할 수 있다.

의존형 성격이 강할수록 '내 집단 편향in group bias'도 강해진다. 영제도 "내 편이냐 네 편이냐?"가 옳고 그름보다 더 중요했고, 자신의 비위를 잘 맞춰주는 십상시의 의견이라면 다 옳게 보였을 것이다.

급기야 벼슬도 사고팔았다

십상시들에게 조정 일을 맡긴 영제는 따로 할 일이 있었는데, 가난했던 어린 시절 부자를 꿈꾸며 장사하러 다녔던 행위를 재현하는 일이었다. 궁정 안에 가게를 차려놓은 영제는 거상巨商의 옷차림을 하고는 출입하는 관료 등을 상대로 장사놀이를 했다. 궁녀들의 요염한 호객 행위를 즐기고, 급기야 벼슬까지 사고파는 단계에 이르렀다.

영제에게 황제의 역할을 기대하기란 애초부터 불가능했다. 황건적의 난도, 군웅할거의 시대도 발단은 그런 나약한 황제 때문일 수 있었다.

유비가 억울하게 압송당하는 스승을 바라보며 고개를 떨구는데, 곁에 섰던 장비가 파르르 떨었다. 장비는 당장 호송하는 병졸들을 죽이고 노식을 구출할 기세였다. 그런 장비를 유비가 말리고 가던 길을 재촉하는데 동탁董卓을 만났다. 동탁은 유비와 몇 마디 나누고는 "에이, 벼슬도 없는 백신白身이네"라며 고개를 돌렸다. 갈 곳이 사

• **하남윤:** 하남은 당시 수도 낙양
雒陽주가 속한 군으로, 하남에는 태
수 대신 하남윤을 두었다. 서울시
장 격에 해당하는 관직이다.

•• **별부사마:** 대장군 휘하에 직속
되지 않고, 별영別營이라는 별도의
군영을 다스리는 독립 부대의 장군
을 가리킨다.

라진 유비는 다시 주준 수하로 들
어갔다.

　이후 동탁은 황건적에게 연패
를 당하며 중랑장中郎將에서 결국
해임되었다. 그 무렵 장각이 병사
했는데, 마침 황건적을 제압한 황
보숭은 장각을 무덤에서 꺼내 그

머리를 공개적으로 전시했다.

　황건적의 소란이 일단락되고 조정에서 논공행상이 벌어졌다. 주
준과 황보숭은 거기장군車騎將軍의 칭호를 받은 데 이어 추가로 벼슬
을 얻었는데, 주준은 하남윤尹•에, 황보숭은 기주자사에 임명되었다.
조조도 제남濟南태수가 되었고, 손견孫堅은 뇌물을 써서 별부사마別部司
馬••가 되었다. 패전의 죗값을 받아야 할 동탁도 십상시에게 뇌물을
쓰고는 서량西涼자사가 되었다. 당시 조정은 뇌물이 아니면 되는 일
이 없었다. 어떻게 그렇게까지 타락했을까?

청류파와 탁류파의 대결

　　　　남양南陽 지방의 호족 출신 광무제光武帝[한 세조 광무황제 유
수, 기원전 6~서기 57]가 유력한 호족들과 연합해 후한을 세웠다. 이후
황제들은 그런 호족들을 견제하기 위해 환관들을 이용했고, 환관들
은 그 기회를 이용해 권력을 농단하려 했다. 게다가 후한의 황제들

은 대부분 단명했다. 1대 광무제가 62세, 2대 명제明帝[한 현종 효명황제 유장, 28~75]가 48세로 생을 마감했으며, 그 이후의 황제들은 모두 40세 이하에 목숨을 잃었다.

반복해서 어린 황제들이 등극하자 외척과 환관이 득세하는 것은 당연했다. 당시 관리 선발은 주로 '효렴제孝廉制'로 이루어졌다. 효렴제란 효성이 지극하고 청렴한 인재, 즉 유교 규범에 충실한 자를 지방관이 중앙에 추천하는 제도로 향거리선제鄕擧里選制라고도 불렀다. 이는 지방 호족들이 중앙 정계로 진출하는 통로였고, 이들은 집안끼리 혼인 관계를 맺어 자기 지역을 넘어 세력을 확장했다.

반면 황제들의 잇따른 요절로 황제 권력은 계속 추락했다. 권력을 놓고 외척과 환관이 다투는데 그 싸움에 지방 호족 출신의 사대부들도 엮이게 되었다. 외척 중에 하진何進 같은 천민 출신도 있었지만, 그것은 드문 경우였고 대부분은 사대부 출신이었다. 이 사대부들은 환관 세력의 부패를 맹렬히 비판하며, 자신들은 깨끗한 물이라는 의미로 '청류清流파', 환관 세력들은 더러운 오물이라는 의미로 '탁류濁流파'라 규정했다.

이에 대한 반발로 일어난 사건이 환제와 영제 시기에 환관 세력이 일으켰던 1, 2차 당고의 금黨錮之禁[당고의 화, 또는 당고의 옥이라고도 함]이었다. 거세당해 궁중에 들어온 환관들 중에는 '사디즘sadism' 성향을 지닌 자가 많았다. "너의 불행이 곧 나의 쾌감"이었던 그들은 수시로 공포 분위기를 조성해 남들이 공포에 떠는 모습을 즐겼다.

사디즘 성향은 불안이 고착화되고 그 불안에서 벗어날 희망이 없을 때 자라나기 쉽다. 그런 성향이 권력을 잡고 가학적 행동을 하기 시작하면 좀처럼 멈출 줄을 모른다. 게다가 그들은 또 다른 가학적 방식을 고안해, 타인들이 자신들에게 자비를 갈구하도록 만들고 자신들이 계속 통제하는 분위기를 조성한다. 영제 당시에도 권력을 잡은 환관들은 누구보다도 냉혹했다. 환관 세력이 일으킨 당고의 금 때 1천여 명의 청류파 사대부들이 큰 화를 입었고, 환관 독재의 체제가 갖추어졌다.

2차 당고의 금 이후 9년째 되던 178년 10월 일식日蝕이 일어났다. 이를 빌미로 노식은 영제에게 당고의 금으로 화를 당한 사람들을 복직시키고 관리 등용을 바로잡아야 한다고 진언했으나 거절당했다. 일식을 비롯해 영제 재위 기간에 유달리 재해가 많았다. 광풍이 불어 푸른 구렁이가 전각 모퉁이에서 옥좌로 떨어진 일도 있었고, 주먹만 한 우박과 함께 폭우가 쏟아져 수많은 가옥이 무너진 일도 있었다. 그 밖에 지진, 해일, 전염병, 가뭄 등이 끊이질 않았다.

당시는 천재지변을 상서롭지 못한 기운으로 보았던지라, 노식은 그 원인을 당고의 금과 관리 채용의 부정으로 지목했다. 매관매직의 주범은 환관들이었다. 환관들이 영제를 꼬드겨 벼슬을 팔았고, 현금이 부족하면 심지어 거래가의 두 배에 해당하는 외상으로 벼슬을 파는 일도 있었다. 그렇게 관리가 된 이들은 밑천을 뽑으려고 백성들을 쥐어짰다. 그런 상황에서 뇌물을 주지 않으면 노식처럼 호되게 당했다. 이를 잘 알던 황보숭이 백방으로 노력한 끝에 노식은 간신히 중랑장으로 복귀했다.

어부지리로 공을 인정받은 유비

유비는 이제나 저제나 벼슬이 내려오기만 고대하고 있다가, 어느 날 거리에서 상서낭중尚書郎中 장균張鈞을 만나 하소연한다.

"다들 한자리 차지했는데 저만 할 일이 없습니다. 의병들이 굶주리고 있어서 괴롭습니다."

그러자 장균이 황제를 찾아가 유비의 사정을 아뢰었다.

"폐하, 황건적의 난은 십상시의 매관매직 때문에 일어난 것이옵니다. 그런 황건적을 물리치고 전공을 세웠는데도 뇌물이 없어 아직도 자리를 못 잡고 배회하는 사람이 있습니다."

"그게 사실인가? 도대체 누가 그런가?"

황제가 되묻자 뒤에 서 있던 십상시들이 크게 당황해하며 황제의 귀에 대고 "저희들이 잘 알아서 처리하겠습니다"라며 속삭였다.

그래서 유비가 최초로 얻은 관직이 안희현安喜縣의 현위尉●였다. 그야말로 십상시들이 유비의 입을 막으려고 준 작은 벼슬이었다. 그 벼슬마저도 공짜로 주었다며 독우督郵를 조사관으로 보내 유비를 괴롭혔다. 독우는 조사관이랍시고 거드름을 피우며 유비에게 사사건건 트집을 잡았는데, 아무래도 뇌물을 요구하는 눈치였다. 이를 보다 못한 장비가 독우의 머리를 움켜잡고 한껏 두들겨 팬다. 그 길로 달아난 독우는 유비가 백성을 수탈하고 있다고 조정에 허위 보고한다. 그날로 유비는 파면된다.

> ● 위尉: 현에 소속된 관리로, 도적을 체포하는 등 치안을 담당하던 관직이다. 유비는 황건적의 난 때 공을 세워 안희현의 현위를 받았으나, 독우와의 마찰로 파면된다. 정사에서는 유비가 독우를 매질한 것으로 나온다.

• 도위: 군에 배치되어 치안을 담당하는 무관 벼슬이다. 후한에 이르러 도위는 폐지되었고 그 업무를 태수가 맡았는데, 다만 이민족이 모여 있는 속국은 태수가 아닌, 도위가 임명되었다. 태수는 군의 행정, 재판, 치안, 군사를 모두 책임지는 역할이다.

도망자 신세가 된 유비를 같은 종친인 대주태수 유회劉恢가 거두어준다. 유주자사로 새로 부임한 유우劉虞가 황건적의 잔당 장거張舉, 장순張純의 군대와 대치 중인 때였나. 유회는 유비를 천거하는 글을 써주고는 유비에게 유우를 찾아가라고 했다. 유비를 본 유우는 크게 기뻐하며 유비를 도위都尉*에 임명하고 군사를 내주었다. 유비는 황건적 잔당의 소굴로 찾아가 수일간 격전을 벌여 적의 기병들을 완전히 꺾어놓았다.

바로 그날 밤, 평소 장순에게 괴롭힘을 당하던 부하들이 장순을 칼로 죽이고 투항했다. 형세가 기울자 장거는 스스로 목을 매달아 자결한다. 이리저리 밀려만 다니던 유비가 절치부심하며 큰 공을 세운 꼴이 되었다. 이에 유우는 유비의 공을 적은 표를 조정에 올렸고, 조정에서는 유비가 독우를 매질한 죄를 사면해주었다. 공손찬도 유비의 이전 공로를 모은 목록을 올리며 유비를 평원平原군의 상相으로 천거했다. 그때만 해도 유비는 공손찬 세력의 일원이었다.

넘치는 인정인가, 우유부단함인가?

유비가 청주青州 평원군에 머물며 예전 기상을 재정비하고 군마를 제법 늘려갈 무렵, 이를 시기하는 호족이 있었다. 바로 평원에 오래 거주하던 유평劉平이었는데, 그도 유비처럼 황족이었다. 자기보다 무능하다고 생각했던 유비가 평원상이 되자 굴욕감을 느낀 유평은 자객을 보내 유비를 암살하려 했다. 이를 알 리 없던 유비는 자객을 후하게 대접했고, 이에 감동받은 자객이 모든 정황을 실토했다.

유비는 호족이든 농민이든 유랑객이든 가리지 않고 마주 앉아 밥을 먹었다. 그런 차별 없는 태도로 천하의 인심을 얻어나갔다. 유비가 평소에 자주하는 말이 "차마 그럴 수 없다"였는데, 유교의 '인仁'에서 비롯된 말이다. 훗날 제갈량이 유비에게 유장劉璋을 공격해 형주를 차지하라고 할 때도 유비는 조조에게 쫓기는 신세이면서도, 자신을 따르는 10만 백성을 "차마 버리고 갈 수 없다"라고 했다.

차마 어찌하지 못한다는 말은 덕스럽기는 하지만, 한편으로는 우유부단한 모습일 수 있다. 그러나 무자비한 수탈에 노출되어 있던 곤궁한 민중에게는 그런 점이 더할 나위 없이 매력적으로 다가왔을 것이다.

의존적 성향의 황제 영제:

- 영제는 내시를 아버지, 어머니라 부르며 그들에게 정치를 맡기고 자신은 장사꾼 놀이에 빠졌다.

- 의존형이 절대 권력을 쥐자 세상은 간신 천지가 되었고 실력자들은 모두 방출되었다.

- 거세당해 궁중에 들어온 내시 중에는 사디스트가 많았다. 남의 불행을 즐기는 그들은 당고의 금 같은 공포 정치를 행하다가 결국 자멸한다.

- 무자비한 수탈에 노출되었던 민중들은 우유부단하게 비칠 정도로 너그러운 유비에게 더욱 빠져들었다.

우유부단했던
하진의 국정농단

황건적의 난으로 홍역을 치르더니 영제가 위독해졌다. 189년 4월 경 영제는 은밀히 십상시 건석蹇碩을 불러 후사를 의논했다. 영제의 소생으로는 하 황후何皇后●에게서 낳은 유변劉辯과 왕미인王美人에게서 낳은 유협劉協이 있었는데, 영제의 심중에는 자신이 총애하던 왕미인의 소생 유협이 있었다.

유협을 낳은 왕미인은 질투에 눈이 먼 하 황후에게 독살당했다. 이후 유협은 영제의 모친 동 태후董太后 손에서 자랐다. 유협은 유변보다 다섯 살이나 어렸지만 훨씬 더 총명했다. 동 태후도 영제에게 수시로 유협을 태자로 세우라

● **하 황후**: 155~189. 흔히 하 태후로 알려졌는데 정식 시호는 영사황후靈思皇后이다. 영제의 두 번째이자 마지막 황후이며 소제의 어머니이다. 백정 출신 하진의 여동생으로 십상시들에게 뇌물을 써서 영제의 후궁이 되었고 아들 유변(훗날소제)을 낳았다. 180년 소제에 의해 후궁에서 황후로 책봉되었다.

고 권했는데, 대장군 하진과 환관들이 걸림돌이었다. 하진何進은 누이 하 황후가 궁중에 들어올 때 많은 뇌물을 썼고, 환관들도 호족들의 외척 진입을 막기 위해 밑바닥 출신 하 씨가 황후에 간택되도록 도왔다. 이 이야기는 좀 더 살펴볼 필요가 있다.

백정 출신이 황후에 오르다

하진과 하 씨 오누이는 원래 형荊주 남양南陽군의 백정 집안 출신으로 도축업을 이어받아 큰돈을 벌었다. 명예를 갈구했던 하진은 마침 호구조사를 나온 조정 관료에게 거금을 주며 누이동생의 입궁을 도와달라고 청탁했다. 오누이는 그들의 주선으로 낙양으로 이사까지 해가며 십상시들을 만나 뇌물을 쏟아부었다. 집안 재물이 거의 탕진될 쯤, 동향인 십상시 곽승郭勝의 도움으로 하 씨는 후궁이 되었다.

권력을 쥔 환관들은 영악했다. 기댈 언덕이 없던 자를 외척으로 선택해 새로운 외척이 자신들만 의지하도록 만들었다. 게다가 하진의 누이동생 하 씨는 약점이 있어서 여차하면 공격하기가 좋았다. 환관들은 하 씨를 영제에게 자주 노출시켰다.

자주 보면 정 든다고, 큰 체격에 기가 센 하 씨는 어느새 영제의 눈에 들었다. 그 후에도 하진은 비굴할 정도로 십상시들에게 공을 들였다. 그 결과 180년에 하 씨가 황후에 올랐고, 그로부터 4년 후 황건적의 난이 일어났을 때 하진은 대장군에 올라 정예 금군[근위병]

을 지휘하게 되었다. 훗날 하진이
제거된 후에 그 부대는 동탁이 접
수한다.

● **서원팔교위:** 188년 음력 8월 영
제가 십상시들과 함께 창시한 황
제의 직속군을 서원군이라 하며,
서원군을 이끈 여덟 명의 장수를
교위라 칭했다. 각각 상군교위, 중
군교위, 하군교위, 전군교위, 좌교
위, 우교위, 조군좌교위, 조군우교
위가 있다. 우두머리인 상군교위는
건석이었다. 교위란 장군 밑의 직
급인 장수로 부部를 이끌었다. 후
한 시대 군 서열은 군軍(장군) →부
部(교위) →곡曲(군후) →둔屯(둔장)
이었다.

아무튼 영제로서는 자신의 후
사로 유협을 세우려면 하진을 제
거해야 했다. 건석과 영제는 머리
를 맞댄 끝에 188년 황도방위부대
인 서원팔교위西園八校尉●를 만들었
는데, 그것은 어디까지나 대장군
하진의 군권을 분산할 의도였다. 건석은 총사령관인 상군교위가 되
어 중군교위에 원소, 전군교위에 조조를 임명했다. 환관 세력과 사대
부 세력을 절묘하게 조합시킨 것이다.

얼마 후 임종을 앞둔 영제는 건석을 불러 유협을 옹립하라는 유지
를 내리는 한편, 하진에게 입궁을 명했다. 하진을 제거할 모략이었
다. 이를 알 리 없던 하진이 황급히 궁문에 다다랐는데, 사마司馬 반
은潘隱이 하진에게 자꾸만 눈짓과 고갯짓을 보냈다. 그제야 사태를
눈치챈 하진이 냉큼 뒤돌아서 궁을 빠져나갔다. 이때부터 하진은 환
관 세력에게 원한을 품는다.

결국 천하를 얻은 하진, 그러나…

그 후 몇날 못 되어 영제가 붕어하고, 하진은 영제의 관

앞에서 보란 듯이 조카 유변을 황제로 옹립했다. 유변은 나이가 어리다 하여 소제少皇帝[한 소황제 유변, 173 또는 176~190]라 칭했고, 유협은 진류왕에 책봉되었다. 이제 세상이 하진 중심으로 재편되자, 십상시 중 제일 눈치가 빠른 장양은 자신의 양아들과 하진의 여동생을 결혼시킨다. 나아가 장양은 하진의 모친과 남동생 하묘何苗에게도 귀한 보물들을 보냈다.

태후가 된 하 황후가 어린 소제를 대신해 수렴청정을 시작한 가운데, 전권을 잡은 하진은 먼저 동 태후를 독살한다. 그러고 나서 동 태후의 비호를 받아온 건석을 없애고자 궁리하는데, 막다른 골목에 몰리면 쥐도 고양이를 무는 법. 궁지에 몰린 건석은 하진을 제거할 음모를 꾸미기 시작한다. 잘못되면 십상시 전체가 몰살당할 수도 있었기에 십상시 중 곽승이 일부 십상시들을 은밀히 모았다.

"하 태후와 하진이 누구냐? 둘 다 우리가 출세시킨 자들이다. 다들 알다시피 하진은 성격이 우유부단하니 우리가 조종하기에 좋다. 차라리 건석을 내치고 하진을 써먹자."

그렇게 십상시들은 건석을 살해했다. 당시 조정은 소위 청류파라는 호족 출신의 관료들이 탁류파라 일컫던 환관 세력을 몰아붙이는 형국이었다. 특히 청류파 중 소장 인사인 원소를 중심으로 환관 세력 거세를 강력히 주장하고 있었다. 원소는 하필 하진의 최측근이라 하진을 만날 때마다 '환관 일소'를 재촉했다. 이런 여론을 하진이 하 태후에게 전달했지만, 뇌물의 달인 십상시들이 이미 하 태후를 꼬드겨놓은 후라 통하지 않았다.

그때부터 하진은 우왕좌왕했다. 청류파들을 만날 때는 환관 제거를 결심했다가도 태후전만 다녀오면 약해져서 그 마음이 싹 사라졌다. 하 태후는 하진을 만날 때마다 이렇게 만류했던 것이다.

"오라버니, 우리의 본디 신분이 무엇이었습니까? 짐승이나 잡던 백정 출신입니다. 그런 우리를 누가 이리 높은 자리에 앉혔나요? 바로 십상시들입니다."

권력 욕심만 많았지 권력의 속성을 모르고 한 말이었다. 과거의 신분이야 어떻든 이미 권력의 정점에 있다면 그에 맞는 결단이 필요하다. 그러나 하 태후도 하진도 과거 신분의 심리적 족쇄를 극복하지 못하고 있었다. 그러니 십상시의 명줄을 확실히 끊지도 못하고, 원소의 요구 때문에 마지못해 십상시를 위협만 할 뿐이었다. 하진이 그런 우유부단한 행동을 반복하면서 그의 입지가 좁아지던 가운데 후한後漢도 차츰 헤어날 수 없는 구렁으로 빠져갔다.

하진을 무너뜨린 심리적 족쇄

하진은 십상시를 매수함으로써 천대받는 신분을 벗어났다. 당시에는 아무리 실력이 뛰어나도 매관매직 풍토를 이겨내기는 쉽지 않았겠지만, 그렇다고 정당성이 결여된 방식으로 우월적 지위를 차지한다면, 자존감 하락이라는 대가를 피할 수 없다. 하진의 출세 사다리에는 역량이 아니라 매수라는 막대기가 놓여 있었다. 하진은 그런 사다리를 밟고 정상에 올랐지만, 높이 오를수록 그의 자존감은 더 깊은 바닥을 쳤을 것이다. 아무리 출세했다 해도 매수로 그 자리를 얻었다면, 죄책감에서 자유로울 수 없기 때문이다. 당시 유교로 무장한 청류파들이 탁류파를 비난한 주된 이유도 매관매직 때문이었다. 이런 윤리적인 이슈와 더불어 하진은 평생 출신에 대한 수치심을 버리지 못했다.

죄책감guilt이 양심에 지배받는 감정이라면 수치심shame은 다른 사람과의 관계에서 느끼는 감정이다. 수치심은 자기 잘못이 아닌 출신, 외모 등에서 비롯되는 것이므로, 자존감이 충분히 높은 사람은 수치심에 휘둘리는 법이 없다. 수치심은 보편타당성 없는 특정한 문화가 부과하는 감정이기에 그렇다.

당시 거의 모든 관료가 매관매직을 했기 때문에 하진이라고 유달리 죄책감에 크게 시달릴 필요는 없었다. 하지만 "천것이 주제도 모르고 대장군 노릇한다"는 자신을 향한 모멸의 분위기는 하진도 어찌해볼 도리가 없었다. 그때마다 하진은 수치심을 감추기 위해, 자기 능력으로 대장군이라는 군 최고통수권자의 권력을 충분히 누릴 수 있다는 의식을 강화해야만 했다. 요컨대 자의식을 높여야 했다. 하진은 그 일환으로 주변에 자의식이 강한 사람을 두고자 했는데 거기에 제격인 사람이 바로 원소였다.

'슈퍼스타' 원소가 구세주가 될까?

한나라 최고위직으로 사마司馬, 사도司徒, 사공司空, 세 벼슬三公을 꼽는데, 원소는 4대째 그 세 벼슬을 배출한 명문가 출신이었다. 문벌을 중시하던 그 시대에 원소는 백그라운드만으로도 매력이 철철 넘쳤다. 달리 말하면, 원소는 후한에서 소위 상징자본symbolic capital이 가장 많은 인물이었다. 한나라 땅에서 원소의 명성을 모르는 사람이 없었고, 원소의 집 앞에는 먼 발치에서 그의 얼굴이라도 보려고 각지에서 몰려든 인파로 가득했다. 그 모든 것이 원소의 자의식을 하늘 높은 줄 모르게 높여놓았다. 원소는 자신이 그 어떤 벼슬과 칭호도 당연히 누릴 자격이 넘친다고 의식하고 있었다.

자존감이 약한 자들은 원소처럼 상징자본이 있는 인물을 좋아하고, 그들이 하는 말이라면 아무리 평범한 말이라도 대단한 지혜인 것처럼 떠받든다.

프랑스 사회학자 부르디외P. Bourdieu는 사회적 공간social space에는 경제자본economic capital, 문화자본cultural capital, 사회자본social capital과 더불어 상징자본이 있다고 보았다. 이 틀에 비추어 말하면 지식, 교양, 취향, 감성 등은 문화자본, 인맥 등은 사회자본, 위신, 명성, 간판, 학벌 등은 상징자본으로 분류할 수 있다. 상징자본은 경제자본을 비롯한 다른 자본들과는 위치가 다르지만, 마치 그것들과 동등한 자본인 것처럼 영향력을 행사하는데, 상징자본의 그런 영향력을 상징폭력symbolic violence이라고 한다. 상징폭력은 기존의 지배 유형을 물리적 강제가 아닌, 자연스러운 질서로 보이게 만드는 역할을 한다. 이 같은

원소, 《삼국지연의》(청시대)

상징자본의 폭력에 속지 않아야 지배집단의 질서에 매이지 않을 수 있다.

원소야말로 후한의 상징자본 중의 상징 같은 존재였다. 그런 원소가 하진의 최측근으로 나서주는 것만으로도 하진은 카타르시스를 느꼈다.

하진처럼 출신이 미천하다고 해서 자존감이 낮으란 법은 없다. 오히려 자기 경험에 비추어 상징자본의 허와 실을 정확히 꿰뚫어보는 사람들도 많다. 상징자본이 마이너스였던 조조도 그중 한 명이었다. 조조는 환관의 후손이라는 비아냥거림을 받으며 성장했지만, 관직에 오른 이후 환관 세력과 사대부 세력 사이에서 균형 감각을 잃지 않았다.

잘되면 내 덕, 안 되면 남 탓

원소는 머뭇거리기만 하는 하진을 지켜본 결과, 그에겐 태후를 거스를 만한 배짱이 없다고 판단했다. 그래서 원소가 내놓은 기묘한 타협책이 이른바 차도살인借刀殺人이었다. 즉, 남의 칼을 빌려서 적을 치자는 것이었다.

계획은 이랬다. 먼저, 도성 근처 황허黃河 유역의 나루터가 있는 맹진孟津 일대를 아비규환에 빠트려 놓고 십상시를 매수한 흑산적들의 소행으로 위장한다. 이를 빌미로 지방 군벌을 불러들여 도성 안팎에 잔존한 환관의 뿌리 깊은 세력을 제압하고 환관 세력을 일망타진한다.

후에 이 계책의 파장으로 엉뚱하게도 동탁이 집권하면서, 이 사건은 원소의 짧은 소견을 만천하에 드러내는 대표적인 예가 된다. 더구나 원소의 가문과 낙양과는 남다른 인연이 있었다. 원소의 고조부 원안袁安이 10년간 하남윤을 지내며 낙양을 덕망 있게 다스렸고, 그 후 사도司徒가 되어서도 두 씨 일파에 맞선 청류파의 수장 노릇을 했다. 그래서 낙양 일대에서 원 씨 가문에 대한 존경심은 유난했다. 그런 가문의 후손인 원소가 무고한 양민을 학살할 자작극을 꾸민 것이다. 대체 왜?

원소는 공과 사를 구분하지 못하는 오류를 범했다. 그의 사적 자의식private self-consciousness이 공적 자의식public self-consciousness을 압도하면서, 공적인 분야를 지극히 사적 관점으로 해석해버린 것이다. 한마디로 원소는 자기가 곧 길이고 진리고 생명이었다.

자신과 타인의 행동을 보면서 우리는 무의식적으로 그 원인을 탐색하게 된다. 그렇게 원인을 탐색하는 것을 귀인attribution이라 하는데, 그 방식이 객관적일수록 합리적인 사람이라 할 수 있다. 원소는 귀인의 방식이 지극히 주관적이어서 '잘되면 자기 덕'이라는 내부 귀인을, '잘못되면 남 탓'이라는 외부 귀인을 하는 성향에 가깝다.

자신의 목적을 달성하기 위해 어떤 수단도 합리화하는 것이 그런 성향의 특징이다. 원소는 자신의 진로에 방해가 되는 십상시를 제거하기 위해 양민 학살이라는 무분별한 카드를 뽑아 든다. 결국 그것은 비합리적인 판단이었다.

가문 열등감에 자멸한 하진:

- 백정 집안 출신 하진은 내시들에게 뇌물을 써서 여동생 하 씨를 후궁에 앉히고 영제 사망 후 정권을 장악한다.

- 청류파와 탁류파 사이의 정권 싸움에 끼인 하진은 머뭇거리기만 할 뿐 결정을 내리지 못하고, 최고 가문의 원소를 영입해 그의 뜻에 따른다.

- 사세삼공 출신인 원소는 당대 인기 최고, 슈퍼스타였지만, 하진을 도울 역량은 되지 못했다. 환관 세력을 일망타진하기 위해 무리한 양민 학살 계책을 냄으로써 동탁을 집권하게 하고 하진을 위험에 빠트린다.

십상시의 난,
떠오르는 스타 동탁

　원소가 제안한 양민 학살 계획을 하진은 덜컥 수용한다. 상징자본에 약한 하진의 단점이 잘 드러나는 대목이다. 그때 하진의 사무 처리를 맡은 보좌관[主簿] 진림陳琳이 반대하고 나섰다.

　"안 됩니다. 이런 경우를 '눈 가리고 아웅[掩目而捕燕雀]'이라고 하지요. 지금 장군께서 군권을 장악해 황제 같은 위엄을 떨치고, 용양호보龍驤虎步[용처럼 고개를 들고 호랑이처럼 걷다]하시니, 환관의 죄를 물어 그들을 죽이는 것은 홍로洪爐[화로]에 머리카락을 태우는 것보다 쉬운 일입니다. 번개 치듯 신속히 처리하면 되는 일을 굳이 여러 군벌을 모아서 어쩌시려 하십니까? 천하 영웅들이 모이면 각자 딴 마음을 품을 것이 뻔합니다. 창끝은 내가 잡고 자루는 다른 이에게 쥐어주는 꼴이 될 겁니다."

그러자 하진이 웃으면서 큰소리쳤다. "그야말로 겁쟁이 같은 말이로다."

정작 비겁한 사람은 자신이면서 하진은 오히려 진림을 나무랐다. 곁에 있던 조조가 웃으며, "비겁하기는 피차일반인데 이런 논의를 계속하실 겁니까?"라며 진림 편을 들었다. 조조뿐만 아니라 노식과 정태鄭泰 등도 "더 큰 화를 불러올 수 있다"라며 지방 군벌을 끌어들여서는 안 된다고 주장했지만, 하진은 유독 조조를 지목하며 고함을 쳤다.

"맹덕[조조의 자], 네놈의 조부가 환관이라 그런 말을 하겠지? 너 혹시 정탐하는 것 아니냐? 당장 물러가라!"

그 자리에서 물러난 조조는 하진의 어리석음 때문에 장차 천하가 어지러워지겠다고 한탄하며 집으로 향했다. 그러고는 아버지 조숭과 가솔을 모두 고향으로 내려보내는 등 머지않아 낙양에 불어닥칠 피바람을 미리 대비했다.

왜 하진은 유달리 조조에게 분노했을까?

하진에게는 출신 성분에 대한 열등감이 앙금처럼 남아 있었는데, 그 열등감을 투사projection하기에는 조조가 적당했기 때문이다. 조조도 툭하면 '환관놈의 자식'이라는 소리를 들었다. 그런 조조를 볼 때 하진은 동병상련을 느끼기는커녕, 거울에 비친 자신의 일그러진 자화상을 보는 것만 같았다. 그래서 조조의 말 한마디에도 버럭 화가 난 것이다.

동탁, 길에서 일확천금을 줍다

조조가 떠난 후 하진은 자신의 자존감을 살려주는 원소를 맹진의 교란 계책 총지휘자로 임명한다. 원소가 불러들인 병주并州자사 정원丁原이 흑산적으로 위장해 맹진에 불을 질렀다. 그 후 원소는 각지의 군벌들을 불러들였는데, 정원의 양자였던 여포呂布도 정원의 군사와 함께 맹진 일대를 아비규환으로 만들었다. 맹진의 불길이 도시의 밤을 대낮처럼 환하게 밝혔다. 그 불빛을 본 모든 벼슬아치는 하얗게 질리며 "이 참사는 흑산적과 내통한 환관들 때문"이라며 대놓고 성토하기 시작했다.

그러는 사이 서쪽에서 온 동탁董卓은 관중關中에, 동군태수 교모橋瑁는 성고城皋에 주둔하는 등 지방 군벌들이 우르르 몰려들었다. 그런데도 하 태후가 요지부동이라 십상시에게 손 하나 까딱할 수 없었다. 원소가 답답하다는 듯 가슴을 치며 하진에게 압박을 가했다. 견디다 못한 하진이 원소에게, "그럼 그대가 직접 나서보라"며 원소를 수도의 치안을 담당하는 사예司隸교위•에 임명한다.

그 즉시 원소는 황실경비대를 자신의 수하로 교체하고 태후궁과 환관들을 감시하며, 동탁에게 도성 입성을 재촉했다. 사면초가가 된 하 태후는 그제야 고집을 꺾고 고위급 환관을 모두 파직했

• **사예교위:** 황제의 친족을 포함해 조정 대신들을 감찰할 목적으로 기원전 89년 무제가 처음 만든 관직으로, 전한시대부터 내려오고 있다. 무고를 단속하는 업무를 시작으로, 장안과 낙양 등 수도 주변을 통괄했다. 하는 일은 자사와 비슷했으나 자사가 지방관리를 단속하는 역할이라면 사예교위는 중앙관리를 단속하는 역할이므로 자사보다는 격이 높았다.

다. 그러자 곽승을 필두로 한 환관들이 하진에게 우르르 몰려가 엎드려 간청했다.

"옛정을 생각해 목숨만은 살려주십시오."

그러자 하진은 '아… 이들이 나와 누이의 오늘을 만들어주지 않았던가!'라며 흔들렸다. 원소가 하진에게 그들의 죄상을 낱낱이 밝혀 엄벌에 처해야 한다고 아무리 이야기해도 소용이 없었다. 그래서는 아무 일도 안 된다고 본 원소는 하진을 사칭해 모든 주에 보낼 공문을 작성한다. 내용은 "환관의 일가친척들을 모조리 잡아들여라!"라는 것이었다.

사전에 이를 알게 된 장양이 며느리를 통해 하 태후를 매수해 환관들은 또 한 번 위기를 넘겼다. 십년감수한 십상시들은 전략을 바꿔 하진을 제거하고 군권을 장악하기로 했다. 그들은 하 태후를 꼬드겨 하진을 불러냈다. 하진이 궁에 발을 디디는 순간 십상시의 킬러들이 우르르 그를 에워쌌고 장양이 하진을 꾸짖었다. "개, 돼지나 잡던 놈을 이렇게 키워준 게 누군데, 우리를 더러운 놈이라고 욕하느냐! 너같이 배은망덕한 놈이 더 추잡스러운 놈이니라!"

대꾸 한마디도 못한 채 움츠러든 하진 위에 한이 서린 칼질이 시작되었다. 은밀한 공모자들 사이의 배신감은 그 어떤 배신보다 더 크게 느껴지는 법이다. 이미 걸레처럼 된 하진의 시신을 십상시들은 짓밟고 또 짓이겼다. 이것이 189년 8월 25일에 일어난 십상시의 난이다.

이 소식을 들은 환관들은 궁중 난입을 시도한 원소와 조조, 원술 등에게 맞섰지만 원술 등이 남궁과 서궁, 동궁을 불태우는 바람에

동탁. 《삼국지연의》(청시대)

더는 견디지 못했다. 당시 죽은 환관의 수가 2천여 명이었다.

장양 등은 황제 일행을 데리고 도성을 탈출했다. 이를 뒤늦게 알아차린 원소가 병사를 보내 이들 황제 일행을 추격했다. 장양은 강물에 뛰어들어 자결했고, 어린 황제 형제만이 밖을 떠돌다가 도성으로 올라오던 동탁을 만난다. 동탁으로서는 길에서 일확천금을 주운 격이었다.

황제 형제를 앞세운 동탁은 득의만만하게 입성해 정권을 장악한다. 그간 원소가 각고의 노력으로 환관 세력을 소탕했는데 그 열매는 동탁이 가로챈 셈이었다. 하진의 우유부단한 성격과 원소의 무분별함이 낳은 결과였다. 그때부터 후한은 본격적인 군웅할거의 시대로 접어든다.

기회는 선점했지만 방심했다

어부지리로 전권을 쥔 동탁은 어떤 캐릭터일까?

동탁은 한마디로 기회 포착의 고수였다. 변방에서 온 사나이 동탁! 그는 서량에 있을 때까지는 칭찬받는 사람이었으나 낙양에 온 이후에는 악의 화신인 양 비난만 받는다. 비주류였을 때와 주류 이후의 평가가 극을 달리는 특이한 인물이었다.

중심에 진입하려는 주변인들은 기회에 대한 촉이 남다르게 발달한다. 서량에 있던 동탁도 호시탐탐 중앙에 입성할 빈틈을 노리고 있었다. 하지만 거기까지가 전부였다. 주류에 편입되고, 더군다나 순식간에 정상에 올라선 이후에는 방심하는 스타일이었다. 기회를 잡은 이후 관리를 잘해야 롱런하는데, 동탁은 그렇지 못해서 중앙 진출의 기회를 능란하게 선점했을 뿐 그 후에는 놀고먹으려 했다.

동탁은 집권 후 제일 먼저 하진의 조카 소제를 폐위하고, 자기와 같은 성씨인 동 태후 밑에서 자란 유협을 황제로 세운다. 그가 후한의 마지막 황제인 14대 헌제獻帝[한 효헌황제 유협, 181~234]였다. 폐위된 소제와 달리 유협은 뒷배가 별로 없었기에 동탁이 주무르기가 딱 좋았다. 소제 치하의 하진 정권에서 실세였던 원소는 동탁을 피해 기주冀州로 떠났다. 원소의 보좌관이었던 진림도 원소를 따라 기주로 갔다.

진림이 누구던가! 당대 최고의 문인으로 건안칠자建安七子• 중 한 사람이었다. 동탁이 그를 붙들었더라면 동탁 체제를 선전하는 데 효과적이었을 것이다. 그러나 권력을 잡고 독불장군이 된 동탁의 눈에 진림 따위가 들어올 리 없었다.

원소에게 등용된 진림의 진면목은 199년 원소가 공손찬과 싸울 때 결정적으로 드러난다. 원소의 대군이 공손찬이 웅거하는 역경성

• **건안칠자:** 건안 연간(196~220)에 활약한 뛰어난 문인 7인을 일컫는다. 건안이란 헌제의 3번째 연호이다. 진림을 포함해 공융孔融, 응창應瑒, 유정劉楨, 서간徐干, 완우阮瑀, 왕찬王粲이 있다.

을 포위할 때였다. 공손찬이 흑산적의 두목 장연張燕에게 도움을 청하는 밀서를 보내는데, 원소가 그 밀서를 가로채어 진림에게 조작하게 한다. 공손찬은 거기에 속아서 졌다. 그다음 해 벌어진 관도대전에서도 조조와 그 가문을 비난하는 조조토벌격문을 진림이 작성했는데 워낙 명문이라 조조조차 감탄했다고 한다(p.356 참조).

진림은 과연 작문의 천재였다. 다만, 위기와 상황 변화에 따라 자신의 논리를 바꾸는 재주가 뛰어날 뿐 진정성은 부족했다. 무엇보다 전쟁터에까지 첩실을 데리고 다닐 만큼 일신의 안일을 최우선했다.

아무튼 그렇게 원소와 조조, 진림은 동탁을 떠나갔다. 그렇다면 동탁의 시대를 함께 열어나간 사람은 누구였을까? 동탁의 사위 이유李儒, 여포와 동향이던 이숙李肅을 꼽을 수 있다. 두 사람 다 동탁의 최후까지 함께했다. 그러나 이유는 동탁에게 끝까지 충성을 바쳤지만 이숙은 마지막 순간에 동탁의 등에 칼을 꽂았다.

왜 둘은 결국 다른 길을 걸었을까? 이유는 영민한 학자 출신으로 세태의 흐름을 잘 읽었지만 어디까지나 동탁의 사위로서 장인의 권력 강화와 유지에 집중했다. 긴 흐름을 보는 이유와는 달리, 이숙은 당장 눈앞의 일만 처리하는 스타일이었다.

동탁이 조정의 모든 벼슬아치를 모아놓고는 소제가 유약해 종묘사직을 받들기 어렵다며 위풍당당한 유협을 황제로 세우겠다고 선포했을 때였다. 정원이 극구 반대하고 나섰지만, 정원의 양자이자 호위무사 여포가 버티고 있어서 동탁도 어쩔 수 없었다. 그날 밤 이숙은 여포에게 적토마를 주며 그를 동탁의 양아들로 포섭했고 여포가 정원을 끌어내 죽이면서 황제 교체가 성사되었다. 헌제 등극 이후 이유가 소제와 하 태후를 독살하면서 동탁의 권력을 견제할 세력은 모두 사라졌다.

출세에만 급급했던 이숙의 최후

이처럼 이숙과 이유는 똑같이 동탁을 위해 헌신했지만, 동탁은 사위인 이유를 절대 신임한 반면, 이숙에게는 별다른 대우를 하지 않았다. 업적에 대한 충분한 보상은 충성심을 보장하고 또 다른 업적을 유인한다. 유비, 조조, 손권 등 삼국시대의 주역들은 협력자들에게 업적에 따라 충분한 보상을 해주었다. 동탁도 그리했다면, 반동탁 연합군이 결성되기는 어려웠을 것이고 동탁의 천하는 훨씬 더 오래갈 수 있었을 것이다. 상과 벌에 대한 명확한 원칙 없이 그때그때 기분 내키는 대로 인사 관리를 한 동탁에게 이숙은 서운한 마음을 품고 있었다. 그래서 이숙은 192년, 여포와 동탁 제거를 공모한 왕윤王允에게 포섭된다.

이숙은 10여 명과 함께 수비병 복장을 하고 궁문 앞에서 기다렸다가, 황제를 만나러 들어오는 동탁을 창으로 찔렀다. 관복 안에 갑옷을 입은 덕에 팔만 상한 동탁이 이숙을 죽이려는데, 여포가 나타나 그의 목을 날렸다. 동탁이 집권 후 자기 기분에 취해 측근의 감정을 읽지 못한 결과가 그랬다.

그런데 왕윤도 이숙이 기대한 만큼 보상을 해주지 않았다. 여포는 실의에 빠진 이숙에게 동탁의 사위 우보牛輔를 죽이라고 시켰다. 우

왕윤, 《삼국지연의》(청시대)

보는 겉으로 강한 척했지만, 사실 겁이 많아 관상가와 점쾌를 의지하는 약골이었다. 그런데 이숙은 그런 약골 우보에게 패하고 절반의 군사를 잃었다. 여포는 이 사건을 빌미로 이숙을 처형했다.

원래 이숙은 인사나 외교를 주로 담당했지 장군도 책사도 아니었다. 고향 친구인 여포가 이를 모를 리 없었다. 하지만 기대한 만큼 벼슬을 주지 않으면 보복하는 이숙의 기질을 잘 알고 일부러 그를 전선에 내보낸 것이다.

이숙에게는 장기적 포석이 없었다는 것이 큰 실수였다. 그는 지지 그룹을 만들지 않았고 당장 큰 공을 세워 단숨에 출세하려고만 했다. 그러니 동탁과 왕윤의 집권에 연달아 결정적 기여를 하고도 친구의 손에 비참한 최후를 맞이한 것이다.

성자 같던 동탁이 왜 폭군이 되었나?

동탁은 낙양에 오기 전에는 '인심 많은 장군'이었다. 서량에서 티베트의 유목 민족인 강족의 침략을 수차례 물리치며 챙긴 전리품을 모조리 부하들에게 나누어준 일화는 유명하다. 그러면서도 강족의 우두머리들이 찾아오면 소를 잡아 후하게 대접했고 강족의 축제 때는 귀한 선물을 보내기도 했다. 적을 도와주는 이 같은 성자다운 풍모에 반한 사나운 강족들이 동탁 수하에 몰려들었다. 중앙정부는 그런 부대를 거느린 동탁을 중용하지 않을 수 없었다. 그러던 동탁이 언제부터, 왜 그렇게 공감할 줄 모르는 지도자로 변했을까?

동탁은 황건적의 난을 진압하는 싸움에 참여한 이후부터 조금씩 달라졌다. 당시 동탁은 환관의 모함으로 물러난 노식을 대신해 황건적과 싸웠지만 공적을 세우지는 못했다. 그런데도 권세가들에게 통 크게 뇌물을 써서 없던 전적을 크게 부풀렸다. 그러면서 동탁은 인심 쓰는 것보다 돈 쓰는 것이 출세에 빠르다는 것을 절감했다. 그렇게 큰 벼슬을 얻고 쉽게 출세하는 맛에 빠져 있던 동탁은 하진이 보낸 사발통문을 받고 낙양으로 가던 중에, 십상시의 난으로 유랑하던 황제를 손에 넣고, 훗날 제 손으로 황제까지 교체하며 드디어 세상을 농락할 위치에 오른 것이다. 이후 동탁은 로마의 폭군 네로 황제처럼 행동하기 시작한다.

사람이 이렇게 돌변할 수 있을까?

성격은 보통 50% 내외가 유전되지만, 환경과 교육이 성격에 미치는 영향은 그 이상이다. 그래서 성격은 노력으로 성장하고 성숙할 수 있다. 한편, 성격은 환경과 교육에 따라 빈곤화될 수도 있다. 이른바 '성격의 역설personality paradox'이다. 뇌물로 출세의 맛을 보던 동탁은 말하자면 성격의 빈곤화 방향으로 변해간 것이다.

동탁은 전형적인 예술가 스타일로, 마이어스-브릭스 성격 유형인

MBTI로 말하면 '내향적 감각과 감정적 인식형ISFP'이었다. 그는 원래 시, 서, 예 등에 능했으며 난을 치는 솜씨도 일품이었다. 어디 그뿐인가! 문인들과 즉석에서 시로 화답하기도 했고, 기억력이 뛰어나 사서삼경을 단번에 외웠다고도 한다. 손재주 또한 탁월해 달리는 말 위에서도 과녁에 백발백중시키는 신궁이었다.

동탁과 사위 이유의 성격적 이원관계

권력을 잡으면 누구나 공감 능력이 떨어지기는 하지만, 동탁 같은 성격은 최고 권력을 잡을 때 돌변하기가 더 쉽다. 예술가 기질이 강했던 네로와 히틀러도 동탁처럼 평범했을 때는 현재를 즐길 줄 알았고 따뜻한 감성을 발휘하기도 했지만, 만인지상이 되자 방약무인傍若無人한 리더로 돌변했다. 동탁도 그들처럼 손재주가 뛰어나, 도구가 주어지면 파악하려 하기보다는 가지고 노는 것을 즐기는 탐미주의자였다.

또한 동탁은 내향적이어서 비교적 가족과 친인척에 관심이 많았다. 그가 유협을 황제로 세운 데에는 유협을 기른 동 태후가 자신과 같은 동 씨라는 이유가 컸다. 장안 천도 이후 동탁은 동 씨 일족을 대거 등용한 반면, 그 외 인물들에게는 과묵하거나 까다롭게 대했다. 이숙에게도 예외가 아니었다.

그렇다면 예술가 기질의 리더는 실패가 공식인가?

반드시 그런 것만은 아니다. 예술가적 리더라 할지라도 측근이 누구나에 따라 성공적인 권력자가 될 수 있다. 그러나 동탁의 측근들은 조합이 부적합했다. 그의 최측근은 이유李儒와 이숙李肅이었는데, 그중 동탁이 마음 놓고 의지한 사람은 사위였던 이유뿐이었다.

이유李儒는 MBTI 성격 유형으로 보면 외향적 직관과 사고적 인식형인 ENTP에 가깝다. 전형적인 ENTP형은 의문이 많고 창의적이며 분석적인 발명가 스타일에 해당하며, 에디슨과 히치콕이 이에 속한다. 이런 유형은 일상을 지루해하고 새로운 것을 추구하며 눈썰미가 좋다. 그래서 주위 환경을 지속적으로 탐험하며 새로운 비전에 몰입한다. 또 어떤 난제를 만나도 지치지 않고 해결해나간다. 현재의 중요성을 간과하기가 쉽다는 것은 허점이나, 타인의 기분을 잘 파악하고 타인을 선동하는 데서 희열을 느낀다.

이것만 놓고 보면 동탁과 이유는 성격이 크게 달랐다. 그러나 한 가지 공통점은 생활양식이 '인식형'이라는 것이었다. 만일 라이프스타일까지 달랐다면 '모순관계Conflicting Pairs'가 되어 둘 사이는 파국에 이르렀을 것이다. 비슷한 라이프스타일에 관심의 방향과 지각 방식, 그리고 평가의 기준이 달랐기에 서로에게 호기심이 생겨 둘은 편안한 관계를 유지할 수 있었다. 더구나 동탁은 정서적으로 가까운 친인척 중심의 사고를 하는 성향이 강했다. 따라서 동탁의 눈에는 외부인에 불과한 이숙이 성에 차지 않았을 것이다.

누구를 믿고 일하느냐에 따라 자기 성격의 장단점 중 어느 부분이 부각될지가 결정된다. 그에 따라 운명이 달라지는 것은 당연한 일이다.

심리학자 월터 미셸W. Mishel은 성격의 일관성 이론에 일대 파란을 일으켰다. 그는 자신의 저서 《성격과 평가Personality and assessment》에서

"인간의 내면에 고정된 성격은 없다. 언제 어디서나 하나의 성격으로 일관된다고 할 수 없다"라며 성격은 일관적이지 않다고 주장했다. 예를 들어 부모와 직장 상사를 대하는 태도 사이의 상관관계는 매우 낮고, 아무리 진실한 사람도 상황에 따라 거짓말을 한다. 이 같은 성격의 패러독스 때문에 누구와 함께 일하느냐가 중요한 것이다. 동탁과 이유는 가족과 친구로 지내기에 편안한 이원관계Duality Pairs 였다.

동탁처럼 내향적이며 오감과 느낌이 중요한 인물은 귀가 무척 얇다. 그런 인물이 조직에 매이게 되면, 자신의 주된 성향인 목가적이고 심미적인 자유를 누리지 못한다. 그래서 자연히 우울해지며, 그 우울감을 희석하려고 측근에게 강박적으로 기대는 의존성 인격이 드러난다. 동탁의 그런 점을 사위 이유는 충분히 이용했다. 대장군 하진이 환관 세력을 일소할 명목으로 제후들을 불렀을 때, 이유도 동탁을 부추겨 그에 응하도록 했다. 그래서 동탁군이 낙양에 다가갔는데 이유는 또다시 관망해보자며 입성을 미루었다. 그 덕분에 동탁은 황제를 만나 도성을 장악하기에 이르렀던 것이다.

이유는 동탁의 집권에만 눈부신 역할을 한 게 아니었다. 동탁이 아예 선정善政을 포기하고 포악한 집권자가 되는 계기를 만들어주기도 했는데, 그가 폐위된 소제의 입을 억지로 벌려 독주를 붓고 하 태후를 누각에서 던져 죽인 것은 이유가 부추긴 일이었다. 그 사건을 계기로 민심은 동탁을 떠났고 그때부터 동탁의 폭정이 시작되었다.

반동탁 연합군이 결성된 190년, 동탁 측은 이유의 계책에 따라 원소의 숙부인 태부太傅 원외袁隗 등 원소의 가문을 집단 타살했다. 장안

천도를 건의하고 낙양에 불을 질렀고, 천도 도중 추격해오던 조조를 물리치는 계책을 내기도 했다. 하여튼 이유는 장인을 위해서라면 어떤 계책이든 마다하지 않았고, 낙관적 탐미주의자였던 동탁도 사위를 믿고 자행자지自行自止했다.

결국, 동탁의 감각적 성격은 퇴폐적으로 퇴행했다. 동탁은 백성의 신망을 받는 왕윤에게 정사를 맡기고는 음주가무로 나날을 보냈다. 그러던 어느 날 따분한 기분을 풀려고 순찰을 나갔는데 지신제地神祭[땅의 신령에게 지내는 제사]를 지내는 주민들을 보더니, 그들을 도적 떼라 하면서 부하들과 함께 광란의 살육을 벌였다. 이 일 후에 민심은 극도로 사나워져 국정 수행이 불가능할 정도였다.

더는 이를 지켜만 볼 수 없었던 왕윤은 자신의 생일잔치를 빙자해 믿을 만한 신료들을 초청했다. 왕윤이 현실을 한탄하자 조조가 자신이 동탁을 암살하겠다며 은밀하게 자청했다.

8가지 성격 유형

성격은 정신에너지psychic energy에서 나온다. 프로이트Sigmund Freud는 정신에너지를 리비도libido라 했다. 이 리비도를 중심으로 카를 융Carl Gustav Jung이 연구해놓은 성격 구분을 참고하면 다음과 같다. 여기서는 리비도를 편의상 정신에너지로 통칭한다.

정신에너지에는 감각Sensing, 직관Intuition, 사고Thinking, 감정Feeling의 4대 기능이 있다. 이를 지각(감각, 직관)과 평가(사고, 감정)의 두 범주로 분류할 수 있다.

첫째, 지각 범주에서 오감(시각, 후각, 청각, 미각, 촉각) 등 직접 지각을 중시하면 **감각형**, 직접 자극의 원천이 불명확한 가운데 육감이나 예감 같은 초감각적 지각을 중시하면 **직관형**이다. 감각형은 감각 기능에 의지하고, 직관형은 정서적 느낌이나 아우라 등에 민감하다. 감각형은 숲보다 나무를, 직관형은 나무보다 숲을 먼저 보는 경향이 있다. 둘째, 평가 기능과 관련해 분석적, 객관적이면 **사고형**, 인간관계나 기분, 집단 가치 등에 따른다면 **감정형**이다.

이 같은 4대 기능이 내부로 향하면 **내향성**Intraversion, 외부로 향하면 **외향성**Extraversion이다. 달리 말해, 관심의 초점이 자신의 내부로 향하면 내향적, 외부로 향하면 외향적이라 할 수 있다. 그러나 아무리 외향적이라 해도 어느 정도는 내향 기질을 지니고 있고, 그 반대도 마찬가지이다. 어떤 기질이 좀 더 자주 나타나고, 어떤 기질을 좀 더 선호하느냐에 따라 성격 유형을 구분하는 것일 뿐이라는 점을 유념해야 한다.

4대 기본 기능과 기능의 방향을 조합하면 8개의 성격 유형이 나타난다. 즉 외향적 사고ET/내향적 사고IT, 외향적 감정EF/내향적 감정 IF, 외향적 감각ES/내향적 감각IS, 외향적 직관EN/내향적 직관IN이다. 브릭스 마이어스Isabel Briggs Myers는 여기에 생활양식에 관련된 **판단형** Judgement 대 **인식형**Perception을 추가해 성격유형검사MBTI를 개발했다. 계획적이고 체계적이면 판단형, 상황에 따라 유동적이면 인식형이 다. 판단형이 뚜렷한 목표와 정착을 선호한다면 인식형은 호기심이 많고 개방적이며 적응력이 높은데 뒷마무리가 약할 수 있다.

MBTI 도표

※ 아래 영문의 조합으로 8가지 성격 유형이 나온다.

폭군으로 돌변한 동탁:

- 동탁은 변방 장수 시절에는 성자처럼 너그러웠으나 헌제를 등에 업고 권력을 쟁취하자 폭군으로 돌변했다. 그의 사위 이유는 내향적이고 예술가적 기질인 동탁의 성향을 파고들어 동탁을 조종하며 폭군으로 만들었다. 결국 동탁은 권력을 오래 유지하지 못하고 여포에게 죽임을 당한다.

큰 공을 세우고도 죽임당한 이숙:

- 이숙은 동탁과 여포에게 결정적인 공을 세우고도 당장 큰 보상을 얻지 못했다. 출세를 위해 차곡차곡 실력과 인맥 등 기반을 쌓을 생각은 하지 않고 당장 보상받기에 급급했던 이숙은, 한낱 약골에 불과한 우보에게 패한 일을 빌미로 여포에게 죽임을 당한다.

03

반동탁 연합군이 만들어낸 영웅들

열등감과 자존감에 울고 웃다

동탁 토벌전

후한의 황제 소제를 폐위하고 헌제를 옹립한 뒤 공포 정치를 행한 동탁. 관동 지방의 호족들이 동탁을 제거하고자 '반동탁 연합군'을 결성해 190~191년 사이에 교전을 벌인 것을 동탁 토벌전이라 일컫는다. 반동탁 연합군의 수장은 원소였고 조조, 위자, 포신, 왕광, 손견 등이 동탁과 교전을 벌인다. 이에 동탁은 낙양에서 장안으로 수도를 옮겨 연합군을 피했고, 반동탁 연합군은 내분으로 동맹이 깨진다. 동탁 토벌전의 여파로 중앙은 지방 통제력을 상실하며, 후한의 판도는 군웅할거, 즉 지방 세력의 경쟁 구도로 바뀐다.

반동탁 연합군의 핵심 인물

• 조조: 원래는 동탁 수하에 있던 인물로 동탁과 매우 가까운 사이였으나, 동탁을 살해하려다가 실패로 돌아가자, 산야를 돌며 동탁 암살단을 모집한다. 원소를 반동탁 연합군의 수장으로 추천한다.

• 손견: 지방 관리 두 명을 죽인 중죄인이었으나 원술의 도움으로 예주자사라는 벼슬을 얻고 원술 수하에 있게 된다. 반동탁 연합군에서 공격 선봉장을 맡는다. 원술에게 가문에 대한 열등감이 컸다. 그러나 황제의 옥새를 손에 넣으며 자신감을 얻어 연합군을 이탈해 강동에 터전을 잡는다.

• 원소와 원술: 원소와 원술은 지체 높은 사세삼공의 하남 원 씨 집안 출신이며 이복형제다. 가문만으로도 둘은 명성이 자자했지만, 반동탁 연합군의 수장을 맡은 원소가 종 출신의 이복형이라는 이유로 원술은 시기와 질투에 사로잡힌다. 그것이 반동탁 연합군이 분열하는 큰 불씨가 된다.

환관 출신 조조의
남다름

조조의 주요 특징을 두 단어로 말하면 '기지_{奇智}와 친화력'이다. 사실 삼국시대는 조조로 시작해서 조조로 마무리한다 해도 과언이 아니다. 조조는 동탁 암살에 실패하고는 낙향해 의병을 조직하고 제후 연합군 결성을 주도했다. 그리고 하북 지방에 이어 하남까지 거의 다 정복해 삼국통일의 기틀을 닦았다.

하지만 그의 출발은 미약했다. 조조는 동탁, 마등馬騰, 공손찬, 손씨 가문 같은 군벌 세력이 아니었고, 원소와 원술처럼 명문가도 아니었다. 그렇다고 유비, 유표처럼 정통성을 지닌 황손은 더더욱 아니었다. 조조는 양자로 계승되던 환관 가문 출신이었다. 가문에 재산은 많았지만, 특히 십상시의 난 이후 멸시받는 가문의 이미지가 더욱 심하게 그를 따라다녔다. 그러나 역설적으로 그런 환경이 조조가 기지와 친화력을 기른 배경이 되었다.

냉철한 법치주의자 조조

조조는 특유의 친화력 덕분에 동탁의 침소에도 자유롭게 드나들 수 있었다. 조조의 친화력은 사탕발림 같지 않았고 깊은 숙고에서 나온 듯 일관성이 있었다. 조조가 제일 싫어하는 것이 미신을 신봉하는 음사(淫祀)와 허례허식이었다. 조조는 하늘이나 신 따위를 일절 믿지 않았고, 믿을 수 있는 것은 자신의 능력뿐이라고 생각했다. 어떤 벼슬이든 주어지면 그 자리에 맞게 지위고하, 친소(親疏)를 막론하고 냉혹하게 법적 조치를 취했다.

폭정 때문에 동탁에 대한 여론이 악화되자, 이유가 이를 무마하기 위해 왕윤과 함께 조조를 천거한 것은 조조의 그런 성격 때문이었다. 당시 낙양에서 청렴하고 강직하다고 정평이 난 사람이 왕윤이었다면, 최고의 법치주의자는 단연 조조였다. 어쨌든 왕윤과 조조는 황실을 지킨다는 심정으로 동탁 정권에도 깊숙이 개입했다. 동탁의 전횡을 피해 도성을 떠나버린 원소와는 수준이 달랐다.

조조가 왕윤에게 동탁 제거를 위해 내놓은 계책은 의외로 단순했다.

"대인, 듣자 하니 대인에게 칠성보도라는 가보가 있다던데 잠시만 빌려주십시오. 동탁을 베고 곧 돌려드리겠습니다."

동탁은 한나라 변방 출신이다. 이처럼 외부에서 안으로 치고 들어온 '아웃 투 인out to in' 스타일인 경우, 대체로 남의 허점은 잘 보지만 자기 빈틈은 잘 보지 못한다. 동탁이 훗날 측근에 의해 쓰러진 것을 보면 가까운 사람들에게는 경계를 너무 쉽게 풀었음을 알 수 있다.

왕윤의 보검을 빌린 조조는 동탁의 침실을 찾아갔다. 마침 동탁이 벽을 보고 누워 있어 검을 뽑으려 했으나, 그 순간 동탁이 눈을 뜨며 돌아눕는 바람에 기회를 놓쳤다. 게다가 여포도 말을 기둥에 매고는 들어왔다. 조조는 당황했지만 내색하지 않고 얼른 꿇어앉아 양손으로 칼을 높이 들고 둘러댔다.

"마침 천하제일의 검을 얻게 되어 황제께 바치려 합니다."

벌떡 일어난 동탁이 받아보니 과연 명검이었다. 동탁은 여포에게 잘 간수하라며 검을 건네주고는 밖으로 나가, 보검의 대가로 조조에게 말 한 마리를 주었다. 조조는 그 말을 끌고 승상부에서 나오자마자 동남쪽으로 쏜살같이 달려갔다. 동탁은 아무래도 낌새가 이상해 이유를 불렀다. 이유가 조조의 처소로 사람을 보내 조사해보니 가솔들은 진즉 떠났고 아침에 나간 조조도 돌아오지 않았다는 것이다.

"이 환관놈의 자식, 내가 중하게 써주었건만 나를 죽이려 들다니…."

동탁의 이 말에 이유李儒도 맞장구치며, "분명 공모한 놈이 있을 것이니 속히 잡아서 족쳐야 합니다"라고 했다.

동탁은 이를 갈며 전국에 조조 수배령을 내렸다. 조조를 잡는 자는 천금千金을 받게 되나, 감춰두는 자는 엄벌로 다스린다는 내용이었다.

조조의 화려한 인맥, 동탁 암살단

한편 조조는 떠돌이 장사치 황보皇甫로 변신해 주로 야밤에 산길을 이용해 고향으로 피신했다. 그는 아버지 조숭을 설득해 가산을 처분한 데 이어 위홍衛弘이라는 큰 갑부의 후원을 받아 의병을 모집했다. 조조가 깃발을 들자 사방에서 사람들이 모여드는데 그들의 면면을 보면, 조조의 평소 친화력과 인맥 관리 능력을 알 수 있다.

가장 먼저 모여든 이들은 조조가 벼슬하기 전 사귀었던 협객들이었다. 그중에서도 악진樂進이 일차로 도착했다. 악진은 작고 말랐지만 당차고 날래기가 표범 같았다. 그다음 찾아온 이는 수백 명을 거느린 이전李錢이었다. 이전의 집안은 연兗주 산양山陽군의 유지로서 무술과 학문이 모두 뛰어났다. 그 뒤를 이어 조조의 생가 쪽 친척 하후돈夏侯惇과 하후연夏侯淵이 각기 1천여 명의 군사를 데리고 달려왔다. 특히 하후연은 어릴 때부터 조조를 잘 따라다녔다. 청소년 시절 조조가 건달처럼 설치다가 잡혀갈 일이 생겼는데 하후연이 대신 잡혀가 중죄를 받는 바람에, 조조가 기지를 발휘해 그를 구해내기도 했다. 네 번째로 조조의 사촌동생인 조인曹仁과 조홍曹洪이 각기 1천여 명의 사람과 말을 몰고 왔다.

조조는 그들에게 각기 맞는 직책을 주었다. 훈련을 시작한 한편, 황제의 밀조密詔라고 속여 전국에 동탁토벌격문을 돌렸다. 당시 조조는 내세울 만한 벼슬을 한 적이 없는데도 전국의 제후들이 그에게 호응했다.

조조가 진류陳留에서 5천 군사와 함께 기다리고 있는데, 17명의 제후들이 앞다퉈 결집하기 시작했다. 제1진으로 남양태수 원술이 도착했다. 그 뒤로 한복韓馥, 공주孔仙, 유대劉岱, 왕광王匡, 장막張邈, 교모喬瑁, 원유袁遺, 포신鮑信, 공융孔融, 장초張超, 도겸陶謙, 마등馬騰, 공손찬公孫瓚, 장양張楊, 손견孫堅, 그리고 마지막으로 발해태수 원소袁紹가 당도했다.

그중 북평태수 공손찬이 1만 5천 군대를 끌고 평원에 이르렀을 때였다. 평원 현령인 유비가 관우, 장비와 함께 공손찬을 마중나왔다. 공손찬이 유비에게 물었다.

"어이, 자네가 웬일인가?"

"형님 덕분에 이곳 현령을 맡게 되었습니다. 형님께서 역적 동탁을 치러 군사를 일으켰는데 어찌 가만히 있을 수 있겠습니까?"

유관장 3형제도 공손찬의 부대에 합류했다. 120km가 넘는 들판에 군사가 가득했다. 조조가 미리 준비한 소와 양고기로 잔치를 벌이는 동안, 제후들만 따로 모여 향후 대책을 논의했다. 조조가 먼저 원소를 우두머리로 추천했다. 원소는 처음에는 사양했지만 제후들이 거듭해서 권하자 마지못한 듯 승낙했다. 그다음 날 원소는 청, 백, 적, 흑, 황 오행의 깃발이 휘날리는 가운데 단에 올라가 고천문告天文을 낭독했다.

"동탁으로 인한 국난이 황실과 만백성에게까지 미쳤도다. 이에 의병을 일으켰으니 황천후토皇天后土의 영령이여, 보살피소서!"

원소는 백마의 목을 쳐 솟구치는 피를 제단에 뿌렸다. 이때가 190년 정월이었다.

이복형제 원소와 원술의 심리전

　　제후연합군의 수장이 된 원소가 드디어 첫 군령을 내렸다.

"이 원소가 여러분들의 추대를 받아 수장이 되었소. 나라에 국법이 있고 군에는 군율이 있으니 이에 따라 신상필벌을 엄격히 할 것이오. 제1호 군령을 내리겠소. 남양태수 원술은 병참을 책임지고 군량과 양초를 차질 없이 공급하라! 다음으로 도성의 관문인 사수관을 쳐야 하는데 누가 선봉을 맡겠느냐?"

이 말이 떨어지기가 무섭게 손견이 손을 들었다. 당시 손견은 천하에 용맹을 떨치던 때라 모두 그의 자청에 수긍했지만, 딱 한 사람 원술만큼은 속이 부글부글 끓었다.

사실 원소는 원술의 이복형으로 아버지 원봉袁逢의 노비에게서 태어났다. 원봉의 본부인이 임신하기 전 노비였던 첩이 원소를 낳았다. 그런데 원봉의 형 원성이 많은 처첩을 두었음에도 자식 없이 죽으면서, 원소가 원성의 양자로 들어가게 된 것이다. 이로써 원소는 서얼 신분에서 해방되고 원 씨 종가의 적손嫡孫이 된다.

훗날 원술은 공손찬에게 보낸 편지에도 원소를 '집안 종놈'이라며 비하한다. 그런 원소가 명문가 중의 명문가인 원 씨 가문의 간판 노릇을 하니 원술로서는 무척 아니꼬웠다. 게다가 자신에게는 보급부대나 맡으라니… "그냥 수레 모는 짐꾼 노릇이나 하라"는 것과 다르지 않았다. 아직 전쟁이 시작되기도 전에, 반동탁 연합군 내부에 분열의 씨앗이 싹트고 있었다. 역사에 남을 유명한 '원술의 시기envy'는 그렇게 시작되었다.

시기envy와 비슷한 것이 질투jealousy이다. 시기란 내게 없는 것을 다른 이가 지녔을 때 시샘하는 것을 말하며, 질투란 내게 중요하고 가치 있는 것이 다른 이에 의해 훼손될까 봐 염려할 때 드는 감정이다. 그래서 질투는 소유욕과 불안정성의 정도를 나타내는 지표 역할을 하기도 한다.

원소와 원술은 둘 다 자기애적 기질이 지나치게 강했다. 물론 건전한 자기애narcissism는 필요하다. 자기애가 너무 없을 때 자기 파괴적 경향이 나타나기 때문이다. 사실상 열등감도 자기애의 또 다른 표현이라 할 수 있다. 에리히 프롬Erich Pinchas Fromm●은 자기애를 인간이 지닌 제2의 본능이라고까지 이야기했다. 인간은 동물과 달리 사회적 존재이므로 스스로 자기를 존중하고 자신을 긍정해야만 관계 속에서 가치를 인정받고 생존할 수 있다고 그는 이야기한다. 자기애가 최적인 사람들은 교만하지도, 비굴하지도 않으면서 매혹적인 존재로 세상을 살아간다.

자기애가 지나친 상태를 심리학에서는 외현적 자기애overt narcissism라고 하는데, 원술처럼 안하무인에 독불장군 같은 모습에서 그 사례를 찾을 수 있다. 외현적

● 에리히 프롬: 1900~1980. 독일계 미국인으로 철학, 사회학, 정신분석을 연구했다. 미국 컬럼비아대학, 베닝턴대학, 멕시코국립대학, 미시간주립대학, 뉴욕대학교 등에서 정신과 교수를 역임했다. 프로이트 이후의 정신분석이론을 사회정세 전반에 적용했고, 인간의 욕망에서 비롯된 개인과 사회 간의 갈등에 주목했다. 저서로는 《사랑의 기술》《소유냐 삶이냐》 등이 있다.

자기애에 질투가 결합하면 증오감이, 시기가 결합하면 자괴감이 폭발한다. 원술의 일생이 이를 잘 말해준다.

자기애는 결국 남과 비교하면서 자신이 우월하다는 인정을 받고 싶은 욕구 중의 하나이다. 아동기에는 부모를 두고 형제자매들끼리 질투와 시기를 벌인다. 이런 감정은 학교에 가서 급우들 사이로 전이되고, 성인이 된 후 직장과 사회로 확대된다. 사랑과 안정의 요람이어야 할 가정이 아이러니하게도 질투와 시기의 원초적 묘목장苗木場인 셈이다. 시기심 때문에 친동생을 죽인 인류 최초의 살인자 카인의 심리를 일컫는 '카인 콤플렉스Cain complex'가 바로 그런 것이다. 이 카인 콤플렉스가 삼국시대에 와서 원술에게서 재현되고 있었다.

시기란 선망羨望의 또 다른 표현이다. 천하를 놓고 동탁과 나란히 하는 수장의 자리를 원소가 차지한 가운데, 원술도 내심 그 자리를 선망하고 있었다. 원술은 이렇게 생각하고 있었다. "자랄 때부터 형이라는 이유만으로 집안에서 자동 선두를 꿰차더니, 사회에 나와서까지 선두를 차지하는군. 능력으로 보나 뭐로 보나 저 자리는 내 것이다."

후한의 당시 분위기상 반동탁 연합군의 수장은 원소와 원술 중 한 명이 차지하는 것이 맞았다. 오죽하면 손견이 사사로운 원한으로 남양태수 장자張咨를 제거한 후에 남양을 원술에게 바쳤을까?

원술의 부하 손견이 선봉장이 되다

원술이 원소처럼 동탁을 피해 남양으로 피신했을 때 손견은 장사長沙태수 자리에 있었다. 손견이 명문가 출신은 아니었지만, 오직 과감성만으로 차지한 벼슬이었다. 손견은 형주자사 왕예王睿를 아주 시건방진 놈이라며 때려죽이고는 그 세력을 흡수해 수만 명에 달하는 군사를 거느렸다. 그 후에 반동탁 연합군에 가담하러 북상하는 길에 남양태수 장자張咨에게 군량을 대라고 윽박질렀다. 장자가 이에 응하지 않자 손견은 아픈 척해 장자를 유인한 뒤 그의 목을 베었다.

이유야 어쨌든 손견은 왕예에 이어 장자까지 연달아 죽인 중죄인이었다. 처벌이 두려웠던 손견은 마침 남양으로 내려온 원술에게 도움을 청했다. 원술이 형주자사 유표에게 내막을 이야기하자 유표는 원술을 남양태수로 천거하고, 원술은 손견을 예주자사로 천거했다. 그 바람에 두 관리를 죽인 죄는 사라지고 손견은 도리어 파로장군破虜將軍과 예주자사를 겸하게 된다.

결과적으로 원술은 오직 가문 덕에 비옥한 토지와 드넓은 영토, 인구수가 수백만에 이르는 남양을 차지했다. 가문을 중시하는 후한 사회의 분위기에서 이는 얼마든지 가능한 일이었다. 그만큼 인지도와 명망의 정점에 원술 형제가 있었다.

그런데 조조가 반동탁 연합군의 수장에 원소를 추천한 것은 아무래도 원술보다는 원소가 나았기 때문이었다. 세상 평가가 그러했지만, 원술은 이를 부정하고 싶었다. 사실상 적자도 아닌 첩의 자식과

원술, 《삼국지》(청시대)

형제의 서열을 논한다는 것은 의미가 없다고 생각한 원술은 원소에게 지독한 시기심을 품었다. 이는 능력 차이를 부인하려는 일종의 방어심리였다.

원소 역시 원술을 좋아할 리 없었다. 원소는 원술이 자신에게 한참 뒤지면서도 정실 소생이라는 이유 하나만으로 큰소리를 친다고 보고 그에게 전투가 아닌 보급라인을 맡긴 것이다.

원술로서는 원소가 수장을 맡은 것도 아니꼬웠지만, 더 심한 굴욕은 손견이 공격대 선봉장을 맡은 것이었다. 왜냐하면 당시 손견은 원술의 수하에 있었기 때문이었다. 비록 손견은 원술 수하에 있었지만, 포부가 커서 언제든 원술의 경쟁자가 될 수 있었는데, 제후들 중 원술의 근거지인 남양과 가장 근접한 지역을 기반으로 하고 있어서 그 가능성이 더욱 컸다.

그때부터 원술은 매사를 자신을 공격하는 음모로 해석하면서 의심을 키워나간다. 빛나는 간판과 내적 실력의 간극이 크면 클수록, 원술처럼 점점 소심해지는 법이다. 원술의 그런 점은 장차 반동탁 연합군의 결속력을 점점 약화하는 약점이 된다.

환관 출신 조조의 자신감:

- 조조는 멸시받는 환관 가문 출신이었고 벼슬도 없이
  동탁에게 쫓기는 신세였으나 특유의 친화력과 남다른
  기지로 전국의 제후들을 모아 동탁 암살단을 꾸렸다.

자기애가 지나쳤던 원소와 원술:

- 원소와 원술은 후한 시대 최고 명문가의 이복 형제였
  다. 그러나 첩의 자식인 원소가 원술보다 실력이 나았
  고, 반동탁 연합군의 수장이 되었다. 좋은 집안 덕에
  자기애가 지나쳤던 형제는 평생 서로 시기하고 질투
  하면서, 반동탁 연합군의 내분을 조장했다.

남양의 꿩 원술,
강동의 호랑이 손견

손견이 강동의 호랑이였다면 원술은 남양의 꿩이었다.

191년 손견이 죽고(p.133 참조) 197년에 원술이 스스로 황제라고 칭하자 손견의 아들 손책孫策•이 반기를 들었다. 다급해진 원술은 여포와 동맹을 맺기 위해 자기 아들과 여포의 딸을 정략결혼시키려고 추진한다. 여포도 구미가 당겨 앞뒤 가리지 않고 그 제안을 수락하는 데 진규陳珪가 말렸다. 원술의 아들과 여포의 딸을 정략결혼시키면, 여포는 한나라 황실의 공적이 된다며 명분론을 앞세웠다.

여포의 거절에 열받은 원술은 198년, 자기 휘하의 대장 장훈張勳에게 명해 한섬韓暹과 양봉楊奉의

> • **손책:** 175〜200. 손견의 장남이자 훗날 오나라 초대 황제가 되는 손권의 형이다. 손견 사후 어머니를 모시고 곡아에 살다가 외숙 단양태수 오경에게 합류한다. 처음에는 원술을 따르다가 원술의 본색을 알게 되면서 그를 떠난다. 황제를 참칭한 원술을 꾸짖고 그와 절교한다. 오나라의 기반을 닦고 소패왕이라는 별명을 얻었다.

세력을 규합해 일곱 갈래 길로 서주에 있는 여포를 공격하게 했다. 여포가 진규를 불러 "그대 탓에 곤란하게 되었소"라고 꾸짖자, 진규는 담담하게 이렇게 답했다.

"양봉과 한섬뿐만 아니라, 원술의 군사까지 모두 모인다 해도 그들은 오합지졸에 불과해 조금만 공격하면 꿩이나 닭, 까마귀처럼 금세 흩어질 것입니다."

유유상종類類相從이라는 말이다.

현실 감각이 없어도 너무 없는 원술

맹장猛將 아래 약졸弱卒 없고 약장弱將 아래 맹졸猛卒이 모이지 않는다. 원술이 꿩 같으니 꿩 같은 부하들만 모여들고, 설령 유능한 부하가 온다 해도 오래 있지 못하고 떠난다. 매가 공격하면 꿩은 머리를 풀숲에 처박고는 잘 숨었다고 착각한다. 현실 감각 없이 머릿속 그림으로만 상황을 파악하기에 그렇다. 바로 그래서 원술은 동탁이 집권한 하남에서 가장 강력한 세력을 지니고도 허무하게 무너져 내렸다. 원술의 꿩 같은 기질은 반동탁 연합군의 군사령관을 수행할 때 분명히 드러났다.

반동탁 연합군의 공격대 선봉장이 된 손견이 사수관汜水關●으로 달려가는 도중에 예기치 못한 일이 터졌다. 제북濟北의 상相 포신鮑信이

● **사수관**: 중국 허난성 싱양시 북서쪽으로 약 16km 떨어진 지역에 위치하며, 남쪽으로는 숭산, 북쪽으로는 황허와 접해 있고 여러 산이 겹쳐 있는 옛 중국의 요새였다. 역대 왕조 대대로 낙양洛陽 동부를 방어하는 중요한 군사 요충지로, 주周나라 목왕穆王이 이곳에 호랑이를 가두고 길렀다 하여 호뢰관虎牢關이라고도 한다.

자신에게 첫 전쟁이었던 그 전쟁의 승리에 욕심이 나서 아우 포충鮑忠에게 3천 군사를 주며 손견보다 먼저 사수관을 공략하라고 보냈다. 포충 군대는 손견보다 빨리 가려고 밤낮없이 달려가느라 사수관 앞에 멈췄을 때, 이미 피로에 지친 패잔병이나 다름없었다.

사수관을 지키고 있던 동탁 쪽의 화웅華雄은 파김치가 된 연합군이 다가오자 냉소를 날리며 겨우 5백 기병만으로 연합군을 마음껏 짓밟았다. 이런 상황에서 손견이 도착하자 마찬가지로 우습게 본 화웅은 가볍게 싸우다가 손견에게 큰 코를 다쳤다. 크게 패배한 화웅은 관내로 도망쳤다.

강동의 호랑이 손견에게 호되게 당한 화웅은 관문을 굳게 닫아걸고는 버티기 작전에 돌입했다. 상대가 도무지 싸우려 들지 않으니 아무리 용맹한 손견이라도 1만 군사로 5만이 지키는 요새를 돌파하기란 쉽지 않았다. 그렇게 소강상태에서 며칠을 보내다 보니 손견 진영에 곤란한 문제가 발생했다. 군량미와 말의 식량이 바닥을 보이기 시작한 것이다. 이에 손견은 원술에게 부하를 보내어 군수물자 보급을 요청했다. 이때 원술의 측근이 원술의 입맛에 맞는 말을 한다.

"동탁이 서량의 늑대라면 손견은 강동의 호랑이입니다. 만일 손견이 동탁을 제거한다면 낙양은 호랑이 아가리에 떨어지게 됩니다. 손견에게 군수물자를 주지 마세요. 그래야 호랑이 이빨이 빠집니다."

원술은 미소를 지으며 고개를 끄덕였다. 적과의 전쟁 중에 있을 수 없는 일이 벌어지고 있는 것이다. 동탁과의 전쟁에서 일단 이겨야 손견과 다투든지 말든지 할 것 아닌가! 그 전쟁에서 지면 그것으로 끝인데 아직 시작되지도 않은 장래 일에 지레 겁을 먹고 있었다. 원술은 겉모습과 달리 내면이 무척 허약했다.

원술은 대외 이미지가 내적 역량보다 과대 포장된 사람이었다. 허세 문화에서 흔히 나타나는 그런 현상은 허언증과 소심증이라는 두 가지 특징을 수반한다. 허언증과 소심증은 이율배반적인 것 같지만 그 뿌리는 똑같이 허세이다. 허언증은 자아를 과잉 보상하기 위해 허구를 현실처럼 믿는 것이고, 소심증은 자신의 약점이 드러날까 봐 매사에 두려워하고 조심하는 것이다.

후한 사회에서, 원술과 원소에게는 명망가의 이미지가 있었다. 그런데 원술이 반동탁군의 수장인 원소를 심하게 질투하는 바람에 어느덧 원소 라인과 원술 라인이 형성되어 내분의 조짐이 일고 있었다. 원 씨 가문의 비중은 이토록 절대적이어서, 손견도 자청해서 원술의 측근이 되었다. 그런데 중요한 전투에서 원술이 군량미를 보내 주지 않는 바람에 손견 부대가 패전의 위기에 처한 것이다.

용맹했지만 성급했던 손견

게다가 때는 2월이었다. 손견 부대에서는 매서운 추위 속에서 허기진 배를 움켜쥐고 스러지는 병사가 속출했다. 첩자들이 이 참상을 그대로 동탁 측 화웅에게 전달했고, 이숙은 이를 절호의 기회라며 계책을 냈다. "오늘 보름달이 뜨는 날입니다. 제가 샛길로 내려가 적의 진영 뒤편을 공격할 테니 장군께서는 정면을 치십시오."

그날 해질 무렵 화웅은 병사들부터 배불리 먹인 다음 둥근달이 중천에 떠오를 때 살금살금 달려가 손견 진영을 공격하기 시작했다. 밤중에 기습을 당한 손견 진영은 순식간에 아비규환에 빠졌다. 손견조차 간신히 갑옷을 걸친 채 말을 타고 도망쳐야 했다.

손견은 용맹했지만 성미가 너무 급했고 용의주도하지 못했다. 차근차근 문제의 전말을 생각하기보다 행동부터 하고 보는 사람이었다. 그러다 보니 돌발 상황을 대비한 비상 대책이 부족했다. 손견은 아무리 전투가 급하다 해도 한겨울인데 군량미가 떨어질 때까지 방치했고, 적이 굶주린 군대를 기습 공격하리라는 상식을 간과했다. 그는 용기가 지나쳐 무모했다.

손견의 용기가 긍정적인 효과를 낸 적도 여러 번 있었다. 열일곱 살 때 부친과 함께 배를 타고 전당錢塘현에 도착했는데, 마침 호옥胡玉의 해적 떼가 약탈을 하고 있었다. 손견의 부친이 겁을 먹고 다시 배를 타고 돌아가려는데, 손견은 이를 만류하고 홀로 마을 뒷산에 올라가 장수가 병사를 지휘하듯 소리지르며 칼을 휘둘러댔다. 그 소리에 해적들은 관군이 온 줄 알고 황급히 도망갔다. 이 일이 알려져서 손견은 관리로 등용되었다.

• **허창:** 후한서 《효영제기》, 정사 《손견전》, 《자치통감》 등에서는 허생許生이라는 이름으로 나온다. 172년 회계에서 아들 허소와 함께 반란을 일으켜 자신의 아버지를 월왕으로 삼았다가 양주자사 장민과 단양태수 진인의 공격을 받아 참수되었다. 정사에서는 허창 본인이 양명황제라 칭하다가 손견에게 토벌되었고, 장민이 이 공을 황제에게 올려 손견이 염독현 현승이 되었다고 나온다.

손견이 원술에게 한없이 저자세였던 이유

이후 172년 회계會稽에서 종교지도자인 허창許昌•이 수만 무리를 모아 자칭 양명陽明황제라며 반란을 일으켰다. 척박한 이 지방에서 빈발했던 종교 반란 중 최대 규모였다. 손견은 군사 1천여 명을 이끌고 그 반란을 진압했다. 손견은 황건적의 난 때에도 주준의 부하로 참전해 성 위에 올라가 적병을 죽여 아군의 사기를 진작하곤 했다. 그렇게 용감무쌍하고 앞뒤 가리지 않는 손견이었지만 가문은 변변치 못했다.

손견은 손자孫子[본명 손무孫武]의 후손이라 알려졌으나 근거는 부족하다. 가문을 중시하는 문화 때문에 손견 스스로 같은 성씨인 손자의 후손이라고 주장했을 가능성이 크다. 누구에게도 기죽지 않고 드셌던 손견이었건만 그런 자격지심 때문인지, 원술에게만큼은 유독 저자세였다.

화웅의 습격에 완패한 손견은 밤새 말을 달려 42km 밖 노양魯陽에 있던 원술을 찾아갔다. 다 이긴 전쟁이 원술의 직무유기로 졌지만, 아무도 원술에게 책임을 묻지 않았다. 군령을 엄히 세운다던 수장 원소도 조용했고 다른 제후들도 꿀 먹은 벙어리였다. 그런 상황을 개탄하던 손견은 원술을 만나 어떻게 했을까?

뜻밖에도 손견은 옳고 그름을 가리기는커녕 원술 앞에서 얌전한 고양이처럼 허리를 굽히고 다시 한번 충성을 맹세했다. 당대 사회의 세계관 속에서 자신도 모르게 '심리적인 굴종psychological submission'을 택한 것이다. 손견이 재차 충성 맹세를 하자 그제야 원술은 얼굴이 환하게 펴지며, "그래야지, 손견에게 군수물자를 내주어라!"라고 명했다.

어렵사리 군수물자를 지원받고 주둔지로 돌아가면서도 손견은 거듭 충성을 맹세했다.

유관장의 협공에 밀린 여포, 장안 천도

손견의 선봉 부대가 참패한 이후 반동탁 연합군 진영에는 침통한 분위기가 흘렀다. 이 분위기를 바꿔보려고 원술의 장수 유섭兪涉과 한복의 장수 반봉潘鳳이 화웅과 싸웠으나 둘 다 얼마 버티지 못하고 목이 날아갔다. 점점 상황이 어려워지자 원소는 제후들 앞에서 대책을 물었다. 침통한 분위기만 흐르는데 뒤에 서 있던 관우가 "제가 화웅의 목을 바치겠습니다"라며 나섰다. 그때만 해도 관우는 무명인지라 원술은 벌컥 화를 냈다.

"겨우 마궁수馬弓手[활 쏘는 병사] 주제에 열국의 제후들 앞에서 감히 호기를 부리다니 건방지구나!"

그때 조조가 원술에게 말했다.

"장군, 저 사람이 큰소리쳤으니 한번 싸우게 해봅시다. 만일 지면 그때 책망해도 늦지 않습니다."

이처럼 조조와 관우는 서로 첫인상이 좋았다. 조조는 과묵하면서도 탁월한 관우에게 끌렸고, 관우도 순발력이 뛰어난 조조에게 매력을 느꼈다. 이때의 인연으로, 훗날 조조와 유비가 싸울 때 관우와 조조 사이에는 엄정한 군법을 뛰어넘는 우정이 흐른다.

화웅은 당연히 관우의 상대가 되지 못했다. 관우가 화웅을 제압하고 돌아오자 그제야 연합군 진영에 북소리와 함성이 크게 일며 사기가 올랐다. 이 소식을 들은 동탁이 20만 대군을 이끌고 달려왔다. 양 진영이 팽팽히 맞선 가운데 먼저 동탁 측에서 여포가 적토마를 타고 등장했다. 연합군 쪽에서 "누가 감히 맞설까?"라며 수군대는데 하내河內태수 왕광王匡의 장수 방열方悅이 선뜻 나섰다.

두 장수의 말이 서로 어울려 서너 번쯤 돌 때 어느덧 여포의 방천화극에 방열의 목이 날아갔다. 그 기세에 반동탁 연합군이 앞다퉈 도망치는데, 그 앞에 장비가 나타나 여포를 막아섰다. 장팔사모丈八蛇矛와 방천화극方天畵戟●이 불꽃을 튀기며 50합을 부딪칠 때까지 전세는 여전히 팽팽하더니, 어느덧 장비가 조금씩 밀리기 시작했다. 그러자 관우가 협공으로 여포와 맞섰다. 그런데도 여포는 밀리지 않았다. 여포는 최소의 힘으로 최고의 기량을 구사할 줄 알았다. 보다 못한 유비가 쌍고검을 치켜들고 나서서 돕자, 그제야 여포는 여유를 잃고 흔들리다가 결국 성안으로

● 방천화극: 창 옆에 날카로운 달 모양의 칼날이 달려 있는 모양으로, 실제 이런 형태의 무기는 북송 때에야 등장하며, 여포의 트레이드마크로 알려진 방천화극은 《삼국지연의》의 창작물이다.

물러갔다.

이 싸움 이후에 동탁은 낙양으로 후퇴했는데, 그러면서 은밀히 손견에게 이각李催을 보내 자신의 딸과 손견의 아들을 결혼시키자고 제안한다. 일단 손견만 회유된다면 나머지 제후들은 쉽게 이기리라고 본 것이다. 그러나 손견은 "역적놈과 혼인을 맺으라니, 더러운 그 주둥이를 잘라주겠다"라며 칼을 뽑아들었다.

잔뜩 겁을 집어 먹은 이각은 줄행랑쳐 동탁에게 그대로 보고

방천화극을 든 여포. 《삼국지연의》(청시대)

했다. 손견과의 화친도 실패하자 동탁은 아예 장안으로 천도하자는 이유李儒의 계책을 받아들였다. 이유는 2백 년 도읍지인 낙양의 수만 부호들을 참수하고 재산을 모두 거두어들여 천도 비용을 마련했다. 심지어 장안으로 출발하면서는 도성 내 곳곳에 불을 질렀다.

누구보다 용맹했던 손견의 패인

그 직후 낙양에 도착한 손견은 불부터 끈 후 역대 황제들의 종묘를 수습했다. 언제나 그렇듯 손견의 행동은 번개처럼 거침

이 없었다. 세상 무엇도 두려울 것 없다는 듯 자신감이 넘쳐흘렀다. 그런데 딱 하나, 변변찮은 가문에 대한 열등감 때문인지 명문가라는 상징에 막연한 동경심을 떨치지 못했다. 그래서 그는 원술의 실체를 보지 못했다.

그런 면에서 조조는 달랐다. 원술의 실체를 알았던 조조는 원술을 총중고골塚中枯骨이라 평가했다. 총중고골이란 무덤 속에 마른 뼈다귀라는 뜻으로, 쉽게 말해 무능하다는 이야기이다. 결국 원술은 유비에게 죽임을 당하게 된다(p.327 참조).

사실 손견은 원술과 비교할 수 없을 만큼 자질이 월등했다. 그러나 열등감 때문에 원술 앞에만 서면 뛰어난 자질을 발휘하지 못하고 알아서 기었다. 열등감은 남보다 자신이 부족하다는 느낌일 뿐 실체는 없다. 강동의 호랑이라는 손견이었지만, 남양의 꿩에 불과한 원술과만 얽히면 더욱 무모한 모습을 보였는데, 실체 없이 그저 느낌에 불과한 열등감에 휘둘려서 그랬던 것이다.

손견에게 또 하나 아쉬운 부분은 '인적 구성의 획일화'였다. 그에게는 4대 천왕이라 불리던 정보程普, 황개黃蓋, 조무祖茂, 한당韓當 네 참모가 있었는데 그들은 한결같이 손견처럼 투혼이 지략보다 더 빛나는 인물들이었다. 손견이 원술의 군량미 차단으로 화웅에게 참패당했을 때, 조무는 손견의 붉은 두건을 대신 쓰고 죽었으며, 황개는 후에 적벽대전에서 자신의 몸을 희생하면서까지 고육지계苦肉之計를 성사시킨다. 이들은 그야말로 삼국시대를 통틀어 최고의 투혼을 발휘한 팀이었다.

이런 팀은 MBTI에서 말하는 동일관계identical pairs와 흡사하다. 관심, 지각, 평가방식, 생활양식이 모두 비슷해 서로 지지해주는 관계라는 말이다. 이런 관계는 어떤 과제를 만나도 의견 일치가 쉽게 이뤄져 신속하게 행동하는 장점이 있다. 하지만 언제나 같은 결론에 도달하므로, 새로운 해법 모색에는 약하고 변화 국면에서는 지속가능성sustainability이 낮다.

현실 감각이 둔한 원술:

반동탁 연합군의 공격대 선봉장 손견이 동탁 측의 습격을 받아 참패를 당할 위기에서 원술은 손견을 견제하느라 군량미를 지급하지 않는 어리석은 결정을 내린다. 지금의 적은 동탁이라는 현실을 전혀 인지하지 못하고, 자기편인 손견이 커지는 것을 걱정한 것이다. 진짜 적을 보지 못하고 내부의 인재를 공격함으로써 자신도 위험에 빠지는 모양새다.

열등감과 인적 구성의 획일화로 무너진 손견:

손견은 원술에 대해 가문 빼고는 뒤질 게 없는 천하제일의 용장이었는데도 최고 가문이라는 상징 앞에서 실력을 발휘하지 못했을 뿐만 아니라, 원술의 실체를 제대로 보지 못했다. 또 손견의 4대 천왕이라는 장수들은 개별적으로는 모두 뛰어났지만, 모든 면에서 손견과 한결같은 성향이어서 새로운 해법 모색에는 약했다.

조조는 어떻게
열등감에서 벗어났나

　가문에 대한 열등감이라면, 사실 손견보다는 조조가 더 심할 수 있었다. 손견은 명문가 자제가 아니었을 뿐이지만, 조조는 대놓고 환관 가문의 타락한 혈통이라는 낙인이 찍혀 있었다. 한나라 말기 환관들에 대한 부정적 인식이 팽배했는데, 그 이유는 두 가지였다. 하나는 환관이 거세당한 괴팍한 집단이라는 것이었고, 둘은 황제를 둘러싸고 권력을 농단한다는 것이었다. 오죽하면 지방 관리가 암행어사를 만나면, "왜 이리 떼 같은 환관은 내버려두고 살쾡이 같은 지방 관리만 감찰하십니까?"라고 따졌겠는가!

　게다가 환관들은 가문을 세울 욕심에, 황제를 꼬드겨 공을 세운 환관들에게 양자를 들이는 것을 허락하도록 했다. 조조도 그렇게 해서 환관 가문이 되었다. "더러운 환관놈의 자식"이라는 말이 평생 조조의 콤플렉스였다. 훗날 원소가 조조토벌격문을 보낼 때도 조조를 비하하는 그 말을 꼭 집어넣었다. 그런데 역설적으로 이 콤플렉스는 조조 일생에 크나큰 삶의 원동력으로 작용했다. 하진과 조조, 손견과 조조의 차이가 바로 거기에 있었다.

환관의 자식이라 손가락질받다

조조의 어린 시절은 '임협방탕任俠放蕩', 즉 의리 있는 깡패, 또는 건달이었다. 조조는 명문가인 원소와도 스스럼없이 잘 놀았는데, 사람들이 둘을 대하는 태도는 영 딴판이었다. 어린 조조가 보아도 자신이 원소보다 훨씬 뛰어난데도, 사람들은 뼈대 있는 집안이라며 원소만 높이 평가하고 자신은 환관 자식이라며 비웃었다. 그런 환경에서 자란 조조는 사람을 볼 때 외적 조건보다는 내면을 들여다보는 눈이 뜨이기 시작했다. 부당한 대우를 받은 경험이 조조를 한층 더 성숙하게 했다. 그렇게 조조는 사냥개와 매를 데리고 자연 속에 들어가 사냥하는 것을 좋아하는 캐릭터로 성장했다.

그러던 어느 날 조조는 원소와 함께 여자를 납치해서 희롱하려다가 사람들에게 들켰다. 조조는 재빨리 도망쳤는데, 원소는 우왕좌왕하다가 가시넝쿨에 걸려서 빠져나오지 못했다. 이를 본 조조가 "도둑이야!"라고 소리치자 그 말에 화들짝 놀란 원소는 가시고 뭐고 앞뒤 가리지 않고 뛰쳐나와 도망쳤다. 원소의 어리석음과 조조의 재치가 대비되는 일화이다.

소년 시절 조조는 원소가 빛나는 간판 덕을 보는 것을 수차례 목격했지만, 원술에게 심리적 굴욕을 당하며 휘둘리던 손견과는 확연히 달랐다. 조조는 원소에게 심리적으로 조금도 밀리지 않았다.

　조조가 공부의 필요성을 깨달은 것은 10대 후반이 되어서였다. 황실의 권위가 자꾸만 추락하면서 환관 가문의 미래도 어두워 보였다. 오직 실력만이 자신을 지켜줄 것이라 믿은 조조는 방대한 공부를 시작했다. 유가나 도가 등 어느 한 분야에 치우치지 않고 병학, 건축, 기계, 서예, 음악을 두루 익힌 조조는 그야말로 융합형 학습의 선구자였다. 그는 한나라의 시대정신인 유교를 거부하고 《손자병법》과 《한비자》를 삶의 지침서로 삼았다. 기존의 가치관에 의존하지 않고 자신만의 방식을 선택한 것이다. 그러면서 조조는 열등감을 오히려 창의력으로 승화시켰다.

흔들리지 않는 조조의 자신감

　　　　성격이란 어떤 환경이 주어졌을 때, 무엇을 할지를 결정해주는 역할을 한다. 이를 성격심리학자 레이몬드 카텔Raymond Cattell은 'R =f(P, S)'라는 공식으로 설명했다. R은 반응response, P는 성격personality, S는 상황과 자극situation & reaction stimulation이다. 즉, 인간의 행동이란 주어진 상황과 성격이 만드는 함수관계라는 뜻이다.

　조조에게 환관 가문이라는 딱지는 자기 의지와 관계없이 주어진 상황이었다. 조조 열등감을 자극하는 손가락질이 난무하던 어린 시절, 열등감이 부풀어 오르며 엄청난 트라우마로 발전할 수도 있었다. 트라우마에 짓눌리면 자기 역량의 50%도 발휘하기가 힘들다. 트라우마 유발 요인을 마주칠 때마다 과민반응을 보이고 이는 다시 트라우마의 재경험으로 이어져 회피나 정서적 마비 증세를 일으키기 때문이다. 그러면 결국 과업에서 위험risk을 안을 수밖에 없다.

조조, 《삼국지연의》(청시대)

당대 최고 문장가 진림은 원소를 위해 조조토벌격문을 작성할 때 그 점을 이용해 "더러운 환관의 자식"이라는 문구[贅閹遺醜]를 굳이 넣었다. 조조를 자극해 과잉행동을 유도하려는 계산이었다. 그 문구를 본 조조는 어떤 반응을 보였을까?

조조는 진림의 격문을 보고도 전혀 흔들리지 않았다. 오히려 만성적인 두통이 사라지면서 좀 더 냉철한 계책을 세울 수 있었다. 트라우마를 극복하는 비결은 의외로 단순하다. 트라우마를 유발하는 것에 대한 반응과 재현, 정서적 마비 등은 팩트가 아닌 자신의 정서에 불과하다는 것을 알면 된다. 그런 다음 첫 번째 과민 반응을 줄여나가면 다음 단계로 진행되는 것이 줄어들다가 결국 사라진다. 그 정도 되면 트라우마를 억지로 덮거나 드러내지 않고도 객관적으로 관조할 수 있게 된다.

조조는 자기 삶을 살았다

열등감이 없다고 마냥 좋은 것만은 아니다. 열등감을 잘 극복한다면 열등감 있는 타인을 이해하고 그 아픔에 공감할 수 있으며, 남다른 창의력을 계발할 수 있다. 열등감을 극복해낸 만큼 내공이 쌓여 어지간한 어려움에 굴하지 않는 멘털이 될 수도 있다.

조조가 외부의 부정자극에 흔들리지 않는 성격을 갖게 된 것은 낯을 가리지 않고 사람들과 교제하고 의협 무리들과 어울리면서 호연지기를 기른 덕분이 컸다. 조조는 그렇게 자기 통제력self-control이 강한 사람이 되어 외부의 소리에 휘둘리지 않게 되었다. 자기 통제력은 자기 의지대로 유익한 일을 할 수 있는 의지력will power으로 연결된다.

누구나 어느 정도는 자기 통제력을 지니고 있다. 이를 강화하려면 어떤 일이든 '내적 동기inner motive'로 하는 것이 중요하다. 누가 시켜서, 또는 남의 눈치 때문에, 남의 부러움을 사려는 동기로 일을 하는 것은 남의 삶을 사는 것이다. 내적 동기로 일한다는 것은 자신의 삶을 산다는 뜻이다. 그래야 자기 통제력이 강해져 외부의 유혹에 흔들리지 않고 바람직한 행동을 한다.

조조는 자기 통제력이 강했기에 당대 주류 문화인 유교의 허와 실을 간파할 수 있었다. 유교는 겉으로는 인륜을 강조하면서도 사실은 혈연 중심을 공고히 하는 이념이었다. 조조의 눈에 비친 당대 사회는 '그다지 유능하지도 않은 원소와 원술을 최고 수혜자로 만들었고, 그들보다 훨씬 뛰어난 인재들을 가문이 비천하다는 이유로 묻혀 지내게 했다.' 그래서 인재를 등용할 때 원소 형제는 배경을 중시한데 비해, 조조는 당시 기준으로 미천한 신분, 품행에 문제 있는 자 등을 등용했고 기생이나 과부를 아내로 맞이하기도 했다.

삼국지 인물의 성공 심리

심리전에 흔들림 없던 조조:
내시의 양자였던 조조는 하진이나 손견보다 콤플렉스가 더 심할 수 있는 환경이었지만 심리적으로는 훨씬 더 굳건했다. 조조의 성공은 그 같은 강한 멘털 덕분이었을 것이다. 조조는 자신의 트라우마를 자극하기 위해 작성된 '조조토벌격문'에도 눈 하나 깜짝 하지 않았다. 모든 분야의 학문을 두루 섭렵하고, 기존의 유교 가치관을 거부하며, 다양한 사람들과 허물없이 열린 마음으로 교제하고, 남 눈치 보지 않고 꿋꿋이 자기 삶을 살아낸 것이 그 비결이었다.

동탁을 추격하는 조조, 전사한 손견

조조가 처음 벼슬길에 오른 것은 174년 20세 때였다. 그 후 낙양의 치안 책임자인 북부교위로 승진했을 때부터 그는 매몰차게 법가法家적 정치철학을 실천했다. 대표적으로, 관청의 동서남북 4대문에 5색 봉棒을 각기 10개씩 매달아놓고 금령을 범하는 자는 모조리 엄벌에 처했다. 심지어 영제가 총애하는 십상시 건석의 숙부가 야간 통행금령을 어겼을 때도 예외 없이 오색봉으로 곤장을 쳐 죽게 했다.• 그랬더니 감히 법령을 어기는 자가 없었다. 하지

> • **조조의 조부 조등曹騰:** 조조가 성문을 관리하던 시절, 통금을 어긴 건석의 숙부를 규정대로 매질해서 죽인 일화는 유명하다. 조조가 십상시의 친척을 죽이고도 무사했던 것은 조조의 할아버지 조등 덕분이었다. 조등 역시 환관이었는데, 건석을 비롯한 여러 십상시들을 키워준 환관의 대부로서 역대 황제들의 총애와 존경을 받았다. 229년 위나라 황제로 등극한 조예(조조의 아들)는 조등에게 고황제라는 시호를 올려 그를 황제로 추존했다.

만 조조는 그 일이 빌미가 되어 외지로 전출당하며 점차 중앙정계에서 밀려났다.

인내하며 때를 기다리던 조조

조조가 서른 살이 되던 해에 황건적의 난이 일어났다. 그때 조조는 황보숭 휘하의 장수로 다시 차출되어 큰 공을 세워, 산동성 북서부에 위치한 제남濟南의 상相에 임명되었다. 여기서도 그는 변함없이 엄격한 법치주의를 시행했다. 제남에 10개 현縣이 있었는데, 그중 부패한 수령 8명을 면직시키고, 나아가 맹위를 떨치던 6백여 사당을 부수어 미신 숭배 풍조를 근절했다. 그러나 조조가 이토록 애를 써도 워낙 중앙이 썩어 있어서 지방 마을 구석구석까지 금세 부패의 촉수가 뻗어왔다.

제남 지역의 탐관오리와 연결된 십상시들은 조조를 탐탁지 않게 보기 시작했다. 매관매직을 일삼던 황제도 마찬가지였다. 그들의 반감이 예사롭지 않았다. 자칫했다가 조조 일족이 몰살당할 분위기였다. 조조는 아직 때가 아니라고 보고 지병을 핑계로 사직하고 고향으로 내려간다. 이보 전진을 위한 일보 후퇴였다. 그는 고향집에 칩거하며 조용히 책을 읽고 사냥을 즐기며 컴백할 때를 기다렸다.

누구에게나 기회가 온다. 때를 잘 잡는 성격은 인내할 줄 알아야 길러진다. 아직 때가 아닌데 설치면 모든 것이 허사가 된다. 황건적의 난 이후 원소, 동탁 등이 큰 힘을 쌓아가는데, 조조 입장에서 자기 혼자만 낙향하기란 결코 쉽지 않았고, 남다른 인내와 비상한 각오가 필요했을 것이다. 남들이 다 앞서가는데 자기만 뒤처진다는 조바심이 생길 수 있기 때문이다. 그러나 어떤 일이든 질투, 두려움, 미움에 사로잡히면 결코 좋은 기회를 만날 수 없다. 조조는 그 점을 잘 알고 있었다.

"미래는 결코 닫혀 있지 않다. 현재의 형세를 냉정하게 주시하며 분석하고 준비할 줄 아는 겸손함과 인내가 있다면 기회는 찾아온다"라고 조조는 보았다.

벼슬을 잃고 명성을 얻다

조조의 법치주의를 이해하기 위해, 잠시 집중력과 주의력을 구분해보자. 집중력이 좋아하는 일에 몰입하는 것이라면, 주의력은 싫더라도 필요한 일이라면 관심을 가지고 수행해내는 것을 말한다. 조조의 장점 중 하나는 듣기 좋고 하기 좋은 일뿐만 아니라, 듣기 싫고 하기 싫지만 필요한 것이라면 수용하는 것이다. 그것이 조조의 법치주의였다.

조조는 그런 법치주의를 실천하다가 벼슬은 물론 정치적 배경인 십상시의 후광까지 잃었으나, 그 대신 엄청난 무형의 자산을 얻었다. 그것은 바로 대중의 지지였다. 우선, 환관의 자식이라며 무시했던 청류파들이 조조에게 마음을 열기 시작했고, 그다음으로 백성들이 그에게 관심을 두기 시작했다. "조조야말로 낙양의 관리 중 가장 공정한 법 집행자로다"라는 명성이 높아가자, 결국 4년 후인 188년, 영제는 근위부대인 서원팔교위西園八校尉를 창설하면서 조조를 중군교위로 발탁했다. 189년 한 해 동안 영제의 사망, 하진의 친위 쿠데타 실패, 십상시 주살 등 엄청난 격랑이 있었지만, 그때에도 청류파의 거두 원소의 활약이 두드러졌을 뿐 조조는 두각을 나타내려고 하지 않았다.

이윽고 동탁이 낙양을 접수한 이후 원소 등은 중앙정계를 떠났지만, 조조는 동탁 아래에 그대로 남았다가 동탁 암살을 시도했다. 하지만 그 시도 또한 실패로 돌아가고, 그는 다시 낙양에서 홀로 도망치면서 한 가지를 굳게 결심한다. "내가 천하를 버릴지언정 더는 천하가 나를 버리지 못하게 하겠다." 더는 십상시, 하진, 원소, 동탁 등이 만들어가는 천하의 흐름을 쫓아가지 않고, 그 흐름을 주도적으로 만들어가겠다는 조조의 굳은 의지였다. 온 천하가 자신을 어떻게 보든 거기에 얽매이지 않고 자신만의 철학과 기준으로 천하를 대하겠다는 뜻이었다.

그래서 조조는 전 재산을 들여 의병을 모았고 반동탁 연합군까지 결성했다. 천하의 물꼬를 바꾸는 데 조조가 큰 역할을 해낸 것이다. 그 바람에 동탁이 장안으로 천도하는 상황까지 벌어졌다. 조조에게는 이제 동탁을 추격해 섬멸할 일만 남았다.

죽기 살기로 싸우다 참패했지만

도망치듯 수도를 옮기던 동탁은 정예병뿐만 아니라 궁정 신하와 궁녀 등 비전투 요원까지 데리고 가는 바람에 장안을 향한 발걸음이 느릴 수밖에 없었다. 이때야말로 동탁을 제거하기에 다시없는 기회였다. 그런데 낙양까지 접수한 반동탁 연합군들이 좀처럼 움직일 생각을 하지 않았다. 조조는 다시없는 기회가 자꾸만 사라지는 것 같아 조급한 심정으로 원소를 찾아가 하소연했다.

"역적 동탁이 황제를 겁박해 장안으로 돌아가고 있습니다. 승세를 몰아 지금 추격해야 근심거리를 없앨 수 있습니다."

조조가 아무리 주장해도 원소는 심드렁하고 수락하지 않았다.

"이미 도성까지 차지했는데 굳이…."

수장이 그렇게 나오니 다른 제후들도 굳이 자진해서 동탁을 추격하려 들지 않았다. 모두가 눈앞의 전과에만 만족할 뿐, 그 이후까지 내다보는 사람은 없었다. 조조는 절치액완切齒扼腕*하며 그들을 거듭 설득해 보았으나 소용이 없었다. 결국, 조조는 홀로 군사를 이끌고 동탁의 뒤를 쫓아갔다. 물론 군사의 수는 동탁에 비해 턱없이 부족했다. 무모한 싸움일 수도 있었지만 싸울 가치가 충분히 있다고 조조는 보았다.

동탁이 형양滎陽에 다다를 즈음, 이유가 동탁에게 "반란군은 반드시 추격해 올 것입니다. 저 언덕에 서영徐榮을 보내 매복시키고 적을 통과하게 하십시오. 그다음

> • **절치액완:** 이를 갈며 소매를 걷어부치며 단단히 벼르고 있다는 말로, 매우 원통하고 분하다는 표현.

우리가 적과 맞서 싸울 때 서영이 뒤에서 치면 됩니다"라고 말했다.

이유의 말처럼 잠시 후 조조 군대가 달려와 언덕 넘어 동탁군과 대치했다. 조조 측의 하후돈夏侯惇이 앞장서 공격해오는 여포를 막고 있는데 좌우에서 이각과 곽사郭汜가 협공으로 하후돈을 공격했다. 곧 이어 뒤에서 서영의 군대가 함성을 지르며 다가왔다. 독안에 든 쥐 신세가 된 조조 군대는 활로를 뚫기 위해 한밤중까지 사투를 벌여야만 했다. 대다수 병사가 죽거나 다쳤다. 이때의 승리를 동탁 측에서는 '갑옷의 소매를 한번 스치듯 가볍게 이겼다'는 뜻으로 '개수일촉 鎧袖一觸'이라 했다.

그야말로 조조군의 완패였다. 조조도 화살에 맞아 낙마해 혼절할 지경이었다. 다행히 조홍曹洪에게 발견되어 겨우 목숨은 건졌지만, 이 패배로 조조는 그때까지 만들어놓은 유형의 자산을 모두 잃었다. 하지만 한 가지 얻은 것이 있었는데, '다른 제후들과 달리 죽기를 각오하고 동탁과 끝까지 싸웠다는 명성'이 바로 그것이었다. 비록 처참한 실패였지만 너무도 값진 실패였다.

그 일을 계기로 훗날 두 가지 일이 벌어진다. 첫째 황제가 자청해서 조조를 부르고(p.235 참조), 둘째 조조가 황제를 앞세워 원소보다 더 명문 있는 권력을 손에 넣는다. 이날 동탁 추격에 패한 조조의 몰골을 보고는 아무도 그런 훗날을 상상하지 못했을 것이다.

손견, 옥새를 쥐고 진영을 떠나다

조조가 동탁에게 굴욕적인 패배를 당하면서까지 싸우는 동안, 낙양의 제후들은 뜻밖의 보물을 놓고 다투고 있었다. 동탁이 천도하는 동안, 제후들은 역대 황제들의 능들까지 모두 파헤치면서 낙양의 보물이란 보물은 모조리 갈취했다. 낙양에 제일 먼저 도착한 손견은 불에 타다 남은 도성을 정비하다가 남쪽 우물에서 뜻밖의 횡재를 한다. 십상시의 난 때, 한 궁녀가 황제의 상징인 옥새를 비단주머니에 담아 품에 안고 우물에 투신했는데, 손견이 그 옥새를 손에 넣게 된 것이다.

"이것이 말로만 듣던 전국傳國의 옥새로구나[受命於天旣壽永昌]"

그 옥새는 한제국의 시조始祖 유방 이래로 수백 년간 사용해온 황제의 인장이었다. 배짱 두둑한 손견도 옥새를 보자 자기도 모르게 다리를 후들후들 떨었다. 그다음 날 손견은 제후들의 모임에서 낙양의 정리가 일단락되었다고 원소에게 보고하는데, 원소가 다짜고짜 옥새를 내놓으라고 다그쳤다. 손견이 끝까지 시치미를 뗐지만, 원소와 제후들이 의혹의 눈초리를 거두지 않으면서 일촉즉발의 위기가 조성되었다.

옥새를 손에 넣어서 기세등등해진 손견은 비로소 명문가 열등감에서 해방되었는지, 원소에게 삿대질까지 해가며 본진으로 돌아갔고, 그날로 동맹군을 이탈해 강동으로 떠났다. 원소는 모멸감에 부들

부들 떨며 형주자사 유표劉豹에게 밀서를 보내 "손견이 옥새를 훔쳐 도망 중이니 즉시 체포하라"라고 명했다. 이를 알 리 없는 손견 군대는 하남河南, 평원平原을 지나 영천潁川, 남양南陽, 번성樊城을 통과해 어느덧 형주에 다다른다.

낙양의 우물에서 옥새를 주운 손견. 《삼국지연의》(청시대)

유표가 누구던가! 형주의 토착 군벌로 늙은 그는 한나라 황실 종친에다가 문필가였으며 강하팔준江夏八駿 중 한 명이었다. 심지어 넓고 기름진 형주를 다스리고 있었다. 유표는 형주에서 괴월蒯越, 채모蔡瑁, 황조黃祖, 장윤張允, 괴량蒯良 등 부하를 거느리고 황제처럼 살면서 중앙의 귀족들과도 긴밀한 관계를 맺고 있었다.

유표는 원소 같은 실력자의 명령을 소중히 여기는 사람이었다. 반동탁 연합군이 결성될 때도 호응할 마음이 있었지만, 차일피일 미루다가 원소의 밀서를 받게 된 것이다. 밀서의 내용은 연합군에서 제일 먼저 탈피한 손견을 체포하라는 것이었다.

유표는 채모와 괴월을 불러 일렀다. "손견이 의병을 배반하고 돌아오는 중이니, 길목을 막고 옥새를 찾아와라."

채모와 괴월은 1만여 군사를 대동하고 손견의 남하 길에 방어선을 쳤다. 손견이 물었다.

"괴월아, 왜 길을 막아서느냐?"

"너도 한나라의 신하이면서 어찌 옥새를 훔쳐 도망가느냐? 당장 내놓아라. 그러면 길을 열어주겠다."

손견이 어이없다는 듯 웃으며 황개黃蓋에게 명하기를, "개처럼 짖어대는 저놈의 목을 따 오시오"라고 했다. 이에 황개가 철편鐵鞭이라는 쇠 채찍을 휘두르는데 괴월은 칼로 몇 번 막더니만 말머리를 돌려 도망쳤다. 손견이 앞장서서 정신없이 뒤쫓는데, 능선 뒤에 엎드려 있던 형주의 병사들이 튀어나와 손견을 포위했다. 성미 급한 손견은 앞뒤 적들의 목은 베어냈지만, 끊임없이 몰려드는 병사들 때문에 쓰러지기 일보 직전이었다. 그때 정보程普와 한당韓當, 황개가 혈로를 뚫었다.

원술의 꾐에 빠져 유표를 공격한 손견

낙양을 떠난 손견에 이어 조조와 공손찬도 원소 진영을 떠났고 유비도 평원현으로 떠났다. 반동탁 연합군은 그렇게 와해되었다. 이제 원술은 남양에, 원소는 기주에 각각 근거지를 마련하고 각자도생의 길로 접어들었다. 그리하여 무수한 이합집산의 시대가 시작되었다.

원술은 원소의 속마음을 떠볼 목적으로 부하를 보내 기마병을 길러야겠으니, "좋은 말 1천 마리를 달라"고 했다. 이 제안을 원소가 거절하자, 원술은 '이제 원소는 형제가 아니라 적'이라면서 앙심을 품는다.

원술은 북방의 영웅 공손찬과 손을 잡고는, 형주자사 유표와 손잡은 원소와 대립하기 시작했다. 어떻게 하면 원소를 골탕 먹일까 궁리하던 원술은 192년 어느 날, 손견을 충동질했다.

"지난날 유표가 공의 귀국길을 막은 것은 사실 원소가 사주한 짓이오. 지금도 유표는 원소와 내통해 강동을 차지할 궁리를 하고 있소. 공이 먼저 유표를 친다면 나는 곧바로 기주에 있는 원소를 칠 것이오."

이에 단순하고 충동적인 손견은 속으로 환호성을 질렀다.

"그래. 원술의 말대로라면 예전 원수도 갚고 형주도 차지하게 된다. 꿩 먹고 알 먹는 것인데 주저할 게 뭐냐?"

정보가 "원술은 믿을 만한 사람이 못 되니 먼저 사람을 풀어 살펴보아야 합니다"라고 아무리 이야기해도 손견은 듣지 않았다. 손견은 한번 결정하면 누구의 말도 듣지 않는 성격이었다. 해전에 능한 손견의 군사들이 배를 타고 번성樊城을 향해 거슬러 올라갔다. 손견의 장남 손책도 17세의 나이로 참전했다.

경주마 같았던 손견의 최후

유표는 계략에 밝은 황조黃祖를 선봉장으로 세웠다. 그러나 손견의 파죽지세破竹之勢를 막지 못하고 유표의 거점인 양양襄陽성까지 후퇴해야 했다. 성내에서 유표는 작전회의를 열었다. 그는 먼저

황조를 다그치는데, 여공呂公과 괴량 등이 다음과 같이 궁여지책窮餘之
策을 내놓았다.

"강남의 맹호 손견을 정면에서 부딪쳐서 잡기는 어렵습니다. 그의
저돌맹진豬突猛進하는 성격을 이용해야 합니다. 신중함이 부족한 그를
깊숙한 곳까지 끌어들여 홀로 나서게 한 다음 내리쳐야 합니다."

황혼이 질 무렵 여공은 말 탄 장수 500명을 데리고 포위망이 제일
허술한 동문으로 몰래 빠져나갔다. 그런 다음 장수들을 현산峴山 숲
속에 숨겨두고는 소수의 병사만 데리고 손견 진영 앞에 나가 적들의
약을 바짝 올렸다.

"애송이 같은 놈아. 옥새를 훔치다니. 네놈이 천자라도 되는 줄 아
느냐? 시건방진 놈 같으니라고…."

화가 잔뜩 난 손견은 소수의 기병대만 이끌고 적들을 쫓아갔다.
침착하지 못한 손견은 그것이 여공의 유인 작전임을 몰랐다. 마침
손견의 말이 부하들 말보다 워낙 빨라 한참을 앞서 달려나갔다. 그
렇게 산중에서 홀로 앞서 달려가던 손견은 매복군이 쏜 화살에 맞고
고슴도치처럼 쓰러졌다. 그 위로 무수한 돌들이 날아와 돌무덤이 되
었다.

용맹으로 천하에 우뚝 섰던 손견은 신중하지 못한 과감함 때문에
허무한 종말을 맞이했다. 그는 마치 눈가리개를 한 채 앞만 보고 달
리는 경주마 같았다. 장애물이 없는 경마장에서 그렇게 달린다면 1
등을 차지할지도 모르지만, 세상은 경마장과 달리 별의별 변수가 많

다. 그런 세상에서 앞서 나가려면 전체를 보는 시스템적 사고가 필요하다.

눈앞의 나무만 보고 달리는 것이 경주마라면, 시스템적 사고를 하는 사람은 나무와 숲을 번갈아보면서 달려간다. 전체 속에서 부분을 보고 부분에서 전체를 보며 자신의 포지션을 확인하고 수시로 방향을 수정한다.

당장 눈앞에 놓인 과제만 보고 경주마처럼 속전속결로 해치우려는 손견은 무모하고 위험한 질주를 끝낸 후, 장남인 손책의 품에 안겨 고향인 곡아曲阿에 묻혔다. 열여덟 살의 혈기 왕성한 청년 손책은 장강을 건너 원술을 찾아가 아버지가 남긴 군대를 맡긴다. 훗날을 기약하며….

법치주의자 조조:

조조는 황제의 측근조차 법에 따라 사형시킨 엄격한 법
치주의자였다. 조조의 법치주의는 뛰어난 주의력에서
나온다. 자신이 좋아하는 일에 몰입하는 것이 집중력이
라면, 주의력이란 싫더라도 필요한 일이라면 관심을 기
울이고 해내는 능력을 말한다. 조조의 법치주의는 그런
주의력에서 나왔다. 그래서 조조는 타락한 영제와 십상
시들에게 당장은 미움을 샀지만, 훗날 더욱 큰일을 도모
할 수 있었다.

신중함이 없었던 손견:

손견은 우연히 전국시대의 옥새를 손에 넣더니 기세등
등해져 반동탁 연합군 진영을 벗어나 강동에서 독립한
다. 이때 원소와 대립하고 있던 원술의 꾐에 빠져 유표를
공격하다가 여공의 유인 작전에 당해 전사한다. 자신감
은 실력과 경험 등 자기 내부에서 나와야 하지만, 손견은
우연히 손에 넣은 옥새가 자신감의 근거가 되면서, 신중
하지 못하게 전쟁에 임하다 죽었다.

04

스캔들에 휩싸인
동탁과 여포 부자

쾌락원칙과 과시욕

중국의 4대 미인 초선

초선은 동탁과 여포 사이를 이간질하는 미인으로 소설 《삼국지연의》에 등장하는 인물이다. 서시, 왕소군, 양옥환(귀비)과 함께 중국의 4대 미인으로 꼽힌다. 정사에는 여포와 몰래 사귀던 동탁의 시녀가 나오는데, 《삼국지연의》의 작가 나관중이 그녀를 초선의 모델로 삼았다고 한다. 이를 알게 된 동탁이 둘의 연애를 반대했고, 왕윤이 여포를 설득해 동탁을 죽이도록 만들었다. 시녀의 이름은 알려진 바 없지만, 그 직책이 초선이라고 한다. 왕윤의 수양딸이라는 것도 소설의 설정이다.

흑산적의 반란

원래 장우각張牛角이 이끄는 도적 떼가 있었는데, 장우각이 죽자 185년 장연張燕이 두목이 되면서 타이항 산맥 일대의 모든 산적을 통합해 만든 산적 연맹체가 흑산적이다. 이후 흑산적 조직원들의 수가 1백만 명에 이르자 조정에서는 이를 견디지 못하고 장연을 평난중랑장으로 임명하는 등 흑산적 두목들을 지방 관직에 임용한다. 십상시의 난을 일으킨 원소는 정원을 시켜 맹진孟津을 불태우고는 이를 흑산적의 소행이라고 조작하기도 했다. 흑산적은 그 뒤로도 원소가 죽을 때까지 명맥을 유지하다가, 205년 조조가 원소의 아들들을 모두 제거하자 산에서 내려와 조조에게 항복했다.

동탁과 여포의
치정 사건

손견이 돌무더기에 파묻혀 죽자, 괴량은 유표에게 이 기회에 강동을 정벌해 후환을 없애자고 했다. 하지만 유표는 안분지족安分知足하는 성격인지라 인의仁義를 들먹이며 이를 거절했다. 유표와 손견이 다투고 원술과 원소가 대립하는 등 자신을 반대하던 세력들끼리 자중지란하는 동안 동탁은 더욱 기세등등해졌다. 그리하여 동탁은 동씨 천하를 만드는 작업에 열을 올리는데, 가족은 물론이고 동 씨라면 닥치는 대로 제후에 임명했다.

동탁의 폭정, 근심에 빠진 왕윤

동탁은 수십만 백성을 동원해 장안에서 100km 이상 떨어진 곳에 미오鄜塢성을 건축했다. 황성보다 더 화려한 그곳에서 동탁은 수백 명의 시중을 받으며 매일같이 향락에 빠져 지냈다. 이제 동탁에게 남은 것이라고는 오직 하나, 이름뿐인 황제 자리였다. 동탁은 자신의 정치에 반발하면 누구든지 바로 죽였다.

공포 분위기가 계속되던 가운데, 어느 날 조정 관료들이 한자리에 모였다. 동탁이 옆에 서 있던 여포에게 귓속말로 뭔가를 지시하자 여포는 사공司空 장온張溫에게 다가가 다짜고짜 그를 끌고 나갔다. 다들 어안이 벙벙해져 있는데 얼마 후, 여포가 핏물이 떨어지는 쟁반을 들고 나타났다. 쟁반 위에는 피로 얼룩진 장온의 머리가 놓여 있었다.

장온이 누구던가! 태위太尉, 사도司徒와 더불어 삼공三公이라 불리는 한나라 최고의 벼슬인 사공司空으로, 조조의 조부 조등의 천거로 벼슬을 시작했다. 185년 서량에서 변장邊章과 한수韓遂가 난을 일으켰을 때, 동탁이 그 난을 토벌하지 못하면서 장온이 거기장군車騎將軍에 임명돼 손견을 부하로 데리고 출전했다. 그때 신임 상관 장온이 동탁을 호출했는데 동탁이 불손하게 굴었다. 그러자 손견은 동탁을 군법대로 처형해야 한다며 펄쩍 뛰었지만 장온은 동탁이 이민족 사이에서 인기가 높으니, 그를 활용할 가치가 있다고 보고 용서해주었다.

동탁이 집권한 후에도 장온은 동탁보다는 왕윤과 더 가깝게 지내며 세태를 근심하고 있었다. 동탁에게 장온은 어찌 보면 은인이었다. 동탁이 그런 장온을 죽인 것은 백관들을 겁주기 위한 살인극이었다. 동탁은 장온의 머리를 들고 소리쳤다. "이놈이 원술과 내통해 나를 해치려다가 내 아들 여포에게 걸렸소. 으하하하!"

그때 속으로 제일 뜨끔했던 사람은 누구였을까? 바로 왕윤이었다. 왕윤은 장온과 제일 긴밀하기도 했지만, 이미 조조를 통해 동탁을 암살하려던 과거가 있었기 때문이었다. 물론 동탁은 그런 사실을 몰랐지만, 만일 왕윤이 계속 동탁 정권에 가담할 경우 문제가 될 수 있었다. 필시 조조가 발설할 것이고, 그리되면 동탁이 아는 것은 시간 문제였다.

왕윤은 등골에 식은땀이 흘렀다. 그날 밤 중천에 달이 오를 때까지 후원을 거닐며 궁리에 궁리를 거듭했다. '내가 살길은 어디에 있나?' 아무리 궁리해도 답은 자신이 먼저 동탁을 죽이는 것뿐이었다. 동탁을 죽이려면 경호대장 격인 여포를 먼저 제거해야 하는데 이는 불가능했다. 남은 방법은 하나, 동탁과 여포를 이간질하는 것뿐이었다. 관찰과 분석에 능한 학자의 장점이 발휘되는 순간이었다. 지독한 호색한인 동탁과 여포가 한 여자를 놓고 다투는 형국만 만들어주면 되었다.

동탁과 여포를 갈라놓을 계략

마침 왕윤에게는 시녀 중 경국지색傾國之色이라 불리는 초선貂蟬*이 있었다. 어려서 오갈 데 없는 초선을 왕윤이 거두어 수양딸처럼 길렀다. 초선은 왕윤의

> • 초선: 초선이라는 인물은 《삼국지연의》에서 왕윤의 수양딸로 여포와 동탁을 이간질한 미녀로 등장하지만, 가공의 인물이다. 정사 《후한서》에는 여포가 동탁의 시녀와 몰래 연애한 이야기가 있는데 그 시녀가 초선인지는 모르나, 궁중에는 '초선관'이라는 관리를 관리하는 시녀가 있었는데 그 시녀의 관직 이름이 '초선'이었다고 한다.

초선, 《삼국지연의》(청시대)

계략을 따라주기로 했다.

왕윤은 먼저 여포를 불러 초선을 딸이라 속이고 사위로 삼겠다고 하니 여포가 감격스러워했다. 그다음 왕윤은 초선을 동탁에게 보냈다.

하루는 여포가 동탁의 집에 갔는데 초선이 동탁의 품에 안겨 있었다. 초선은 화들짝 놀란 듯 여포를 바라보았는데 그 눈이 애처롭기만 했다. 질투에 눈이 먼 여포가 왕윤을 찾아와 따지자, 왕윤이 울먹이며 호소했다. "승상이 초선을 보더니 다짜고짜 끌고 갔소. 여포와 정혼한 사이라며 아무리 말려도 듣지 않았소."

여포의 손을 빌려 동탁을 제거하다

이로써 여포는 동탁과 적이 되고 왕윤에게 포섭된다. 그 후 여포와 동탁의 분위기는 예전 같지 않았다. 이유가 이상한 생각이 들어 알아보니 둘은 치정 관계로 서먹서먹해져 있었다.

어느 날 여포가 승상부에 볼일이 있어 찾아갔는데 마침 동탁은 외출했고 혼자 있던 초선이 반갑게 맞아주었다. 여포와 초선이 텅 빈 후원에서 밀애를 즐기고 있는 사이 갑자기 동탁이 들어왔다. 둘은 후다닥 떨어졌지만, 이상한 낌새를 차린 동탁이 "아비의 첩을 넘보는 무뢰배"라며 여포에게 창을 던졌다. 날랜 여포는 간신히 피해 말을 타고 도망쳤다. 그 후로 여포는 동탁 앞에 좀처럼 나타나지 않았다.

눈치 빠른 이유가 이는 왕윤의 연환계連環計[첩자를 이용한 계략]임을 직감하고 동탁에게 대를 위해 소를 희생하라고 권한다. 즉 초선을 여포에게 주라는 것이다. 동탁은 그 말을 들은 척도 하지 않았다. 이유는 자신의 운명도 이로써 끝날 것을 직감한다.

여포와 동탁은 둘 다 이드id가 추구하는 쾌락원칙pleasure principle이 자아ego가 추구하는 현실원칙reality principle보다 훨씬 강한 사람이었다. 그런 사람들은 자신의 쾌락 욕구가 방해받을 때 신경증적인 불안 증세를 보인다. 이성이 마비되며 비합리적인 일을 저지르게 된다.

참고로 정신분석학에서는 성격 구조를 이드id, 자아ego, 초자아super ego로 나누는데, 이드는 생물학적 배경을 지닌 충동으로 본능을 담당하고, 자아는 현실의 '나'로, 현실에 따라 변하면서 이드와 초자아 사이에서 중심을 잡는 역할을 한다. 본능을 통제하면서 인간답게 행동할 수 있도록 하는 것이 자아의 역할이다. 초자아는 도덕이나 양심 등 이상에 기반을 두고 판단을 담당한다. 자신의 생각과 행동이 윤리적인지 구분짓는 역할을 하는 것이 초자아이다.

자아가 건강할 때, 본능과 이상 그리고 현실 사이에 균형 감각을 갖게 되는데 여포와 동탁은 그러지 못했다. 이를 잘 아는 왕윤이 초선이라는 절세미녀로 동탁과 여포의 현실 감각을 완전히 마비시켜버린 것이다. 그 결과 192년 4월 23일에 왕윤은 여포의 손을 빌려 동탁을 제거할 수 있었다.

과시욕을 이용한 왕윤의 연환계:

동탁이 자신의 은인이기도 한 장온을 죽이는 것을 보고 뜨끔한 왕윤은 동탁 암살을 위해, 양부자 사이인 여포와 동탁을 갈라놓을 계략을 짠다. 초선이라는 절세미인을 여포와 동탁 모두에게 접근시킨 것이다. 과시욕과 쾌락 원칙을 건드리면 제아무리 천하제일 장수도 무너질 수밖에 없다는 것을 왕윤은 잘 알았다. 왕윤의 계략에 제대로 걸려든 여포는 양아버지인 동탁을 살해함으로써 배신자 이미지를 더욱 굳힌다.

대학자 왕윤의
통치력과 한계

　왕윤은 전형적인 학자였으며 청렴결백했다. 한편으로는 초자아가 강한 전형적인 유형이라 할 수 있다.

　초자아는 부모 등 양육자의 기대를 내면화하면서 발달한다. 아동이 학교나 또래 그룹 등으로 활동 영역이 확대되면서 사회의 요구에 맞서는 동안 초자아가 확대된다. 초자아가 하는 일은 본능의 충동에 대해 양심의 가책이라는 채찍질을 가하는 것이다. 왕윤에게는 후한 사회의 가치관이었던 유교적 이상이 강력한 초자아였다.

맑은 성품에 정확한 분석력

　　왕윤은 예주자사로 재직할 때 황건적의 난을 진압하고

는 전리품 중에서 십상시 장양•의 편지를 발견했다. 장양이 황건적과 내통한 내용이 고스란히 적힌 편지였다. 주변에서 덮어두라고 만류했지만, 왕윤은 기어이 영제에게 이를 알렸다.

곤욕을 치르고 겨우 풀려난 장양은 그때부터 틈만 나면 왕윤을

> • **장양**: 십상시의 난을 일으킨 장 본인이자 십상시의 수장으로, 영제는 그를 아버지라 불렀다. 조조의 조부 조등이 어렸을 때부터 키운 조등 휘하의 내시였고 조등 사후 두각을 나타냈다. 169년 2차 당고의 난 때 하진이 죽자 조조, 원소, 원술 등이 궁궐에 난입해 환관들을 무참히 죽였다. 이에 장양은 황제 소제 일행을 데리고 도주하지만, 군관들이 자신을 추격해오자 황허강에 뛰어들어 자살한다.

모함했다. 결국 왕윤은 처형장으로 향하게 되는데, 이를 안타깝게 여긴 측근들이 그에게 독주를 건네며 말했다. "살아서는 장양의 음모를 벗어나지 못할 것이니, 차라리 독주를 마시고 자결하는 것이 고생을 더는 길일 것입니다."

그러나 왕윤은 "한 나라 대신이 국법을 따라야지 사사로이 독약을 마실 수 없다"며 완강히 거부했다.

이 소식을 들은 대장군 하진 등이 백방으로 노력한 끝에 왕윤은 목숨을 건졌다. 참으로 왕윤은 수청무어水淸無魚로 불릴 자격이 충분했다. 그는 맑은 성품처럼 정국을 정확히 분석해서 예능인 스타일인 동탁의 허점, 배반과 패륜에 무감각한 여포의 욕망을 정확히 짚어냈다. 그리고 둘 사이에 질투의 불꽃을 일으켜 정권을 잡았다.

권력을 쟁취하는 것과 유지하는 것은 다른 문제다. 권력을 쟁취하는 과정에서는 분석적 역량이 필요하다. 그래야 상대의 빈틈을 치고 들어갈 수 있다. 하지만 권력을 유지하는 과정에서는 전체를 아우르는 종합적 능력이 좀 더 요구된다.

동탁은 자신도 모르게 왕윤에게 철저히 분석당하면서 꾸준히 속고 있었다. 189년에 동탁이 정권을 잡기 전, 하진과 십상시가 연이어 사라지자 동탁은 그 공백을 메우기 위해 그다음 해 왕윤을 사도司徒*로 등용해 그에게 많은 권한을 위임했다. 앞에서 살펴본 대로 동탁은 민심을 아우를 능력이 없었다. 왕윤은 그 점을 내다보고 낙양을 떠나지 않았다. 그는 성격처럼 정사를 깔끔히 처리하면서도 동탁에게 철저히 순종하는 모습으로 일관했다. 그러나 속마음은 달라서 낙양에서부터 동탁을 제거할 절호의 기회만을 노렸다.

왕윤은 처음부터 동탁을 탐탁지 않게 여겼다. 열 길 물속은 알아도 한 길 사람 속은 모르는 일! 겉으로 깍듯한 왕윤의 속마음을 동탁인들 어찌 알았겠는가?

> **• 사도:** 원래는 전토田土 관리, 재화, 교육 등을 맡는 관직으로 조선 시대의 호조판서에 가깝다. 208년 후한 헌제 때 조조는 삼공제도를 없앴다가, 다시 부활해 사도를 삼공의 하나로 설치했다.

동탁을 싫어한 이유가 지역감정?

왕윤이 동탁을 싫어한 근본적인 이유는 실망스럽게도 인종적, 지역적 편견이었다. 비록 동탁이 헌제를 옹립하고 승상이 되어 권력을 잡았지만, 그는 어디까지나 변방인 서량 출신에 불과했고 궁정 내 기반은 전무했다. 그래서 동탁은 자신이 군권만 장악한 채 한족의 대표 격인 왕윤에게 모든 내정을 맡길 수밖에 없었다.

동탁은 북방 이민족인 강족 토벌에 전과를 올리기도 했으나, 강족과 스스럼없이 어울려 다녔고 그의 부하 중에도 강족이 많았다. 그래서 동탁은 한때 강족이라는 의심을 받기도 했다. 왕윤 같은 한나라 귀족들은 동탁 같은 인물을 오랑캐나 다름없다고 보았다.

동탁이라고 이를 모를 리 있었겠는가? 다만 동탁은 왕윤의 인종적 편견이 자기를 제거할 정도로 심하다고는 보지 않았다. 그래서 동탁은 아무 거리낌 없이 자기 고향과 가까운 장안으로 천도하고 친서민 정책을 펼쳤다.

동탁은 수도 이전과 동시에 구리로 만든 동상, 화로, 장식물 등을 모두 거둬들여 동전을 만들었다. 기득권의 음성적 자본을 양성화해 상품 유통을 촉진하려는 뜻이었다.

전국에 전란의 소용돌이가 일던 때라 그 계획은 실패로 돌아갔지만 의도는 좋았다. 단지 시기가 좋지 않았을 뿐이었다. 따라서 한족 서민들이 동탁에 대해 좋게 여기는 분위기였다. 하지만 한족 관료들이 문제였다. 관료들은 꾸준히 동탁의 실정만 부각하며 민심이 떠나가도록 부추겼다.

왕윤의 폭주가 시작되다

여포는 동탁의 양아들이라지만 배신의 아이콘처럼 비춰져, 명분을 중시하는 한족 관료로 가득한 궁정에서는 늘 외로울 수밖에 없었다. 한족의 대표 관료인 왕윤은 여포의 그런 심중을 꿰뚫고 그를 회유했다. 그 계략에 넘어간 여포가 동탁을 제거하기에 이른 것이다.

동탁 살해 현장에 병사와 군중들이 구름떼처럼 몰려들었다. 앞에 선 여포가 황제의 조서를 품에서 꺼내어 크게 읽었다. "다른 사람들의 죄는 일절 묻지 않겠다!"

그제야 모두가 안심하며 '만세'를 외쳤다. 장안 성민들이 거리로 몰려나와 패물과 옷가지를 팔아 술과 고기를 사먹으며 춤추고 노래했다. 여포는 그 소리를 뒤로하고 급히 승상부로 달려가 적토마에 초선을 태웠다.

그 후에도 왕윤이 황제의 조서대로만 했더라면 좋았을 것을…. 그러나 정권을 쥔 왕윤은 완전히 달라져서 그동안 동탁 때문에 억눌러 왔던 흑백시비의 욕구를 그대로 표출했다. 왕윤은 먼저 동탁의 책사 이유와 동탁의 가솔들을 모조리 죽였다.

동탁이 총애하던 채옹의 죽음

왕윤이 동탁과 그의 책사 등 관련자를 제거한 것까지는 그나마 수긍할 수 있었다. 문제는 그다음이었다.

동탁은 많은 인재를 기용했지만, 낙양에서는 왕윤을 의지했고 장안에 와서는 채옹蔡邕*을 좀 더 중용했다. 심지어 채옹이 동탁의 정책에 반대해도 동탁은 그의 말을 곧잘 들었다. 그만큼 채옹에 대한 신뢰가 두터웠다.

사실 채옹은 동탁뿐만 아니라 모두가 존경하는 대학자였다. 그는 일찍이 십상시를 탄핵하는 상소문을 올렸다가 파면된 바 있었는데, 동탁에게서 처음 관직에 초빙을 받았을 때 완강히 거절했다. 하지만 동탁이 온 집안을 없애버리겠다고 협박하자 마지못해 출사했다. 동탁은 그런 채옹을 총애해 한 달 만에 세 번이나 벼슬을 높여주었다. 연회 때면 채옹에게 거문고 연주를 부탁하며 분위기를 띄웠고 조정 내 주요 공문의 초안을 채옹이 작성하도록 했다.

동탁이 그렇게 한 이유가 있었다. 왕윤은 정의롭기는 한데 도량이 좁아 정사에는 부적합하다고 판단했기 때문이었다. 그렇지 않아도 동탁을 싫어하던 왕윤은 채옹에 대한 질투까지 더해지면서 그때부터 동탁을 죽일 궁리를 하기 시작했다.

그런데 채옹이 동탁의 주검 앞에서 탄식했다는 보고를 받고 왕윤은 노발대발한다. 왕윤은 당장 채옹을 불러 꾸짖었다. 채옹은 머리를 조아리며 이렇게 말했다. "한때 그의 은혜를 입었는데 모른 척할 수 없었습니다. 죽을죄를 졌으나 월족刖足•으로 형량을 낮춰주시면 한나라 역사책을 마무리하는 데 여생을 바치겠습니다."

하지만 왕윤은 "아첨하는 신하를 황제 주변에 두어서는 안 된다"며 채옹의 요청을 차갑게 거절하고 그의 목을 벤다. 이에 사대부들은 "곧은 사람이 나라의 기강이며, 역사의 기록이 나라의 경전인데 채옹을 죽이면 어찌 하려는가!"라며 탄식했다. 민심도 왕윤을 떠나기 시작했다.

왕치(Wang Qi), 채옹의 초상, 브리티시컬럼비아대학교 아시아도서관 소장(1607년경)

자기 세계에 갇혀 팩트를 놓친 왕윤

왕윤은 손견과 상반되는 캐릭터였다. 손견이 그 자리에서 모두 털어버리는 뒤끝 없는 성격이라면, 왕윤은 겉으론 어떤 모욕이나 서운함도 온화하게 받아넘기는 것 같지만 속에 응어리를 쌓아두고 벼르고 벼르다가 기어이 보복하는 캐릭터였다. 뒤끝이 보통이 아니었다.

초자아가 지나치게 강한 사람들은 자신이 세운 양심의 잣대를 다른 사람들에게도 가차 없이 들이댄다. 왕윤처럼 저잣거리의 경험이 부족한 사람들에게서 그런 성향이 비교적 강한데 도덕적 불안이 커서 그렇다. 그런 유형일수록 불안을 잠재우기 위해 세상사를 간단명료하게 판단하려고 한다. 그래야 마음이 편해지기 때문이다. 하지만 그럴수록 흑백논리가 더욱 두드러진다. 팩트보다 마음의 평화가 더 중요한 그들은 선택의 다양성을 배제하는 경향이 강하고 성급한 일 반화의 오류에 빠지기가 쉽다.

동탁이나 손견 같은 군인들은 참모와 더불어 군수 작전을 짜는 등 기본적으로 더불어 일하는 것이 익숙했다. 하지만 왕윤은 혼자 연구 하고 혼자 성과를 내는 전형적인 학자이다 보니, 권력의 정상에 오른 후에도 참모들을 활용하는 마인드가 부족했다. 왕윤은 그렇게 자신의 관점만을 강요하는 흑백논리 속에서 맴돌았다.

왕윤의 40일 천하

당시 왕윤 정권에서 가장 시급한 과제는 무엇이었을까? 그것은 아직도 미오성에서 숨죽이고 있던 동탁의 장수들, 즉 이각李傕, 곽사郭汜, 장제張濟, 번조樊稠 등을 처리하는 일이었다. 그런데도 왕윤은 그 일을 미루고 시기심에 눈이 멀어 천하의 인재 채용을 없앴다. 그 틈을 타 이각과 곽사 등이 군사를 데리고 미오성을 떠나 동탁의 근거지인 양주涼州로 도망쳤다. 얼마 후 그들은 왕윤에게 항복 의사를 밝혀왔다. 측근들은 왕윤에게 이를 수용하라고 건의했을 것이다. 그러나 왕윤은 천하에 사면령을 내리면서도 "관동의 쥐새끼 같은 이놈들만큼은 결코 용서하지 못한다"라며 이각과 곽사의 항복을 받아들이지 않았다.

왕윤은 부러질지언정 휘지 않는 '강골의 문사'로 유명했다. 조금만 규칙에 어긋나거나 주변 환경이 흐트러져 있는 것을 견디지 못했다. 이런 경우를 정신분석학에서는 '항문기 고착형 성격'이라고 한다. 아이들이 지나치게 엄격한 배변 훈련을 받을 경우, 반발심으로 고집스러운 결벽증, 인색, 자기학대적 또는 가학적 성격이 생겨날 수 있다는 것이다.

왕윤은 양정楊定과 호진胡軫을 불러, "당장 달려가 이각 무리를 끌고 오라"고 서슬 퍼런 명령을 내렸다.

양정과 호진은 평소부터 왕윤의 좁은 도량을 잘 알았기에 이각과 곽사 등을 찾아가 타이르기는커녕 오히려 그들에게 합류해버렸다. 그때 동탁의 부하였던 가후賈詡가 "어차피 이판사판인데 장안으로 쳐들어갑시다"라며 이각 등을 부추겼다. 그런 다음 주민들에게 "동탁의 원수를 갚자"고 선동하니 금세 10만 군사가 모였다.

그들이 물밀듯이 장안으로 몰려들자 처음에는 여포가 막았다. 그 후 8일간 공방전이 계속되는 가운데, 가후가 "무예가 모자라면 머리를 써야 합니다"라며 '여포 유인 전략'을 내놓았다. 마침 도성 내 동탁의 잔여 세력이 있었는데 그 가운데 일부가 내통해주기로 약속했다. 이들도 왕윤의 좁은 도량에 혀를 내두르고 있던 차였다.

그다음 날 이각과 곽사가 도성으로 다가와 싸움을 걸었다. 여포가 의기양양하게 맞서자 이각과 곽사는 몇 번 부딪쳐보고는 겁을 먹은 듯 군대를 끌고 도망치기 시작했다. 여포는 끝장을 보겠다며 한나절을 신나게 달려 그들 뒤를 쫓았고, 그러는 사이 이각 진영의 장제와 번제가 도성을 점령하고 말았다. 이미 도성에서 멀어진 여포는 손을 놓고 바라만 보아야 했다. 왕윤의 운명도 그렇게 끝이 났다.

왕윤이 동탁을 죽이고 권력을 잡은 지 한 달 반도 채 못 돼 일어난 일들이었다. 만일 왕윤이 손견의 4대 천왕[정보, 황개, 한당, 조무]을 자기 휘하의 장수들로 포섭했더라면 어땠을까? 아니 채옹만이라도 포용했더라면 삼국시대가 쉽사리 열리지는 못했을 것이다. 이제 후한은 손견의 4대 천왕이 장악하게 된다.

　갈 곳을 잃어버린 여포는 어찌해야 하나? 여포는 한동안 도성을 바라보다가 말머리를 돌렸다. 왕윤의 흑백논리와 채옹에 대한 질투가 그려낸 풍경이었다.

삼국지 인물의
성공 심리

권력은 쥐었지만 오래 지키지 못한 왕윤:
청렴결백한 학자였던 왕윤은 학자로서는 명성을 날렸고
재빠르게 권력을 쟁취했지만, 그것을 유지하는 데는 실
패했다. 그 이유는 첫째, 지역감정과 질투 같은 비합리적
인 판단에 사로잡혀 채옹 같은 인재를 죽인 점. 둘째, 도
덕적 불안을 잠재우기 위해 흑백논리와 성급한 일반화
의 오류에 빠진 점. 셋째, 혼자 연구하고 혼자 성과를 내
는 학자의 습관을 버리지 못해 정치에서도 흑백논리에
서 맴돌았다는 점을 들 수 있다.

바람 따라 떠돌던
배신자 여포

후한 말기, 전국 도처에서 농민봉기가 끊이질 않았다. 동탁이 죽기 1년 전인 191년 가을에도 흑산적 10만 명이 기주冀州에 속한 위군魏郡을 공략한 데 이어 동군東郡을 공격하기 시작했다. 당시 기주자사였던 원소는 조조에게 흑산적 진압을 명령했다. 이때 조조가 동군으로 들어가 적은 군사로 흑산적 부대를 격파했다. 그 공을 인정받아 동군태수로 천거됨으로써, 드디어 동군에 조조의 근거지가 마련되었다.

192년 4월 황건적의 잔당 1백만 명이 연주兗州를 공격해 연주자사 유대劉岱를 죽였다. 크게 당황한 제북의 상 포신鮑信은 연주의 관리들을 대동하고 동군으로 조조를 찾아가 도움을 간청한다. 참고로 당시에는 전국에 13개의 주州가 있었고 그 아래 98개의 군郡, 군 아래 여러 현縣을 두었다. 한 주당 5~12개의 군을 다스렸는데, 군에는 태수가 있었고 주에는 자사를 두었다. 자사는 목牧이라고도 불렀다.

포신 등은 조조에게 연주자사의 인印을 내밀며 연주를 맡아달라고 간청했다. 그러나 조조는 "인수印綬는 사사로이 할 수 없고 조정의 뜻에 따라야 합니다"라며 받아들이지 않았다. 포신은 조정에 조조를 연주자사에 봉해달라고 청원해 황제의 허락을 받아냈다.

> ● **서량:** 동탁, 이각, 곽사, 장제, 번주, 한수, 마등, 마초 등이 서량 출신이다. 사실 서량은 송나라 때의 지명이며 후한 당시는 양주凉州가 맞지만, 오나라의 양주와 구별하기 위해 흔히 서량이라 칭한다. 후한 말 옹주와 양주로 분리되었으며 수도 장안이 있던 곳이다. 삼국시대에는 동탁의 근거지였고 동탁 사후 이각과 곽사가 몰락한 뒤에는 마등, 한수 등 여러 군벌이 이곳에서 다툼을 벌였다.

이렇게 연주자사가 된 조조는 곧바로 황건적 공격에 나섰다. 사투에 사투를 거듭한 끝에 황건적들은 기세가 꺾여 퇴각하기 시작했다. 조조의 추격을 견디다 못한 잔당 30만 명은 그해 겨울에 항복했다. 조조는 그들을 거두어 자신의 직할부대로 받아들였다. 그 무리가 곧 청주병青州兵으로, 동탁의 서량● 병처럼 조조의 핵심 전력이 된다.

여포가 조조와 달랐던 점

조조가 이처럼 천하 제패의 발판을 차근차근 마련해갈 무렵, 여포는 겨우 말 1백여 필과 기병을 데리고 의지할 곳을 물색하다가, 무관武關을 넘어서 남양의 원술에게로 갔다. 자신은 원술의 원수인 동탁을 죽인 그의 은인이니 은혜를 갚으라는 것이었다. 동탁이 원술의 원수라니 무슨 말일까?

장안으로 수도를 옮기기 전 낙양에서 동탁은 원술, 원소와 관련된

원 씨 일족을 살해한 적이 있었다. 그때 원술의 형 원기와 숙부 원외
도 살해당하며 원술과 동탁은 불구대천의 원수가 되었다. 그래서 원
술은 자신을 찾아온 여포를 처음에는 정중하게 맞이했다. 그러자 여
포는 금세 방약무인해져 함부로 행동하기 시작했다. 여포 일당은 자
기들이 '원술의 원한을 갚아준 은인들'이라며 과시했고 남양의 저잣
거리를 휘저으며 횡포를 부렸다.

인간에게는 '고유한 자아(I)'와 사회적 상호작용에서 나타나는 '객
관적 자아(Me)'가 있다. 사회심리학자 조지 허버트 미드George Herbert
Mead는 사람은 부모, 형제자매 등 의미 있는 타인significant other과의 교
류로 객관적 자아가 형성되어 일반적인 타인generalized others으로 나아
간다고 했다. 이에 비추어 말하면, 여포는 고유한 자아에만 묶여있고
객관적인 자아로 나아가지 못한 사람이었다.

여포는 의지할 곳을 찾아가 깽판 놓고 떠나는 행태를 되풀이한다.
천하제일의 무술을 지닌 여포가 왜 그리되었을까? 조조와 비교해보
면 그 이유를 쉽게 알 수 있다.

조조도 여포처럼 여러 차례 바닥으로 곤두박질친 경험이 있다. 다
른 점이라면 여포는 명분도 없이 배반 세력에 이용당했고, 조조는
스스로 명분 있는 패배를 각오하고 투신했다는 것이다. 조조는 자신
을 죽이려는 동탁의 수배령이 떨어지자 빈손으로 낙향했고, 위자衛
玆*가 기부한 돈에 자신의 전 재산을 보태 동탁을 타도할 거사를 준
비했다. 이때 결성된 연합군을 동탁의 서북군과 대비해 관동군이라
불렀다. 그 후 앞서 살펴본 대로 조조 홀로 동탁을 추격하다가 패전
했다. 그것이 190년의 일이었다.

그렇게 또 빈손이 된 조조는 급히 신병대를 조직해 그다음 해 황건적 1백만 대군에 맞서 승리했다. 그 공으로 연주자사가 되어 관동의 심장부에 거점을 마련하게 된 것이다. 패배하더라도 조조처럼 천하에 명분이 있으면 훗날을 기약할 수 있지만, 여포처럼 눈앞의 먹이만 좇으면 큰일을 이루지

> ● **위자:** ?~190. 자는 자허子許이며 연주 진류군 사람이다. 진류태수 장막의 부장으로 효렴孝廉으로 천거될 만큼 청렴했다. 조조를 처음 본 위자는 "이 사람은 반드시 천하를 평정할 것"이라 말하며 그를 비범한 인물로 여겼다. 동탁 토벌을 위해 3천 명의 병력을 모았고 개인 재산을 털어 거병을 지원했다. 190년, 장막의 명령으로 조조를 수행하다가 동탁군에게 죽었다. 조조는 진류를 지날 때마다 위자의 제사를 지냈다.

못한다. 이런 여포에 대해 조조는 낭자야심狼子野心이라고 보았다. 도무지 길들여지지 않는 이리 새끼라는 것이다. 여포는 지나치게 격정적이었고 완벽과 성취라는 단어와는 전혀 어울리지 않았으며, 눈앞의 즐거움만을 추구했다. 프로이트의 말을 빌리면 '남근기적 성격'에 고착된 사람이었다.

남녀 성을 구분하게 되는 4~7세경을 남근기로 분류하는데, 이때 남아는 어머니에게, 여아는 아버지에게 이성으로서 호기심을 갖는다. 그와 동시에 동성인 부모를 일시적으로 경쟁 상대로 본다. 이때 양육자와 친밀감이 잘 형성되면 이성 부모에 대한 호기심과 동성 부모에 대한 질투를 원만하게 넘기지만, 그렇지 않으면 남근기적 성격에 고착되고 만다.

여포의 아버지는 셋이었다. 생부는 누구인지 모르고, 정원과 동탁이 양부였다. 뒤에서 다루겠지만, 이런 여포를 유비가 덥석 받아주었다가 유비의 근거지였던 서주성까지 빼앗긴다(p.259 참조).

이용당하기 쉬운 애정 결핍증 여포

● **빌헬름 라이히:** 1897~1957. 오스트리아 태생의 유대인으로 프로이트의 영향을 받은 정신분석학자. 오스트리아, 독일, 미국 등에서 성 개혁 운동을 전개한 페미니스트이기도 하다. 성의 혁명이 상징인 오르곤 축적기를 개발해 많은 비판을 받다가 투옥돼 1957년 심장마비로 사망했다.

여포는 전투에 관한 동물적 후각과 능력이 천하제일이었다. 그러나 일의 진퇴와 시류를 읽는 눈은 어두워 독자 세력을 구축하고 유지하는 데 한계를 보였다. 조조는 자기 자신을 의지처로 삼아 세상을 품으려 했으나, 여포는 다른 의지할 데를 찾아다녔다.

신의가 없는 여포는 아랫사람의 마음을 얻지도 못해, 어느 누구도 그를 오래 데리고 있으려 하지 않았다. 사람들은 단지 여포의 뛰어난 무술을 이용만 하려고 했다. 그의 강한 과시욕과 굶주린 애정욕을 살살 자극해주면 그는 쉽게 넘어왔다. 빌헬름 라이히Wilhelm Reich●가 언급한 것처럼 남근기적 성격에 고착된 경우에 주로 나타나는 특성이다. 그런 성격은 과시욕을 채워주면 충성을 다하고, 무시당하면 엄청난 복수심에 몸을 떤다.

여포가 남양에 있는 원술을 찾아갔을 때, 그렇지 않아도 원술의 과도한 세금 수탈과 사치 행각에 고통스러워하던 남양 사람들은 여포까지 난폭하게 굴자, 원술의 통치에 극도로 반감을 가지게 되었다. 원술도 대놓고 말은 못했지만 내심 여포가 부담스러웠고, 그동안 여포의 주인 노릇했던 사람이 모두 죽은 것도 꺼림칙했다. 부자父子의 맹약을 맺었던 정원과 동탁이 여포의 손에 죽었고 왕윤도 결국 여포 때문에 비참한 최후를 맞이한 것이나 다름없었다.

의심 많고 소심한 원술의 눈빛이 달라지니 여포의 동물적 생존 본능이 발동했다. 여포는 야수처럼 신변의 위협을 알아채는 데 재빨랐다. 여포는 어느 날 자신을 따르는 자들을 모아, 도망치듯 하내태수 장양張楊에게로 달려갔다. 장양은 여포와 함께 정원의 부하 장수를 지낸, 한때 여포의 동료였지만, 이제 여포가 몸을 의탁하게 된다면 여포의 주인이 되는 것이었다. 더구나 장양은 동탁이 임명한 하내태수였다. 그러나 그런 조건들을 따질 여포가 아니었다.

마침 장안의 이각 세력이 전국에 현상금을 내걸고 여포 수배령을 내렸다. 여포는 장양의 속내를 속 시원히 떠보려고 "나를 죽이기보다 산 채로 넘기는 것이 더 큰 이득일 것이네"라고 말했다. 장양이 별 대꾸를 하지 않자, 여포는 장양의 마음이 떠난 줄 알고 하내를 떠나 원소가 다스리는 북쪽 기주를 향했다.

원소의 손아귀에서 간신히 벗어나다

원소는 명문가라는 명성에 도취되어 살았던 원술과는 사뭇 달랐다. 그는 어느 정도 현실을 직시할 줄 알았고 결단력도 제법 있었다. 하진이 십상시에게 살해되자 원소는 즉시 환관들을 죽였고, 동탁이 소제少帝를 폐할 때도 반대하고 낙양을 떠났었다. 이런 그를 동탁도 무시하지 못하고 발해태수로 임명했던 것이다. 게다가 자모위용姿貌威容이라 불릴 만큼 원소는 용모가 빼어나고 위엄이 있었다.

• 원교근공: "먼 곳과 사귀고 가까
운 곳을 때린다"는 뜻으로, 병법서
《삼십육계》 중 제23계에 해당한다.
36계는 승전계, 적전계, 공전계, 혼
전계, 병전계, 패전계라는 6개의 큰
범주에서 각각 6개의 계책을 포함
한다. 본문에서 원교근공은 그중
혼전계混戰計에 속하며 가까이 있
는 원술과 원소가 서로 공격하기
위해, 각각 북쪽에 떨어진 공손찬
과 남쪽에 떨어진 유표와 연대함을
이르는 말이다.

당시 후한은 원소와 원술 형제
의 대립 구도였다. 원술은 북방의
공손찬과 연대하고 원소는 남방
의 유표와 연대하며 원교근공遠交
近攻• 정책을 펼치고 있었다.

그런 상황에서 원소의 또 다른
근심거리는 흑산적의 장연張燕이
었는데, 공손찬과 장연이 원소의
배후를 친 것이다. 마침 그때 여포가 원소를 찾아오자 원소는 즉시
여포를 대동하고 기주, 상산常山에 주둔하던 장연의 흑산적을 공격하
러 나섰다.

장연은 수천 기병대와 1만여 병력을 거느린 데다가, 여포와 함께
삼국시대의 비장飛將이라 불릴 만큼 날래고 용맹했다. 그러나 여포가
성렴成廉, 위월魏越 등과 함께 돌진하자 장연은 물러설 수밖에 없었다.
여기서 공을 세운 여포 무리는 그 후 부하를 늘려달라며 횡포를 부
리고 틈틈이 노략질도 일삼았다. 원소는 여포를 우환거리로 여기며
근심했는데, 그 속내가 얼굴에 역력히 드러났다.

여포는 나름대로 꾀를 내어 원소의 속내를 떠보려고, "낙양이 비
어 있으니 장군이 천하를 도모하기 쉽도록 제가 점령하겠습니다"라
고 운을 띄웠다. 그러자 원소는 '좋은 계책'이라며 여포를 사례同隸교
위에 임명하고는, 그다음 날 떠나는 여포에게 장수 30명까지 딸려
보냈다.

그날 밤 숙영지에서 여포는 원소의 장수 30명을 특별히 자기 장막

옆 숙소에서 쉬도록 하고, 자신의 장막 안에서 측근들과 함께 풍악을 울리며 잔치를 벌였다. 한밤중이 되어서야 잔치가 끝난 듯 잠잠해지자, 여포의 장막 안으로 30여 명의 장수가 난입해 잠든 여포를 난도질하고 돌아갔다.

그런데 그다음 날 원소가 사람을 보내 알아보니 여포는 멀쩡히 살아 있는 게 아닌가! 여포는 자신의 암살 계획을 이미 눈치채고 일부러 연회를 베풀어 시끄럽게 한 후 몰래 빠져

공손찬, 《삼국지연의》(청시대)

나갔던 것이다. 크게 놀란 원소는 성문을 모두 닫고 장수들에게 여포를 뒤쫓게 했다. 그러나 장수들은 여포가 무서워서 여포가 돌아보면 물러서기를 반복했다.

장막에게 뜻밖의 환대를 받다

원소를 떠난 여포는 말머리를 사례의 하내河內태수 장양에게로 돌렸다. 하내로 가는 길을 우회하던 중 여포는 연주의 진류陳留태수 장막張邈을 만난다.

장막은 후한의 팔주八廚● 중 한 사람으로, 젊어서부터 위급한 사람을 보면 자기 재산을 팔아서까지 구제해주었다. 그는 반동탁 연합군에도 참전했으며, 조조가 원소의 만류에도 동탁군을 추격할 때 자신의 부장 위자衛玆를 보내 돕기도 했다. 그 후 장막은 장수들을 만날 때마다 "연합군의 수장은 한나라 황실을 회복하려기보다 자기 세력 확장에만 혈안이 되어 있다"며 원소를 비판했다.

그 후에도 장막이 원소를 비판할 일이 또 있었다. 191년 정월, 원소가 명망 높은 황족 유우劉虞••를 황제로 옹립하려고 시도했으나, 당사자인 유우가 거절하면서 그 시도는 실패로 돌아갔다. 이때도 장막은 충의에 어긋나는 일이라며 원소를 비난했다. 속 좁은 원소가 그런 장막을 좋아할 리가 없었다. 원소가 한복韓馥을 협박해 기주자사에 오르자, 한복은 장막에게로 도망쳤다. 그러자 원소는 조조에게 장막을 제거하라는 명령을 내렸다. 그러나 조조는 "천하도 불안한데 친구끼리 너무 시비를 가리면 안 됩니다"라고 말하며 그 명을 거절했다. 이를 알게 된 장막은 조조를 고맙게 여기는 한편, 원소에 대한 증오심을 더욱 키웠다.

장막, 조조, 원소 세 사람은 과거 낙양에 있을 때부터 서로 가까운 사이였다. 그때도 장막은 약자를 도우려는 마음이 컸고 원소의 교만함을 자주 책망하곤 했다. 여포가 그런 원소에게서 쫓기는 신세가 되어 자신을 찾아오자 장막은 "동탁을 죽여 한나라 황실을 회복하려 한 충신"이라며 후대한다. 이 일로 원소는 장막을 더더욱 미워하게 된다.

장막에게 기대 밖의 환대를 받은 여포는 감격의 눈물을 흘렸다. 둘은 두 손을 꼭 잡고 앞으로 어떤 일이 있어도 서로 돕자고 굳게 맹세했다.

한편 장안의 이각과 곽사는 여포가 장양에게 의탁한다는 소식을 듣고 크게 걱정한다. 그들은 여포를 제거하기 위해 장양은 물론 그의 고을 장수들까지 회유하기 시작했다. 눈치 빠른 여포는 장양과 단 둘이 만나 그의 속내를 떠보려고 이렇게 말했다.

"그대 세력이 장안에 미치지 못하는데 언제까지 나를 보호만 할 수는 없는 노릇이오. 그렇다고 동향인 나를 죽이기도 그러니 차라리 산 채로 넘기면 더 큰 벼슬을 얻을 것이오."

지역 연고를 중시하는 장양은 걱정 말라며 여포를 달랬다. 장양은 겉으로 이각과 곽사의 뜻을 따르는 척하면서 몰래 여포를 숨겨주었다. 장안에서도 어쩔 수 없이 여포를 달래려고 그를 영천潁川 태수에 봉한다는 큼지막한 조서를 내렸다.

장막은 왜 조조를 배신했나?

그 후 194년 조조가 다시 서주자사 도겸陶謙을 공격하느라 연주를 비웠는데, 이때 진류태수 장막은 조조 공격용으로 여포를 용병으로 초빙한다. 후한의 2인자였던 여포가 완전히 용병 신세로 전락한 것이다. 그 이야기는 다음에 하기로 하고, 장막은 왜 여포를 고용하면서까지 조조를 공격하려 했을까?

조조는 193년 가을, 서주의 도겸을 처음 공격했다. 당시 서주는 중국에서 제일 각광받던 지역이었다. 동탁이 낙양에서 장안으로 수도를 옮기자 낙양의 소비에 의존하던 주변 촌락은 쇠락해 그 촌민들이 황허와 장강의 중간 지대에 있는 서주땅으로 몰려들었다. 조조의 부친 조숭 일행도 서주의 낭아琅邪로 피신해 있었다. 그런데 도겸이 조숭 일행을 죽이는 바람에 조조가 두 차례에 걸쳐 도겸 토벌전을 벌이게 되었다. 하지만 서주의 도겸 세력은 조조가 생각한 것보다 막강했다. 그때 출정하던 조조는 가족들에게 "내가 죽으면 장막에게 의탁하라"라고 유언을 남길 정도로 장막을 신뢰했다.

장막이 조조를 배신한 것은 장막의 유별난 성격 때문이었다. 팔주에 속했던 장막은 "약자는 선하고 강자는 악하다"는 맹목적인 믿음이 있었다. 약자라는 이유만으로 무조건 선하다고 단정하고, 강자라는 이유만으로 부도덕하다고 공격하는 오류를 가리켜 마이클 프렐Michael Prell은 언더도그마underdogma라 칭했다.

장막은 언더도그마 성향이 유독 심했다. 언더도그마 성향은 가까운 사람이 어려울 때 매우 너그럽다가도 그 상대가 자신보다 잘되면 참지 못하는 행태로 표출된다. 즉, 한 대상에 대한 너그러움과 질투가 일관성 없이 나타나는 것이다. 사람을 판단하는 기준이 그의 존재 가치에 있지 않고 명예, 권력, 재물 등에 있어서 그렇다. 그런 사람에게, 자비란 무의식적인 자기 우월의식을 충족하는 행위에 불과하다.

달리 말해 장막 같은 사람들은 자신의 존재 가치를 상대의 결핍을 채워주는 데서 일부 발견한다. 원소가 반동탁 연합군의 수장일 때 조조 홀로 동탁군을 추격한 것을 앞서 보았는데, 그때 장막만이 조조를 도와준 것도 그런 성향 때문이었을 것이다.

장막 같은 성격의 사람들은 대세 추종적 성향을 보완해 장착하든가, 그런 성향의 사람을 곁에 두어 균형을 유지할 필요가 있다. 시류에 편승하고 우세한 세력과 연대하려는 성향을 지닌 참모가 필요하다는 뜻이다. 반대 경우도 마찬가지이다. 자신이 대세 추종적 성격이라면, 언더도그마 성향을 보완하거나 그런 인물을 가까이할 필요가 있다.

여포의 떠돌이 운명, 그 종착지는?

한편, 후한의 공동 집권자로 고공행진하던 여포가 용병부대장으로 추락한 과정은 이렇다. 여포는 비록 이인자일망정 처음부터 권력의 핵심부에 있었다. 여포의 무예는 타의추종을 불허해 '마중적토 인중여포馬中赤兎 人中呂布'●라는 말이 유행할 정도였다. 고대

● **마중적토 인중여포:** 말 중에선 적토마가, 사람 중에선 여포가 최고라는 뜻. 적토마는 소설 《삼국지연의》 덕분에 관우의 트레이드마크로 알려져 있지만, 원래는 여포가 탔다고 전해진다. 따라서 마중적토 인중여포는 후한 시대 여포가 최고의 사람이라는 극찬이다.

사회에서 최고로 필요한 역량이 무예와 전략 구사력이었던 것을 감안하면 이는 대단한 찬사였다.

그런 여포가 떠돌이 운명이 된 것은 제후들의 불신 때문이기도 했지만, 주변 인물들이 모두 여포와 비슷한 점이 크게 작용했다고 본다. 여포의 인적 구성은 한마디로 역량의 단일화가 특징이었다. 역량의 다변화가 필요한데도 말이다. 그들 모두가 여포처럼 개인기는 탁월했으나 길들여지지 않는 야생마 같았다. 누구 아래 오래 있기 어렵고 장기적인 팀워크가 불가능한 사람들이었다.

여포 휘하의 장수 여덟 명을 팔건장八健將이라 했는데 장료, 후성, 장패, 학맹, 조성, 위속, 성렴, 송헌이 모두 그런 사람들이었다. 그들이 여포에게서 흠모했던 것은 지략이 아니라, 신출귀몰한 무예였다.

장료, 《삼국지연의》

사실 이런 맹장들은 지략을 갖춘 주군을 만나야 빛을 발한다. 대표적으로 장료張遼는 훗날 조조를 만나 800명의 군사로 10만 대군을 물리치는 위업을 달성한다.

여포가 그랬던 것처럼 이들 팔건장도 쉽게 배신했다. 후에 여포가 안타깝게 죽게 되는데 송헌, 후송, 위속이 전쟁 중에 여포를 포박한 것이 결정적인 원인이었다. 다만 장료만큼은 그들과 달라서 여포가 죽고 나서야 조조를 따랐다.

　지략가들만 모이면 배가 산으로 갈 수 있고 맹장들만 모이면 암초를 만나 파선된다. 도전 과제를 해결해야 할 때는 지략과 무용의 조합이 필요한 이유이다.

삼국지 인물의 성공 심리

자신의 실력을 믿지 못했던 여포:
'마중적토 인중여포'라는 말이 유행할 정도로 여포는 무예와 전략 구사력이 당대 최고였다. 그런 자신을 믿지 못하고 늘 주군을 찾아다녔고, 애정에 굶주린 약점 때문에 사람들에게 쉽게 조종당했다. 그렇게 정원, 동탁, 원술, 원소, 장양, 장막을 차례로 의지하며 배신자 낙인이 찍혔던 여포는 결국 자기 휘하의 장수 팔건장들에게 배신당해 죽는다. 여포의 가장 큰 패인은 휘하에 자신과 똑같은 사람들만 두었다는 것이다.

05

도겸 위에 선 유비,
유요 위에 선 손책

성자 콤플렉스와 현혹

조조의 서주 침공

193~194년에 걸쳐 조조가 서주를 두 차례 침공한 사건. 서주자사 도겸이 조조의 아버지 조숭과 그 일가족을 죽인 것에 대한 보복 전쟁이었다. 특이한 것은 1차 침공 때 퇴각하던 조조가 서주의 5개 성에서 10만 명 이상의 무고한 백성들을 죽였다는 것이다. 이 같은 초토화 전략을 사용한 조조의 명분은 도겸의 죄를 백성에게 물음으로써 도겸이 백성들에게 미움을 받게 하려는 것이었다. 도겸은 "기분대로 행동하며 도를 위배했다"는 기록처럼 정치에 안하무인이었다. 194년 2차 침공 때 도겸 측에서는 예주자사로 추대된 유비가 참전했다가 조조에게 크게 패한다. 그러나 조조 측 진궁의 배신으로 조조의 근거지인 여주를 여포가 침공하면서 조조는 도겸에 대한 복수를 포기하고 여포를 공격한다. 조조와 여포가 싸우는 사이 서주는 유비의 차지가 된다.

복양성 전투

194~195년간 두 차례에 걸쳐 연주와 복양을 두고 조조와 여포가 싸운 전투이다. 서주자사 도겸을 징벌하려고 조조가 연주를 비운 틈을 노려, 장막에게 의탁하고 있던 여포가 연주를 공격해 함락시켰다. 1차 전투에서 조조는 진궁의 계책에 속아 혼쭐이 났지만, 그 전략을 역이용해 여포 반격에 성공함으로써 여포를 복양성에 칩거하게 만든다. 2차 전투에서 조조는 연주성을 되찾고 패배한 여포는 서주의 유비에게로 피신한다.

소시오패스 도겸,
실체를 꿰뚫어본 허소

　조조의 서주徐州 1차 토벌전 때 10개 성이 함락되는 동안 서주자사 도겸은 이리저리 도망만 다닐 뿐, 좀처럼 맞서 싸우려 하지 않았다. 바짝 약이 오른 조조는 사람은 물론, 가축까지 닥치는 대로 죽였다. 조조는 자기 아버지를 죽인 도겸에 대한 복수심에 불타고 있었다. 그 배경을 좀 더 살펴보자.

　반동탁 연합군이 해체될 무렵, 조조는 동쪽 끝에 있는 서주의 낭야琅邪로 피신했던 부친 조숭과 그의 일가족 40여 명을 자신이 돌볼 수 있는 안전지대로 모셔 와야 했다. 이를 위해 태산泰山태수 응소應劭가 파견되었는데, 참고로 응소는 《사기史記》의 주석에서 요동군 험독險瀆현을 '조선왕 위만의 도읍지'●라고 서술한 바로 그 인물이다.

　응소의 군사가 조숭의 거처에 도착하기 전에, 도겸이 이를 어떻게 알았는지 장개張闓의 기병대를 먼저 보냈다. 이들 장개의 군사들이

• **고조선의 수도**: 고조선의 수도
는 왕검성王儉城 또는 왕험성王險
城이다. 왕검성의 위치는 고서마다
다른데, 본문에 언급된 것처럼 《사
기》, 《한서》의 주석에 "요동군 험
독현險瀆縣은 조선왕의 옛 도읍이
다"라는 기록에 따라 왕검성의 위
치가 요동이라는 설과, 고조선이
멸망할 당시 평양 일대였다는 사료
및 고고학적 발굴에 따라 평양이라
는 설로 나뉜다.

조조의 부친은 물론, 동생 조덕趙
德 등 일가족을 몰살하고는 가산
도 남김없이 약탈해 갔다. 이 소
식을 들은 조조는 한동안 정신을
잃었다. 조조에게 문책당할 것이
두려워진 응소는 관직도 버리고
원소에게로 망명했다.

도겸, 아첨꾼만 좋아하다

도겸은 당시 말로 유맹流氓, 즉 양아치라 불렸다. 조조도
그 점이 다소 걱정스러웠지만, 도겸이 그렇게까지 나올 줄은 몰랐다.
원래 도겸은 학문을 좋아하는 유생 출신으로 상소문을 관리하는 관
료였는데 업무 처리를 얼마나 잘했는지 항시 윗사람들의 추천을 받
고 출세가도를 달렸다. 그렇게 꼼꼼하고 성실하던 도겸이 서주자사
가 된 이후부터 달라졌다.

당시 서주는 전국 각지에서 유민들이 몰려들 만큼 식량이 풍부했
고 백성의 삶도 풍요로웠다. 그런 지역을 통치하다 보니 도겸은 행
정이나 공정한 법 시행에는 일절 관심을 두지 않고 아첨하는 소인배
들만 가까이했다. 충의정직으로 이름난 선비 조욱趙昱, 서방徐方 등은
내치고 남 헐뜯기를 일삼는 조굉曹宏 등을 중용했다.

선량한 사람들이 박해를 당하면서 한참 번영하던 서주는 차츰 혼

란 속으로 빠져들기 시작했다. 하급직일 때 그토록 성실했던 도겸이 누구의 눈치를 볼 필요가 없는 자리에 오르자 본색을 드러낸 것이다. 도겸의 성실성과 진정성은 어디까지나 출세를 위한 자기 보신용이었다. 고서를 보면, 도겸은 "기분대로 행동하며 도를 위배했다"고 표현된다.

도겸의 실체를 일찌감치 파악한 허소

영리한 사람은 아무리 양심이 빈약해도 이익의 극대화를 위해 그 사회의 가치를 성실하게 수행한다. 그러나 더는 취할 이익이 없을 때 본성을 드러낸다. 이는 소시오패스sociopath의 특징이기도 하다. 소시오패스는 공감 능력이 있고 사회적 애착 관계도 어느 정도는 형성하지만, 그들의 공감과 애착은 정서적인 즉각적 반응으로 나타나는 게 아니라, 잠깐 생각한 뒤 인지적인 반응으로 나타난다. 도겸처럼 아쉬울 것 없는 위치가 되면 남의 감정에 무감각해지는 것이 소시오패스의 전형적인 특징이다.

도겸의 본성을 일찌감치 간파한 인물이 허소許劭였다. 허소는 매월 초하루면 천하의 인물들을 평가하는 것으로 유명했는데, 그런 행위를 '월단평月旦評'이라 불렀다. 월단평을 할 때면 허소의 집 마당에 인파들로 가득했다. 무명 시절 조조도 허소를 찾은 적이 있었다. 그때 조조를 본 허소는 깊은 생각에 잠긴 뒤, "당신은 치세에 능신이고, 난세에 간신이오"라는 평을 내놓았다. 불쾌할 수도 있는 말을 들고도 조조는 크게 기뻐했는데, 허소가 그만큼 유명했고 대중의 높은 신망을 얻었기 때문이었다.

그런 허소도 낙양의 쇠퇴를 견디지 못하고 서주로 이주했다. 서주로 이주한 허소를 서주자사 도겸이 친히 마중 나갔는데, 인물평 하나로 천하의 인심을 출렁거리게 하는 허소를 도겸 또한 함부로 대할 수가 없었던 것이다. 도겸이 허소를 정중하게 영접하며 온갖 아첨의 말을 늘어놓았는데도 허소는 조금도 현혹되지 않았을뿐더러, 겸손한 척하는 도겸의 실체를 정확히 파악했다.

도겸과 헤어지고 나서 허소는 시종 문파文波에게, "하루라도 빨리 여기를 떠나야겠다"라고 말했다.

"왜 그러십니까? 섭섭지 않게 잘 대우해주는데 그냥 머물러 계시지요."

"아니다. 도겸은 겉만 꾸미는 공허한 사람이다. 나를 후대하는 것 같지만 정직하지 못해 훗날 반드시 배신한다."

그런 도겸인지라 하비下邳성에서 궐선闕宣이 도적 떼를 모아 황제를 자칭할 때 그와 동맹을 맺고 함께 심심풀이로 약탈을 일삼다가 어느 순간 궐선을 죽이고 그의 군대를 거두어들였다. 그래 놓고도 뻔뻔하게 "내가 말이야, 역적을 제거하려고 일부러 궐선과 잠시 어울렸던 거야"라고 변명했다. 소시오패스 중에는 의외로 달변가가 많다. 많은 사람이 그들에게 매력을 느끼는 이유이다.

그 후 도겸이 양아치라는 풍문이 돌았지만, 서주는 강대했다. 조조도 처음 서주를 공격할 때 어려운 싸움이 될 것으로 보고 일족을 진류태수 장막에게 부탁했던 것이다. 그런데 의외로 도겸의 대응이 허술했다. 도겸은 10만 대군으로 복수심에 불타는 조조군을 막았으나 많은 사상자만 내고 자꾸만 퇴각했다. 기가 죽은 도겸이 항복하려고 하는데, 서주의 대부호인 미축糜竺이 나서서 만류하며 주변 제후들에게 원병을 청하기로 한다. 미축은 청주青州의 북해北海태수 공융孔融을, 진등陳登은 청주자사 전해田楷를 찾아나섰다.

조조의 서주 대학살과 유비의 독립

당시 조조, 유표를 중심으로 한 원소 측과 손견, 공손찬을 중심으로 한 원술 측이 대결 구도를 형성하고 있었다. 도겸, 공융, 전해, 유비 등은 공손찬과 가까웠다. 따라서 전해와 공융은 당연히 도겸에게 원병을 약속했고, 공융은 유비에게까지 참전을 권유한다. 이 시기 유비는 평원에서 3천 군사와 함께 별다른 일 없이 세월만 보내고 있었다.

공융과 전해 군대에 유비까지 합세해 여러 방면으로 조조를 압박해왔다. 설상가상 193년 여름에 시작된 전쟁이 어느덧 해가 바뀌어 이듬해 봄까지 이어지면서, 조조 측은 군량미가 바닥이 났다. 퇴각할 수밖에 없던 조조

조조의 서주 침공, 《천저우의 학자들》(청시대)

는 귀국길에 취려取慮, 휴릉睢陵, 하구夏丘 등 5개 성을 휩쓰는데, 수십만 백성뿐만 아니라 개, 닭, 소 등 살아 움직이는 모든 생명체를 남김없이 도륙했다. 그 사체가 물길을 막아 강물이 흐르지 않을 정도였다. 이른바 '초토화 전략'이었는데, 도겸의 죄를 백성에게 물어 민심이 도겸을 떠나게 하려는 의도였다.

죄 없는 민중이 애매한 고통을 당하는 가운데에서도 의외의 소득을 거둔 사람이 있었으니 바로 유비였다. 조조가 회군한 공을 도겸은 유비에게 돌려 유비를 예주자사에 임명하고 소패小沛성을 주어 거기에 머무르게 했다. 유비는 청류파 가문으로 명성이 높은 진군陳羣을 보좌관●으로 삼는다. 그때부터 유비를 '유 예주'라고도 불렀다.

그제야 유비도 공손찬을 떠나 독립하게 된다. 그러면서 천하를 얻을 전술적 가치를 정립한다. 이후 유비는 서주 대학살로 악명을 사게 된 조조와 맞설 전략을 가다듬기 시작한다. 그 전략은 장차 더욱 강해질 유비의 '반조조의 기치'로 뚜렷이 나타날 것이다.

겉만 꾸미는 공허한 자 도겸:

하급직일 때 일 잘하고 성실했던 도겸은 서주자사라는 높은 자리에 오르자 아첨꾼들만 가까이하고 선량한 사람들을 박해했다. 더는 남 눈치 볼 것 없고 남에게서 취할 이익이 없자, 남의 감정에 무감각해진 것인데, 이는 전형적인 사이코패스의 특성이다. 당시 인물평으로 유명했던 허소는 도겸을 "겉만 꾸미는 공허한 사람"이며 훗날 반드시 변한다고 예언했고 그 예언은 적중했다.

유비의 후원자가 된
양아치 도겸

194년 봄, 조조는 다시 서주의 도겸을 공격하기 시작한다. 이때 몇 몇 현이 함락되면서 서주의 호족들은 물론, 백성들도 도겸에게서 돌아서기 시작했다. 이는 조조의 보복을 피하기 위한 것이기도 했지만, 도겸도 서주의 민심을 잃은 것이 사실이었다. 이제 조조가 서주를 확실히 정복하는 것은 시간문제였다.

그런데 예기치 않은 악재가 터졌다. 장막張邈이 여포를 끌어들여 조조의 근거지인 연주兗州를 공격하도록 한 것이다. 조조가 연주를 비운 틈에 여포가 벌써 연주 인근

* **진궁:** ?~198. 진궁은 원래 조조 휘하의 정치가이다. 192년 연주자 사 유대가 죽자, 조조가 연주 사람들을 설득해 진궁을 연주자사로 추대했다. 진궁이 중모현의 현령이라는 직책은 《삼국지연의》의 설정이다. 194년 조조가 서주자사 도겸을 정벌하러 나가자 조조에 대해 의구심을 느낀 진궁은 장막과 여포를 부추겨 모반을 감행하다 실패한다. 여포에게 조조에 반하는 여러 계책을 내놓았으나 거의 채택되지 않았고 여포 사망 후 조조의 회유에도 불구하고 죽음을 택했다.

인 복양濮陽성까지 침입한 상황이었는데, 실은 중모中牟현의 현령이던 진궁陳宮●이 장막을 부추겨 연주를 공격하도록 한 것이었다.

조조와 여포의 복양성 대결

급히 서주에서 회군한 조조와 여포가 복양성에서 맞부 딪쳤다. 밀고 밀리는 치열한 전투였다. 이때 여포의 책사가 된 진궁 이 조조를 복양성 안으로 유인할 전략을 세운다. "장군, 성내에 전 씨라는 대지주가 있습니다. 그자를 설득해 조조에게 거짓 투항서를 보내게 하십시오"라고 진궁이 제안했다.

"조조 장군, 여포가 포악해 백성들의 원성이 자자합니다. 오늘 밤 성 문을 열어드리겠습니다. 의義 자를 쓴 백기를 신호로 들어오십시오."

이 같은 전 씨의 편지를 받은 조조는 성내에 첩자가 생겼다며 좋 아했다. 그리고 그날 밤 군사를 끌고 물밀듯 성내로 들어갔다. 그런 데 한참을 진격해도 쥐 죽은 듯 고요했다. 그제야 함정임을 깨닫고 말머리를 돌리는데 사방에서 불화살이 비 오듯 쏟아졌다. 조조도 큰 화상을 입어 머리카락뿐만 아니라 수염까지 모두 타는 부상을 입었 다. 간신히 복양성을 빠져나온 조조는 장수들을 불러 이렇게 지시했 다. "내가 불에 타 죽었다고 소문을 퍼트려라. 그럼 여포놈이 반드시 나올 것이다."

상대 계략을 역이용하는 장계취계將計就計였다. 조조가 죽었다는 소문이 퍼지자 과연 여포는 조조 군대가 진치고 있던 마릉산馬陵山으로 잽싸게 달려왔다. 그런데 조조가 죽었다는데도 진영이 조용했다. 여포가 '아차!' 하던 찰나, 뒤에서 북소리가 나며 복병이 뛰쳐나왔다. 크게 혼쭐이 난 여포는 복양성 안에 들어가서도 방어만 했다. 그렇게 1백여 일을 보내는데, 메뚜기 떼가 하늘을 덮으며 모든 식물을 먹어치우는 바람에 조조는 포위를 풀고 본거지인 견성鄄城으로 돌아갔다. 여포는 산양山陽으로 이동했다.

피 한 방울 흘리지 않고 서주를 차지하다

조조와 여포가 싸우는 동안 서주는 유비의 차지가 된다. 대체 어찌 된 일일까?

지역 호족들의 지지와 민심까지 상실한 도겸이 시름에 빠져 병상에 누웠는데, 회복하지 못하고 임종을 맞이하게 되었다. 도겸은 소패에 머물던 유비를 급히 불러 이렇게 당부했다. "내 두 아들 상商과 응應이 공부에만 열중해 문약文弱해요. 제 몸 하나 지킬 수 없는 아이들이니, 서주는 유비 그대가 맡아주시고 제 아이들을 잘 가르쳐주세요."

평생 양아치 같은 정치를 해온 도겸도 두 아들이 정치에 발을 디디면 견디지 못하리라는 것을 잘 알고 처음부터 벼슬길에 나오지 못하게 막은 것이다. 문약하다는 말은 문자에만 빠져 있어 현장에 무지하다는 이야기이다.

한나라가 유학을 국교로 표방하고는 있었지만 유학은 어디까지나 통치용이며 백성에게 충효의 윤리를 강조하기 위한 수단일 뿐, 지배층으로 올라갈수록 뚜렷한 약육강식의 법칙이 작동하고 있었

> ● **오상**: 유교의 다섯 덕목, 인仁, 의義, 예禮, 지智, 신信을 말한다. 공자는 인의 중요성을 설명했고 맹자는 인에 의, 예, 지를 더해 인간의 4개 덕목을 말했다. 전한 시대 동중서董仲舒가 여기에 신을 더해 오상五常을 확립했다.

다. 도겸 자신도 이 같은 표리부동한 일생을 살았기에 이상理想에 빠져 사는 아들들이 적응하지 못하리라는 것을 잘 알았다.

그러나 유비는 달랐다. 그는 유교의 오상伍常●을 표방하기는 했지만 결코 문약한 인물이 아니었다. 도겸은 그런 유비에게 서주를 물려주면 자신의 가문만큼은 보존되리라 보았다.

그런데 유비는 "저는 그런 그릇이 못 됩니다"라며 도겸의 제안을 사양했다. 도겸의 유언을 맡은 미축이 진등과 더불어 유비를 찾아가 재차 서주를 부탁했는데도 유비는 "수춘壽春에 있는 원술이 명문가이니 저보다 그가 더 합당합니다. 서주를 원술에게 양도하세요"라며 완강히 거절했다. 그러자 진등까지 나서서 협박 같은 애원을 했다. "만일 유 예주께서 서주를 거절하시면 저도 유 예주를 떠나겠습니다"라고 말이다.

아울러 북해태수 공융 등도 앞장서서 유비를 설득했고 서주의 백성들까지 나서서 유비에게 자기들을 다스려달라고 간청했다. 그제야 유비는 마지못한 듯 그 청을 수락했다.

이것이 유비의 기이한 매력이다. 소시오패스 도겸의 희박한 양심까지 사로잡은 유비의 이런 매력은 어디서 왔을까?

유비의 매력 포인트, 겸손함과 낙관주의

유비는 실리가 아닌 명분을 중요시했고, 기반을 상실하더라도 사람을 잃지 않으려는 뚜렷한 마음가짐이 있었다. 유비의 매력은 바로 그런 자세에서 나왔다. 젊어서부터 귀가 커서 그런지 말하기보다 듣기를 더 좋아했고 겸손한 성품 덕에 주변에 호걸들이 많이 모였다. 유비의 또 다른 장점은 처변불경處變不驚, 즉 상황이 좋든 나쁘든 한결같이 낙관적 자세를 견지했다는 것이다. 이런 낙관주의가 넘치는 자신감으로 나타났다. 유비의 주변에 인재들이 많았던 것도 그런 이유였을 것이다.

유비의 성격을 보면 마틴 셀리그먼Martin E. Seligman의 긍정심리학의 사례를 보는 것 같다. 아무리 힘겹고 우울해도 유비는 그 원인 탐색에 매달리지 않았고, 대신 행복을 주는 것에 더 많은 관심을 기울였다. 누구에게나 있는 약점 찾기보다 장점과 미덕 찾기에 열중했고, 그것을 삶에 활용했다. 그런 사람에게는 행복도 악기 연주처럼 배울 수 있는 대상이 된다.

긍정적이라는 것은 매사를 낙관적으로 본다는 뜻으로 자칫 모호한 태도로 비춰질 수도 있다. 이런 함정을 방지해주는 것이 유비에겐 대의명분이었다. 유비는 대의명분을 중심에 놓고 큰 귀를 열어 방향을 정해나갔다.

그러나 유비도 훗날 대의명분을 상실하면서 성격이 변한다. 조조의 차남 조비曹丕가 220년에 위나라 초대 황제에 오르자, 유비도 이에 뒤질세라 221년 조비가 없앤 한나라를 계승한다며 촉한 황제에 취임한다. 어쨌거나 한나라 황실 부흥이라는 유비의 명분은 퇴색된 셈이다. 평생 내세운 대의명분이 빛이 바래는 순간, 의연하기만 했던 유비는 개인적인 일에 집착하는 성격으로 바뀐다. 오기가 서린 이릉전투(p.420 이하 참조)가 그랬다. 제갈량 등의 반대에도 불구하고 유비는 관우를 죽인 오나라 장

> • **조운:** ?～229. 자는 자룡子龍이다. 원래는 원소 휘하에서 병졸의 수장으로 일했으나 원소에게 실망해 공손찬 아래로 들어간다. 그 무렵, 역시 공손찬에게 의탁하고 있던 유비는 조운을 유심히 살펴보고는 높이 평가했고, 그때부터 둘은 깊은 유대관계를 맺는다. 훗날 조조에게 서주를 잃은 유비가 원소에게 의탁할 때 조운은 유비의 부하가 된다. 《삼국지연의》에서는 조운도 의형제 관우, 장비와 동등한 대우를 받은 것으로 묘사된다.

수 여몽에 대한 복수심에 불타 이릉전투를 일으키고, 장비를 포함해 수십만 군사를 잃는다.

황제에 오르기 이전의 유비는 눈물 많고 넉살좋은 호인이었고 난세에 보기 드문 주군이었다. 그러니 곁에 있던 관우, 장비, 조운趙雲•, 제갈량 등도 모두 행복한 사람들이었다.

도겸의 측근들은 정반대였다. 유비가 행복 바이러스를 지녔다면 도겸은 불행 바이러스를 지닌 사람이었다. 그런 유비에게 도겸이 매달린 것도 무리는 아니었다. 숨을 멈추는 순간까지 도겸은 자신에게 부족한 점을 강점으로 지닌 유비를 존경했다.

유비가 마지못해 서주를

복양성 전투, 조조를 추격하는 여포, 《삼국지연의》(청시대)

통치하기 위해 서주로 가려는데 진군陳羣이 극구 만류했다.

"지금 동쪽으로 가면 아직도 세력이 강한 원술과 반드시 충돌할 것입니다. 그럴 때 여포가 장군의 뒤를 공격하면 만사 헛수고로 끝날 수 있습니다."

그러나 유비는 그 말을 무시하고 서주로 갔고 당당히 군웅의 하나가 되었다.

여포가 유비에게 의탁하다

한편, 여름에 천재지변으로 휴전 상태였던 복양성 전투의 여포와 조조는 그다음 해 봄부터 다시 전쟁에 돌입한다. 조조가 복병과 기습 작전을 펼쳐 산양군을 공격하는 바람에 여포와 장막은 한밤중에 도망쳐야 했다. 이때 여포는 동쪽으로 달아나 유비를 찾아갔고 유비는 여포를 순순히 받아주었다.

지금껏 진심 어린 환대를 받아본 적 없이 늘 이용만 당했던 여포는 패장이 된 자신을 진심으로 반겨준 유비의 인품에 크게 반한다. 여포는 자기보다 다섯 살 어린 유비를 "참 좋은 동생"이라 부르며, 심지어 아내 초선에게는 유비에게 절을 올리고 술잔을 따르도록 했다.

초선貂蟬이 누구던가? 서시西施, 왕소군王昭君, 양옥환楊玉環과 더불어 중국의 4대 미인에 손꼽히는 절세미인이었다. 유비의 기분이 어땠을까?

지나친 친절도 무례한 법[過恭非禮]. 사람 보는 눈이 탁월했던 유비는 여포의 행위를 무례하게 보면서도 일절 내색하지는 않았다. 여포가 유비에게 몸을 의탁하는 동안, 장막은 원술에게 도움을 청하러 가다가 그의 부하들에게 죽임을 당했다. 이처럼 유비가 서주를 거저 먹는 사이, 손책은 강남에 진출하고 조정에서는 권력에 도취된 이각과 곽사, 장제, 번조 사이에 균열이 일고 있었다.

삼국지 인물의 성공 심리

도겸도 반한 유비의 매력 포인트:
서주자사 도겸은 임종을 앞두고 유비에게 그 자리를 내어주는 동시에 두 아들을 부탁한다. 양아치로 악명 높고 사이코패스 기질이 농후했던 도겸을 사로잡은 유비의 매력은 무엇이었을까? 유비는 말하기보다 듣기를 좋아하고 사람을 중시하며, 상황에 상관없이 긍정적인 사고로 늘 자신감이 넘쳤다. 주변 사람들을 행복하게 해 유비 주변에는 인재들이 몰려들었다. 그리고 그 중심에는 한 황실 부흥이라는 대의명분이 있었다. 도겸은 자신과는 전혀 다른 유비의 그런 점을 존경했다. 훗날 유비는 촉한 황제에 오르며 그 대의명분을 상실함으로써 자신의 매력을 잃는다.

강동의 소패왕이 된 손책

손책은 불우하게 죽은 부친 손견의 뒤를 이을 때만 해도 혈기만 방자했지 세상 돌아가는 이치에는 둔감했다. 순진하게 원술을 찾아가 아버지의 군대까지 자진 헌납한 것만 보아도 그렇다. 그렇게 1년을 지내고 나서야 손책은 원술이라는 위인이 얼마나 작은 그릇인지 깨닫는다.

손견이 원술의 말을 듣고 유표를 공격하다가 전사했고, 손견의 남은 세력을 원술이 흡수해버렸음을 손책은 나중에야 알았다. 그런데도 원술은 손책을 배려하기는커녕, "곁에 두는 것만으로도 고마워하라"는 식으로 대했다. 참다못한 손책은 194년, 19세의 나이로 독립을 선언한 후 195년과 196년 강동을, 그 후 201년까지 강남을 장악한다. 그 영토 그대로 훗날 오나라가 된다.

이처럼 엄청난 속도로 오나라의 기반을 완성한 손책은 역발산力拔

山의 기개로 천하를 재패한 항우에 버금가는 소패왕小霸王*으로 대우받게 된다.

* **소패왕:** 작은 패왕이라는 뜻. 패왕霸王은 한나라 유방과 천하를 놓고 싸운 항우의 별칭으로, 역발산기개세力拔山氣蓋世(산을 뽑을 만한 기개로 천하를 제패하다)와 함께 항우의 고유명사처럼 취급받는다. 패왕이란 초인적인 무력과 카리스마로 천하를 호령하는 왕이라는 뜻인데, 항우가 패망한 탓에 재수가 없다며 그 후 그 호칭은 사용되지 않다가, 손책이 항우에 버금간다 하여 그를 작은 패왕, 즉 소패왕이라 칭하게 되었다.

간판 떼면 아무것도 아닌 원술

손책의 자수성가 과정은 다음과 같다. 아버지 손견의 강건한 골격과 어머니 오 부인의 미모를 골고루 물려받아 많은 사랑을 받았다 하여 어렸을 때는 손랑孫郎이라는 애칭으로도 불렸다. 손책이 손견 자리에 올랐을 때 아직 천하는 위, 촉, 오로 삼분되기 전이었다. 당시 분위기에서 군주가 될 수 있는 첫 번째 조건은 바로 명문가라는 출신 성분이었다. 그래서 손책도 군주가 되기 위해 원술이라는 간판이 필요했다. 가문에 따라 사람을 달리 대하는 명문 지상주의자 원술에게 손책은 수하에 군사 좀 있는 골목대장 정도였다. 이에 늘 자존심이 상했던 손책에게 주치朱治**는 '자립'을 권했다.

맺고 끊는 것이 분명했던 주치는 손견 시절부터 손 씨 가문에 충성하던 군인이었다. 주치도 1년간

** **주치:** 156~224. 양주, 단양군 고장현 출신의 장수. 손견을 따라 반동탁 연합군에서 공을 세워 낙양에 입성했고 서주자사 도겸을 도와 황건적을 토벌했다. 손견 사후에는 손책을 보좌하며 원술에게 의탁했다. 원술이 폭정을 일삼자 주치는 손책에게 군사를 이끌고 강동을 평정하라고 권유한다. 곡아에 억류되어 있던 손책의 일가를 모셔오는 임무를 맡기도 했다. 손책 사후에는 손권을 주군으로 모시는 등 손 씨 일가를 평생 섬겼다.

겪어보니 원술은 내세울 거라곤 명문 가문 외에는 아무것도 없는 빛 좋은 개살구였다. 주치는 손견 휘하에 있으면서 원술이 군량미를 제때 보급하지 않는 바람에 화웅에게 크게 당한 경험도 있어서, 원술이 결정적인 순간에 또 농간을 부릴지 모른다는 의심을 거둘 수가 없었다.

손책, 《삼국지연의》(청시대)

원술에게서 벗어날 절호의 전략

그 후에도 원술은 또 한 번 손책을 농락했다. 원술이 한때 서주를 공략하려고 여강廬江태수 육강陸康에게 군량미 3만 석을 빌려달라고 했으나 거절당하자, 손책에게 육강을 공격하라고 명령하면서 손책을 태수로 임명하겠다고 약속했다. 손책은 그 약속을 믿고 육강을 격파했지만, 원술은 여강태수로 유훈劉勳을 임명했다. 이에 대해 손책이 아무리 따져도, 원술의 대답은 유훈이 손책보다 자기 밑에서 더 오래 있었다는 말만 할 뿐, 전혀 미안해하지도 않았다.

그 일을 겪은 후 손책의 얼굴에서 웃음기가 사라졌다. 손책은 원래 사교적인 성격에 농담도 곧잘 했고 사람 가리지 않고 누구에게나 공평하게 대하는 성격이었다. 손책의 기사騎士가 큰 잘못을 저지르고 원술의 마구간으로 숨자, 손책이 직접 그를 잡아낸 일화는 유명하다.

그 일이 있고 난 후 손책은 원칙을 지키는 장수라는 평판을 얻었다.

그런 손책인데 선대부터 대를 이어 원술에게 사기를 당하고 있으니, 손책이 분통이 터질 만도 했다. 엎친 데 덮친 격으로 손책을 괴롭히는 사건이 또 터

● 양주揚州: 후한 13주 중 하나로 동탁, 이각, 곽사 등의 고향인 양주凉州와 한글 독음이 같다. 양주揚州는 손권이 다스리던 주로, 흔히 강동이라고 한다. 양주揚州의 주도는 역양歷陽, 수춘壽春, 합비合肥이고, 그 아래 구강군, 단양군, 예장군, 오군, 회계군, 여강군이 있다. 또 다른 양주凉州의 주도는 농隴이다.

졌다. 양주揚州자사 유요劉繇가 손책의 외삼촌인 단양丹楊태수 오경吳景, 사촌형 단양도위都尉 손분孫賁을 쫓아낸 것이다.

본래 양주揚州●의 주도는 수춘壽春인데, 원술이 수춘을 차지하는 바람에 유요는 장강을 건너 곡아曲阿에서 다스리고 있었다. 유요의 공격을 받은 오경과 손분은 역양歷陽으로 물러나 대치 중이었다. 그런 상황에서 손책이 마땅한 해결책이 없어 괴로워하는데 주치가 강동 정벌이라는 계책을 내놓았다. 이는 원술에게서 벗어나 독립할 절호의 기회였다.

손책은 그 계획을 실행하기 전에 먼저 할 일이 있었다. 곡아에 거주하며 유요의 감시를 받는 자신의 모친과 동생 손권을 피신시키는 것이었다. 주치가 곡아로 은밀히 사람을 보내 손책의 가족을 부릉阜陵으로 피신시켰다. 그런 다음 손책은 원술을 찾아가 외삼촌의 복수를 하겠다며 병력을 요구했다. 그러나 손책을 수중에 두고 싶었던 원술은 이를 완강히 거절한다. 이때 주치가 기상천외한 방안을 내놓았다. "장군, 원술은 전부터 옥새를 탐내고 있었습니다. 옥새를 내밀면 반드시 군사를 내줄 것입니다."

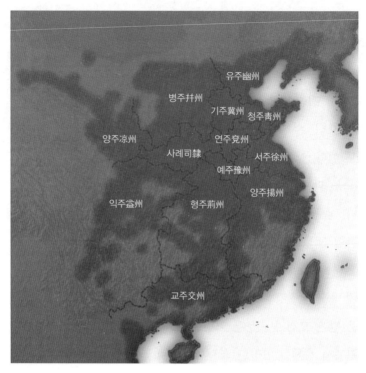

후한 13주 ⓒ Jack Yuan, 2005

그다음 날 손책은 원술을 찾아가 옥새를 담보로 내놓으며 군대를 빌려달라고 했다. 그러자 원술의 얼굴에 희색이 돌며 손견의 잔여 병력 1천여 명과 말 수십 필을 포함한 기병을 내주었다. 그뿐만 아니라, 손책을 절충折沖교위에 임명했다. 그 즉시 손책은 수춘을 떠나 강동 정벌에 나서는데 측근인 여범呂範과 주치 외에도 선대로부터 함께해왔던 정보程普, 한당韓當, 황개黃蓋 등의 장수들이 따라나섰다. 행진하던 손책 군대에 몰려든 병사가 어느덧 5천 명이 넘었다.

손책의 매력은 차별 없는 존중

　　　　　대체 무엇을 보고 이토록 많은 병사가 손책의 군대를 따랐을까?

　우선, 손 씨 가문의 특징에서 그 답을 찾을 수 있다. 손 씨 가문은 양쯔강 하류 오군嗚郡 지방에서 대대로 하급관리를 맡아왔다. 명문가와는 거리가 멀었고, 굳이 가풍이라면 가식 없이 지극히 소탈한 것이 가풍이었다. 손견이 결혼하기 전, 아내 오 부인의 친정에서 손견이 너무 사납고 경박하다며 결혼을 허락하지 않았다는 일화도 유명하다. 손견은 한마디로 충장지렬忠壯之烈, 즉 충성과 용맹의 기운이 넘쳐흘렀다. 측근들과는 주군과 신하라기보다 가족 같은 느낌이 강했다.

　그런 가문의 분위기를 이어받은 손책도 농담을 곧잘 하여 주위 사람들을 편하게 했다. 그러다 보니 신중하기보다는 조급하게 서두르는 약점도 있었지만, 측근들이 기탄없이 의견을 개진할 수 있던 것은 장점이었다. 손견이 목숨을 걸어서까지 지켜낸 옥새를 원술에게 주자고 주치가 말할 수 있었던 것도

얀리벤(閻立本), 《역대제왕도권(歷代帝王圖卷)》 (7세기) 中 오 초대 황제 손권, 보스턴미술관 소장

• **더닝-크루거 효과:** 1999년 코넬 대학교의 데이비드 더닝Dunning 과 저스틴 크루거Kruger가 제안한 논리. 이 논리에 따르면 능력이 없는 사람은 자신의 실력을 실제보다 높게 평가하며 우월감을 가지는 반면, 능력이 있는 사람은 자신의 실력을 과소평가해 열등감을 가지게 된다.

손책의 소탈한 성품 덕분이었다. 사실 이 옥새 때문에 손견이 죽었고 원술도 머지않아 죽게 되지만, 손책은 옥새를 버림으로써 곧 강동을 차지하게 된다.

무능한 사람은 무능한 결정을 내려 실패하고도 자신이 무능하기 때문에 잘못된 결정을 내렸다는 사실을 모른다. 이른바 '더닝-크루거 효과Dunning-Kruger effect'•에 빠지는 것이다. 원술도 그 효과에 빠져 돌덩이에 불과한 옥새를 얻으려고 손책을 놓아주고 말았다.

무식하면 원술처럼 용감해진다. 손책은 손견이 살아 있을 때 원술의 무능함을 보았고 원술이 옥새 같은 구색을 갖추는 데 집착한다는 사실도 간파했다. 손책은 원술과 달리 사람을 차별대우하지 않고 상대방의 자존감을 살려주다 보니, 사대부든 백성이든 목숨도 내놓겠다며 그를 따랐다.

여범呂範도 그중 한 사람이었다. 여남汝南군 세양細陽 출신인 여범은 이후 수춘으로 이주한 뒤, 자신의 1백여 식객과 함께 자신을 귀하게 대우해준 손책의 수하가 되었다. 훗날 도겸이 서주를 다스릴 때, 여범은 강도江都에 거주하고 있던 손책의 어머니 오 부인을 빼오는 임무를 맡았는데, 유하兪河와 함께 갔다가 도겸에게 잡혀 심한 고문을 받았다. 다행히 여범의 식객들이 도와주어 오 부인을 모시고 무사히 귀환할 수 있었다. 여범뿐만이 아니라, 목숨을 걸고 손책을 추종하는 인물들이 많았다.

어린 나이에 자수성가한 손책의 매력 포인트:
손책은 열여섯 살에 아버지 손견을 잃고, 강동에서 세를 키운 뒤 오나라의 기반을 닦는다. 무엇보다 사람을 차별대우하지 않고 누구나 귀하게 대하는 태도 덕분에, 신분 고하를 막론하고 많은 인재가 그를 위해 목숨까지 내놓았다.

옥새 따위에 연연했던 원술:
손책과 달리 원술은 돌덩이에 불과한 옥새를 얻으려고 손책이라는 거물을 놓치고 만다. 손책이 자신의 아버지를 죽인 원술에게 깊은 원한이 있었지만 원술은 전혀 눈치채지 못할 만큼 어리석었다.

착한 사람 콤플렉스에
발목 잡힌 유요

손책 일행이 역양歷陽에 도착하자 주유周瑜●는 한 무리의 군사를 끌고 마중 나왔다. 손책과 주유는 죽마고우였는데 쇠붙이도 녹일 정도로 둘의 우정이 뜨거웠다. 주유는 손책이 온다는 소문을 듣고 한걸음에 달려왔다.

● 주유: 175~210. 양주揚州 여강군 서현 사람으로 군인. 태위를 지낸 주충의 조카로 명문가 출신이고, 손견이 동탁에 맞서 싸우던 시절 동갑내기 손책을 만나 뜨거운 우정을 나누었다. 본문 상황은 이렇다. 주유는 단양태수인 숙부 주상을 따라 단양에 있었는데, 강동을 치러 간다는 손책의 편지를 받고는 병사를 이끌고 역양에서 손책을 맞이한 것이다.

손책은 주유로부터 소개받은 장소張昭와 장굉張宏을 직접 찾아가 책사로 초빙한다. 이장二張이라 불리던 둘은 재야에서 이미 명성이 자자했다. 도겸도 장소를 탐냈으나 장소는 도겸이 주군의 그릇이 못 된다며 그를 피했다. 장굉도 낙양에서 수학할 때 대장군

하진과 태위太尉 주준 등이 등용하려
고 애썼지만, 관직을 사양했다. 그러
던 장소와 장굉이 청년 손책을 만나
고는 바로 주군으로 모셨다. 이렇게
모인 손책 군대는 군령이 엄격하고
공격이 날카로워 가는 곳마다 승리
했다.

주유, 《삼국지연의》(청시대)

인재를 보는 눈이 없었다

한편 곡아曲阿에 있던 유
요劉繇도 손책이 강을 건너오고 있다는 소식을 듣고 곡아로 들어오
는 길목인 우저牛渚에 부장 장영張英을 보내 지키게 했다. 이때 태사자
太史慈도 자원했다가 거절당하는데, 그 이유가 석연치 않았다. 나이가
어리다는 것이 이유였는데, 당시 태사자는 스무 살인 손책보다 아홉
살이나 위였기 때문이다. 인재를 알아보는 눈이 없던 유요가 전적으
로 허소의 판단만 믿고 실책을 한 것이다.

유요는 한나라 태조 고황제 유방劉邦의 후손으로 황실 가문 사람이
었다. 연주자사였던 유대劉岱가 그의 형이었다. 유요는 열아홉 살 때,
도적 떼에 잡혀간 제부諸父 유위劉韙를 홀로 구해낼 만큼 나름대로 용
맹했다. 그런데 특이하게도 명예를 소중히 여기며 수시로 성자聖者
를 들먹이는 집착성 습관이 있었다. 성자에 관한 책을 많이 읽은 유

요는 급기야 성자들의 기준을 무비판적으로 받아들이는 데 이르렀다. 이른바 착한 사람 콤플렉스 Good Guy Complex●에 빠지기 쉬운 토양이 된 것이다.

> ● **착한 사람 콤플렉스:** 착한 사람으로서의 이미지를 유지해야 한다는 사고에 집착하는 태도를 말한다. 어릴 적 부모의 잘못된 교육 탓에 착한 아이 증후군Good boy syndrome에 빠진 경우 성인이 되어서도 착한 사람 콤플렉스에 빠질 확률이 높다.

이런 사람들은 자칫 성스러운 삶을 지향하며 자신의 감정과 욕구를 지나치게 억압할 수 있다. 좋은 사람이어야 한다는 강박관념 때문에, 부하들이 나쁜 짓을 해도 잘 지적하지 못한다. 이런 사람의 부하들은 방치된 채 자라는 아이들처럼, 자신의 강점과 약점을 피드백받을 기회가 없다. 그래서 강장強將 아래 약졸弱卒 없고, 약장弱將 아래 강졸強卒 없다는 말이 나온 것이다.

난세를 다스릴 재주도 없었다

정신분석학에서는 유요 같은 성격을 '구강 수동적oral-passive'으로 분류한다. 양육자에게 전적으로 의존하는 신생아 시절을 구강기라 하는데 이 시기가 중요한 것이 '의존, 신뢰, 소유' 등에 대한 태도가 형성되는 시기이기 때문이다. 구강기 때 유아의 욕구가 너무 과도하게 자극되거나 불만족스럽게 충족되면 구강기적 성격이 고착화될 수 있다.

구강기적 성격은 구강 수동적 성격과 구강 공격적oral-aggressive 성격으로 나뉜다. 구강 수동적 성격은 타인을 자기 어머니처럼 보려는 경향이 있다. 세상을 무한 신뢰하고 낙관적으로 보면서 타인인 어머니에게서 인정받기를 갈구한다. 어떤 희생을 감수하더라도 타인에게서 좋은 평가를 받는 것이 중요하다. 이 같은 구강 수동형은 과도한 체면치레, 허세 같은 특성을 보이며 유요처럼 잘 속고, 수동적인 성향이 된다.

유요는 군주로서 정세를 판단하고 책략을 연구하기보다 자신의 품행을 갈고닦는 데 치중했다. 난세에 광활한 영토를 지킬 재주가 그에겐 없었다. 난세를 평정하려면 천시天時[하늘의 때], 지리地利[땅의 유리함], 인화人和[사람들의 화합]가 조화를 이루어야 하고, 배신과 야합과 거짓으로 비쳐지는 일도 필요하다면 해낼 수 있어야 한다.

아이는 아이처럼 자라야 하듯 정치인은 정치인다워야 한다. 그러나 유요는 그러지 못했기에 늘 근심이 많았고 근심은 곧 의심으로 번졌다. 오죽하면 유요가 당시 인물평의 대가였던 허소를 의지했겠는가! 허소 같은 인물이 이용하기 좋은 사람이 바로 성자聖者 콤플렉스가 있는 유요였다. 과거 성자들의 가공된 스토리에 허우적대는 유요에게 몇 가지 비결을 얘기해주면 바로 먹히기 때문이었다.

전란을 피해 양주揚州로 내려온 허소는 대번에 유요의 눈과 귀를 사로잡았다. 그런데 종횡무진형인 태사자가 자꾸만 유요에게 공을 세우려고 애쓰는 것이 눈에 거슬렸는지, 허소는 유요에게 태사자와는 업무상 궁합이 맞지 않는다고 평했다. 그러자 유요는 부하들이 아무리 태사자를 중용하라고 권해도 그에게 정찰과 수색 정도만 맡길 뿐이었다. 결국 우저에는 장영이 나가 군량미 10만 석을 쌓아두고 손책군을 막아섰다.

군법에 대해 엄격하지 않았다

손책 측은 황개黃蓋가 철편을 들고 선봉으로 나가 장영과 싸웠다. 두 장수가 막상막하로 싸우는데 장영의 진영에서 갑자기 큰 불길이 솟아올랐다. 당황한 장영은 말머리를 돌려야만 했다. 장강 유역에서 해적질하던 주태周泰●와 장흠蔣欽이 손책이 온다는 소식을 듣고 부하 3백 명과 함께 달려와 장영의 후방에 불을 놓은 것이다. 손책은 주태와 장흠 무리를 크게 치하하며 받아들였고, 장영이 도망쳐버리자 엉겁결에 포로가 된 4천 병력마저 흡수했다. 이들도 본디 손책의 외삼촌인 오경吳景의 부하였던 터라 손책을 따르는 데 무리가 없었다.

장영이 빈손으로 돌아오자 유요는 군법에 따라 그를 참수하려 했지만, 부장 착융笮融이 너그럽게 봐달라며 극구 만류하자 그만두었다. 그놈의 성자 콤플렉스 때문에 군령을 엄격히 적용하지 못한 것이다. 그 후 유요가 직접 군대를 이끌고 신정산神亭山 남쪽 기슭에 진을 쳤다. 맞은편 북쪽 기슭에는 손책이 대치하고 있었다.

그러던 어느 날, 손책이 근처에 있던 광무제光武帝의 사당을 찾

> ● **주태**: 장흠과 함께 손책을 위해 많은 공을 세웠고, 손권 휘하의 장군으로도 활약했다. 손권이 산월의 습격으로 위험에 처하자 몸을 던져 구했다. 이때 주태의 몸에 열두 군데나 상처가 난 것을 보고 손권이 눈물을 흘렸다는 일화가 유명하다.

아가는데 그곳이 유요의 주둔지와 가깝다며 장소가 주의를 주었다. 그러나 손책은 겁낼 필요 없다며 정보, 황개, 한당 등 12명의 장수만 대동하고 말에 올랐다. 사당을 둘러본 손책은 특유의 호기를 부렸다.

"천하를 통일한 광무제도 찾아뵈었는데, 그냥 갈 수 있나? 유요의 진영도 한번 둘러봐야지."

열두 장수들이 한결같이 '큰일 난

주태,"Gongjin's Campaign Memorials: a Three Kingdoms Wiki"(1906)

다'며 말렸지만 손책은 홀쩍 말을 타고 앞서 달려갔다. 숲속에서 이를 본 척후병들이 유요에게 알렸다. 유요는 필시 손책의 함정이라며 모두들 가만히 있으라고 흥분을 가라앉히는데, 곁에 있던 태사자가 '손책을 사로잡을 절호의 기회'라며 유요의 허락도 받지 않고 말을 달려 나갔다.

손책과 태사자의 일대일의 멋진 승부는 그렇게 시작되었다. 손책이 태사자의 수극手戟을 빼앗아 태사자를 내리치자 태사자는 손책의 투구를 빼앗아 이를 방어했다. 팽팽한 싸움이 이어졌다.

싸우며 정든 손책과 태사자

태사자와 손책의 한 치 양보 없는 결투가 한창인 가운데 갑자기 장대비가 쏟아졌다. 때마침 양쪽 구원군도 몰려와 싸움을 중단할 수밖에 없었다. 재미있는 것은 죽기 살기로 격돌한 두 사람 사이에 증오감이 아니라 호감이 싹트기 시작했다는 것이다. 손책은 태사자에게서 빙산처럼 시원시원한 과단성을, 태사자는 손책에게서 태산 같은 담력을 보았다. 마치 거울처럼 상대에게 비친 자신의 모습을 본 것이다.

날이 화창하게 갠 다음 날 손책 군대는 유요 진영이 있는 남쪽 기슭으로 다가섰다. 선두에 선 손책은 태사자에게서 빼앗은 수극을 높이 들었고, 태사자는 손책의 투구를 깃대에 꽂은 채 서로 조롱했다. 손책이 불같이 화를 내며 공격하려고 하자, 정보가 만류하며 나섰다.

"제가 대신 나가서 싸우겠습니다."

태사자가 창에 손책의 투구를 매달아 흔들며 달려드는 정보를 조롱하는데, 유요가 징을 치며 태사자를 불러들였다.

"큰일 났다. 방금 곡아의 수비대장 진무陳武가 주유周瑜와 내통하여 성문을 열어주었다. 한시바삐 말릉秣陵으로 철수해서 설례薛禮, 착융笮融과 합세하라."

유요군이 정신없이 말릉을 향해 달려가는 가운데 손책군은 밤중에 다섯 갈래 길로 그들을 습격했다. 유요군은 손쓸 틈도 없이 대패하고 뿔뿔이 흩어졌다. 유요는 종적을 감추었고 태사자는 경현 쪽으로 달아났다. 손책도 군사를 돌려 곡아성으로 갔다. 성내로 들어가기 전 손책은 군사들에게 사람은 물론이고 닭, 소, 개, 심지어 풀잎 한 장도 손대지 않도록 주의를 주었다. 그러자 성민들은 안도하며 손책의 병사들에게 고기와 술을 대접했다. 그 후 손책은 큰 공을 세운 진무를 불러 치하하고 말릉 공격의 선봉장을 맡겼다.

군사도 내팽개치고 줄행랑친 유요

당시 18세였던 진무陳武는 방어선을 치고 기다리던 설례薛禮의 진영에 뛰어들었다. 진무의 칼날에 수십 명의 목이 달아났고, 겁먹은 설례는 성으로 들어가 방어만 했다.

손책은 부장들과 공성 대책을 놓고 고민하는데, 사라졌던 유요가 착융을 선봉으로 삼아 우저로 돌아갔다는 전갈이 왔다. 그 즉시 손책은 말릉성을 놓아두고 우저로 달려갔다.

우저에는 유요와 착융이 이미 진을 치고 있었지만, 손책은 머뭇거리지 않고 곧바로 뛰어들었다. 유요의 장수 우미于麋와 번능樊能이 손책을 막아섰다. 그러나 손책의 우레 같은 고함소리에 번능은 낙마사했고, 그 찰나 손책이 우미의 허리를 낚아 꺾었다. 항우에 버금가는 괴력이었다. 손책에게 소패왕이라는 별명이 붙은 것은 그때부터였다.

눈앞에서 그 광경을 지켜본 유요는 기가 질려 싸울 의욕 자체를 잃었다. 어디로 도망갈까 고민하는데, 예장豫章으로 가야 장래가 있다는 허소의 말에 군대도 내팽개친 채 줄행랑쳤다. 성자 콤플렉스를 안고 정치에 뛰어든 유요의 뒷모습이 그랬다.

그 후 손책의 말릉 공격이 재개되었다. 손책은 성벽 아래까지 다가서서 항복하라고 외쳤다. 그런 가운데 성벽 위에 숨어 있던 설례의 명궁이 쏜 화살이 손책의 왼쪽 허벅지를 관통했다. 부상을 입은 손책은 진영으로 돌아가야 했다.

하지만 손책은 이를 역이용해 자신이 죽었다고 거짓 소문을 낸다. 손책 진영에 곡소리가 울려 퍼지자 설례는 손책이 죽은 줄로만 알았다. 그는 쾌재를 부르며 그날 밤 전 병력을 동원해 출정했다.

설례는 장영과 진횡陳橫을 앞세워 성 밖으로 나가 손책 진영을 덮쳤지만, 손책이 미리 파놓은 함정에 제대로 걸려들었다. 이때 장영과 진횡은 물론이고, 설례까지 목숨을 잃었다. 그 모든 것이 손책이 원술에게 옥새를 내어주고 떠난 195년 1년간 일어난 일이었다.

폼 잡느라 중요한 것을 놓친 유요:
양주자사 유요는 과거 성자들의 말씀 운운하면서 폼 잡
는 데만 관심이 많았을 뿐, 사람 보는 눈이나 책임감은
없었다. 사람을 등용하거나 거사를 치를 때는 인물평에
능했던 허소를 전적으로 의지했다. 그러다 보니 태사자
같은 인재를 놓친 것이다. 태사자는 훗날 손책의 사람이
된다. 유요는 우저 전투에서 손책의 괴력을 보고 기겁해
서는 군대도 내팽개친 채 도망가기에 바빴다.

태사자와 유요 사이를 가로막은
허소의 농간

　강동 지역을 어느 정도 확보한 손책은 그동안 심중에 두었던 태사자를 잡으러 나섰다. 손책이 곡아성을 점령한 이후 태사자는 산골을 떠돌며 화전민들을 규합해 그들과 함께 경현에 가서 단양태수 행세를 하고 있었다. 주유는 손책에게 '삼면 공격 일면 개방' 전략을 내놓았다. 즉 경현의 동문만 놓아두고 나머지 삼면을 매섭게 공격하자는 것이었다. 손책 진영은 사전에 동문 밖부터 약 10km씩 간격을 두고 세 개의 진에 병력을 매복해두었다.

　전투가 시작된 지 얼마 지나지 않아 진무가 성벽 위에 올라가 불을 질렀다. 이를 본 태사자 일행이 동문으로 달아나는데 동문 바로 옆에 매복했던 제1진이 손책의 지휘 아래 그들을 추격했다. 정신없이 도망가는 태사자를 제2진이 넘겨받았다. 기진맥진한 태사자 일행이 성 밖 약 20km 지점에 이르렀을 때, 말을 잡으려고 설치한 밧줄에

헐레벌떡 달리던 태사자가 걸려 넘어졌다. 그 순간 숲속에 숨어 있던 제3진이 뛰쳐나왔다. 태사자는 포박된 채로 손책에게 끌려갔다.

손책은 "내가 장군을 잘 모셔오라 했거늘 왜 이리 무례한 짓을 했느냐?"라며 오히려 자신의 병사를 나무랐다. 그러면서 자신의 비단 옷을 벗어 태사자에게 입혀주고는 진영 안으로 데려갔다.

태사자, 손책을 주군으로 받들다

손책이 태사자에게 정중하게 이야기했다.

"만일 유요가 장군에게 군대를 맡겼다면 오늘 같은 패배는 없었을 것이오. 줄을 잘못 서면 재주가 아무리 뛰어나도 욕을 당하는 법이니 너무 아쉽게 생각하지는 마시오."

자신의 가치를 인정해주는 말에 태사자는 무릎을 꿇고 흐느끼며 손책에게 충성을 다짐했다. 이에 손책은 태사자를 일으키며 물었다.

"지난번 신정산에서 우리가 싸울 때 장군이 나를 붙잡았다면 어찌했겠소?"

"그야, 알 수 없는 노릇이죠."

죽일 수도 있었다는 말이다. 좌중이 모두 놀라는데도 손책은 '역시 대장부'라며 웃어넘겼고 심지어 환영잔치까지 열어주었다. 술을 몇잔 마신 태사자는 벌떡 일어서서 자기를 믿어달라며 이런 약속을 한다. "유요가 떠나며 버려진 병사들이 많습니다. 제가 그들을 수습해 내일 정오까지 이리 데려오겠습니다."

태사자가 나간 후 여러 장수가 불평했다.

"그의 말을 어떻게 믿습니까?" "도망가려는 수작입니다. 빨리 붙잡으십시오." "저렇게 나가면 다시 돌아오지 않을 겁니다."

그러나 손책은 자신만만했다.

"태사자는 의리를 아는 사람이다."

그다음 날 과연 정오가 되어 진영 앞에 세워둔 장대 그림자가 사라지기 전, 태사자는 1천여 명의 병사를 데리고 돌아왔다. 장수들은 손책이 사람 보는 눈이 뛰어나다며 또 한 번 감탄했다.

손책은 신정산에서 태사자의 용맹과 재주를 경험해보고 이런 자를 중용하지 않은 유요가 한심했다. 또 태사자가 유요 밑에 오래 있지 못하리라 보았다. 과연 그의 예측대로 유요가 손책의 기습을 받고 도주할 때, 태사자는 따라가지 않았다. 태사자는 자신을 알아주지 않은 유요에게 이미 마음이 떠나 있었다. 이를 간파한 손책은 태사자에게 믿음을 주며 자신의 사람으로 만들었다.

그 후에도 손책의 부하들이 워낙 드센 태사자를 의심할 때마다 손책은 "용이 날려면 먼저 척목尺木을 밟아야 한다"는 중국 고대 문헌의 글(《논형論衡》)을 인용하며 그들을 이해시켰다. 척목이란 용의 머리 위에 있는 물체로, 용이 비상할 때 디딤돌 역할을 하는 것인데, 태사자는 용이 될 재목이 아니고 용의 비상을 돕는 받침대라는 이야기를 한 것이다.

단양의 경현涇縣에서 태사자의 행적 또한 이를 말해준다. 자칭 태수라는 자가 머무는 성채는 주변보다 낮아 너무 허술했고, 그가 모은 군사도 화전민, 나무꾼 등 병기조차 제대로 다룰 줄 모르는 사람들이 태반이었다. 태사자는 주군 자질이 부족하다는 이야기이다. 하지만 누군가 자신을 알아주는 사람이 있다면, 목숨도 바칠 의기義氣가 넘치는 인물인 것만은 틀림없었다.

위신을 세우는 일이라면 닥치지 않았다

태사자나 여포나 똑같이 돌쇠형이지만, 여포가 '낭만적 돌쇠'라면, 태사자는 '위신威信형 돌쇠'이다. 태사자는 특히 사회적 위신을 중시하는 '프레스티지 기질prestige character'이 두드러졌다. 그런 성격의 사람들은 선택의 기로에 서면 무엇보다도 사회적 위신이나 위세를 유지하고 향상하는 데 도움이 되는지를 먼저 살핀다.

태사자가 고향인 산동 지역의 동래군에서 주조奏曹[상소문에 관한 사무를 주관하는 직책]를 지낼 때였다. 상급 관청인 청주와 동래군 사이에 분쟁이 발생했는데, 태사자는 청주보다 상급인 관청에 수작을 부려 청주가 불리한 처분을 받게 했다. 이 일로 고향에서는 위신을 크게 세웠으나 청주관청의 보복이 두려워진 태사자는 요동으로 피신한다. 또 193년, 황건적의 잔당 관해管亥가 북해상 공융孔融을 포위했을 때 태사자는 혈혈단신으로 포위망을 돌파해 공융을 만났고, 다시 포위망을 뚫고 나와 유비에게 도움을 청해 공융을 구출했다. 단기필마로 포위망을 넘나들며 공융과 유비 사이를 달리는 그 장면으로 태사자는 천하에 위세를 떨쳤다.

그런데 왜 태사자는 공융과 함께하지 않았을까? 공융은 당연히 태사자를 붙잡으려 했지만, 태사자는 "저는 더 넓은 세상을 경험해보고 싶습니다"라며 호기를 부렸다. 사실 이 말은 자신의 위신을 세우고 몸값을 높이겠다는 뜻인데, 고지식한 공융이 이를 곧이곧대로 받아들였다. 그런 가운데 194년, 마침 같은 고향 출신 유요가 태사자를 정중하게 초청하는 서신을 보냈고, 입신양명에 대한 의지가 남달랐던 태사자는 그 길로 곧장 유요에게 달려갔다. 그러나 허소의 농간 때문에 태사자는 유요에게 제대로 대접받지 못했다.

등장은 화려했지만 끝은 초라한 태사자

유요가 '구강 수동형'이었다면, 허소는 '구강 공격형'이었다. 구강 공격형이 고착되는 두 가지 경우가 있는데, 하나는 유아기에 이가 생기면서 물거나 깨물며 불만족을 표현하는 습관이 과도한 경우, 다른 하나는 이유식을 먹으면서 어머니의 젖을 먹으며 누리던 기쁨을 접어야 하는데 그 과정이 힘든 경우이다. 어쨌거나 구강 공격형은 매우 신랄하고 공격적인 특징을 지니며 타인을 지배하고 이용하려는 경향이 두드러진다.

구강기적 성격에서 수동형과 공격형은 정반대 기질이기는 하지만, 공통점도 있다. 공격형은 자신이 공격하고 통제할 누군가가 필요하고, 수동형은 보호받고 의존할 누군가가 필요하다는 것이 그렇다. 즉, 둘 다 자기 정서의 만족을 위해 '타자를 필요'로 한다. 이런 상관관계 때문에 허소가 유요를 농락하기에 좋았던 것이다. 그런 가운데 기상이 넘치는 태사자가 그들 사이에 떡 하니 나타났다. 허소가 볼 때, 태사자가 중용된다면 유요는 허소 대신 태사자를 의존할 것이 뻔했다. 더구나 태사자는 허례허식이나 관상 같은 민간신앙을 무시하는 사람이었으므로, 아예 유요를 성자의 환상에서 깨어나게 할 수도 있었다.

그래서 허소는 태사자를 신출내기 장수 이미지로 고착화했고 덩달아 유요도 태사자를 고향 동네 후배로만 대했다. 태사자가 출전 시 선봉에 서겠다고 하면, "아직은 때가 아니야"라며 막아서곤 했다.

등장은 화려했지만 끝은 초라했던 태사자. 그런데 마침 손책과 일대일 대결이 벌어질 기회가 오자 태사자는 유요의 명령에 불복종하고 뛰쳐나가 싸웠다. 천하에 위세를 떨치고 싶었던 태사자의 웅지는 그렇게 폭발했다.

열혈남아 태사자의 불꽃같은 투혼

그 후에도 유요는 태사자에게 툭하면 면박을 주는 등 조금도 달라지지 않았다. 결국 유요가 예장으로 달아날 때, 태사자는 그를 따라가지 않고 산속을 떠돌며 자칭 단양태수라 했다. 넘치는 역량과 사회적 위신을 세우려는 욕구를 계속 억누르다 보니 일종의 '자기 암시형 허세'가 나타난 것으로 볼 수 있다. 사회심리학에서 말하는 일종의 사회적 자위social masturbation 같은 것 말이다.

태사자가 화전민들을 모아 단양의 경현涇縣에 주둔할 때 방어 설비들이 허술한 것도 디테일에 약한 위세 중시형 인재들의 특징이다. 물론 그 때문에 손책의 포로가 되고 훗날 오나라의 명장으로 살게 되지만 말이다. 태사자의 명성이 높아질 무렵, 조조가 사신을 보냈는데, 편지는 없고 당귀當歸만 가득했다. 당귀는 당시 중국에서는 희귀한 약재라 고구려 특산물이었을 것이다. 당귀는 문자 그대로 '당연히 내게로 오시오'라는 뜻이었다. 그러나 열혈남아 태사자는 끝까지 손 씨 가문과 오나라만을 위해 자신을 불꽃처럼 태운다.

적이었던 태사자를 영입한 손책:
손책은 실력자 태사자를 영입하기 위해 까마득히 어린 그를 최대한 존중하고 믿어주었다. 그런 손책에게 반한 태사자는, 훗날 천하제일 조조가 스카우트를 제안해도 수락하지 않고 끝까지 손책과 오나라를 위해 헌신했다. 태사자는 위신과 위세 중시형으로, 디테일과 실속에 약한 단점이 있었지만, 오히려 그런 점 때문에 손책과 궁합이 잘 맞았다고 볼 수 있다.

종교장사꾼 착융의 작당

한편 장강을 거슬러 도망가던 유요는 양주揚州, 예장豫章군, 평택彭澤 현에 주둔하게 되는데, 이는 예장군을 지키기 위해서였다. 그때 예장 은 혼란한 정국 탓에 태수가 두 명이었다. 당시는 지방 수령이 죽으 면 제후들이 그 땅을 차지하려고 측근을 먼저 수령으로 보낸 후 추 후에 조정의 허락을 받는 경우가 많았다. 그런데 마침 예장태수 주 술周術이 병사하자, 원술은 조정에 공문을 올리기도 전에 제갈현諸葛 玄을 예장태수로 보냈고, 조정에서는 주호朱皓를 태수로 임명했다. 그 러면서 예장태수가 둘이 된 것이었다.

조정에서 임명한 주호는 양주자사였던 유요의 병력을 지원받아 제갈현을 쫓아냈다. 예장에서 쫓겨난 제갈현은 서성西城으로 가서 주 둔했다. 당시 제갈현은 어린 조카 제갈량과 제갈균을 데리고 다녔다.

착융에게 배신당해 화병으로 죽은 유요

　　평택에 머물던 유요는 상황을 예의주시하다가 하루는 착융笮融을 불렀다. 착융은 후삼국의 궁예처럼 불교 세력을 이용하는 종교지도자였다. 유요가 착융에게 명했다. "예장에 가서 주호와 함께 제갈현을 토벌하라."

　예장태수 주호는 유요가 보낸 착융인지라 반갑게 성문을 열어주었는데, 착융 군대는 입성하자마자 엉뚱하게 주호를 죽였다. 예장을 차지하려는 착융의 반역이었다. 깜짝 놀란 유요가 군사를 일으켜 간신히 반역군을 토벌했다. 산속으로 도주한 착융은 화전민에게 살해당하고 유요는 울화병에 시달리다가 세상을 떠났다. 성자 콤플렉스에 빠진 정치가 유요는 이처럼 종교지도자 착융에게 크게 뒤통수를 얻어맞고 죽었다.

　착융이 처음 강남으로 건너와 유요에게 의탁할 때, 불심 가득한 수만 군중이 함께했다. 이를 본 유요가 좋아서 어쩔 줄 몰라 하자, 허소는 주의를 주었다. "죄송합니다만, 북쪽에 여포가 있다면 남쪽엔 착융이 있습니다."

　자신의 양아버지를 둘씩이나 버린 여포였다. 허소의 말은 착융도 자신에게 이익이 된다면 누구든 버릴 수 있는 사람이라는 뜻이었다. 평소 허소의 조언을 잘 듣던 유요는 이상하게 그 말만큼은 듣지 않았다. 유요는 성자 흉내를 내는 착융을 몹시도 흠모했다.

　황실 가문 출신의 유요는 소위 금수저였다. 연주兗州자사 유대劉岱의 동생이었고, 태어날 때부터 자연스럽게 권력과 명성을 물려받았다. 어릴 때부터 주위 사람들이 다 알아서 챙겨주던 습관에 젖어 있던 그는 주체적으로 삶을 살아낼 힘이 부족했고, 변화의 시기에 대응할 기술도 없었다. 후한이 난세였던 것은 유요 같은 나약한 귀족들이 많아서이기도 했다.

　동탁 사후, 조정에서 유요를 양주揚州자사로 보냈을 때, 유요는 사실 양주의 주도 수춘으로 가는 것이 맞았다. 그러나 수춘을 장악한 원술이 두려운 나머지 유요는 단양丹楊태수 오경과 손분의 도움으로 가까스로 단양군의 곡아를 거주지로 삼았다.

불교도를 장악하려던 착융의 꼼수

　　　단양은 후한의 여타 지역과 달리 불교 정서가 강했다. 이는 광무제와 허미인許美人의 아들 유영劉英*의 영향 때문이었는데, 최초의 불교신자였던 유영이 그로부터 130년 전인 서기 65년, 모반

> ● 유영: ?~71. 광무제의 아들로 황족이다. 39년에 초나라 공작에 봉해지고 41년에 초나라 왕으로 승격되었으며, 52년에 봉국에 부임했다. 어머니인 허미인이 광무제의 총애를 받지 못해 유영의 봉국인 초나라는 비교적 궁핍했다. 제왕학과 노자의 주장이 담긴 황로지학黃老之學을 공부하다가 불교를 익혔다. 70년 연광燕廣에 의해 반란죄로 고발당해 경현으로 유배되었고 거기서 스스로 목숨을 끊었다.

사건에 연루되어 단양의 경현으로 유배된 바 있었다. 그때부터 단양은 불교와 깊은 인연을 맺게 된다.

　단양 출신 착융도 일찍이 불교를 접했지만, 불교를 조직 관리에 받아들이게 된 것은 도겸 밑에서 하비下邳의 상相을 지내면서였다.

수로를 항해하는 양곡 운송을 맡았던 착융은 운송업자들 가운데 만났던 불교 신자들이 깊은 신앙심을 매개로 남다른 유대관계를 맺는 것을 보았다. 착융은 바로 그들을 장악할 목적으로 마치 깊은 불심이 있는 듯한 행동을 했다. 3천 명을 수용할 사찰을 짓고 구리로 만든 거대 불상에 황금을 발랐다. 따르는 무리들에게 매일 불경을 외우게 하고, 불교를 받아들이는 자들에게는 노역을 면제해 주었다. 석탄일이면 행사를 찾아준 1만여 구경꾼에게 수십 킬로미터에 달하는 돗자리를 펼쳐 음식을 공양했다.

그러자 불교 신자 운송업자들이 착융을 존경하기 시작했다. 하지만 착융은 그때부터 본색을 드러냈다. 물건을 가로채고 신자들을 함부로 죽이면서 그 모두가 '부처를 위한 일'이라고 둘러댔다. 거짓말도 자주 하면 는다고, 착융은 어느덧 '전능신 신드롬God syndrome'에 빠졌다.

전능신 신드롬 또는 콤플렉스는 자신을 우월한 존재로 착각하고 전지전능한 신처럼 군림하는 태도를 말한다. 그런 신드롬에 빠진 이들은 오직 자신만이 다른 이들을 판단할 권한을 가진 심판자The Rulers처럼 행세하며, 판결judgement조의 말투를 많이 사용한다. "너 나빠" "너 착해" "너 그러다 저주받는다" "너 지옥간다"와 같이. 그러면서도 자신의 악행은 예외로 한다. 자신이 곧 신이기 때문이다.

착융이 가짜 신자임을 알아본 불교도들도 일부 있었지만, 다수는 착융의 그 모든 악행을 '불법佛法을 위한' 일이라고 믿었다. 그런 군중심리를 이용한 착융의 만행은 거침이 없었다.

자신을 환대해준 조욱을 죽이다

193년 도겸이 조조의 공격을 피해 도망칠 때 착용도 광릉廣陵으로 피신해야 했다. 그때 그를 따라나선 무리가 1만여 명으로 그중 병사만 5천 명, 말이 3천 필이었다. 사실상 불교도로 구성된 착용의 사병집단인 셈이었다. 나라 전체에서 보면 이들은 소수였지만, 유교 사회 속의 불교도 집단이라는 의식으로 똘똘 뭉친 그들의 결속력은 대단했다.

광릉태수 조욱趙昱은 착용의 망명 집단을 예를 갖추어 맞이했다. 조욱은 평소 악을 멀리하고 헛된 것을 좇지 않던 강직한 성품인지라, 곤경을 당한 착용의 무리를 따뜻하게 환대해주었다. 하지만 착용은 그 허점을 노려 조욱을 죽이고 병사를 풀어 재물을 약탈했다. 그러고는 귀중품만 챙겨 장강을 건너 유요에게로 간 것이다.

당시 유요는 설례薛禮에게 말릉성을 맡기고 있었다. 설례는 도겸의 핍박을 피해 망명한 팽성彭城의 상相이었다. 유요는 망명한 착용에게 남쪽 지방에 주둔하며 설례를 돕도록 했는데, 허소가 극구 반대했다. 배반의 대명사 여포와 착용을 동급으로 취급하면서 말이다.

하지만 유요는 웃으며 말했다. "조욱은 술에 만취해 당했소. 나는 착용과 술자리를 하지 않으면 될 것 아니오."

유요는 자기 힘으로 세력을 넓혀갈 그릇이 아니었고, 오직 난세에 뭉치고 흩어지는 무리들을 받아들여야만 세력을 키울 수 있었다. 그에겐 허소의 인물평이 결정적이었다. 허소의 인물평 방식은 주로 인상 비평이었다. 허소는 태사자도 그런 식으로 평했다. 그러나 착용에 대해서는 인상뿐만 아니라 행적까지 면밀히 검토해 보고했다. 인상 비평보다 훨씬 객관적이고 적중 가능성 높은 방식으로 평가했는데도 유요는 이를 받아들이지 않았다. 거기엔 다른 속셈이 있었는데, 착융을 이용해 불심이 깊은 단양의 민심을 다독여보려는 것이었다.

자연인도 거부한 배신자의 최후

착융은 불심을 이용한 정치인이지 구도자가 아니었다. 착융은 불교인들을 디딤돌로 삼아 군주가 되고 싶었을 뿐이었다. 착융 밑에 있던 사람들은 숫자만 많았지 어중이떠중이였고 전투력 또한 그다지 강하지 못했다. 착융이 유요에게 허리를 굽혀 그 아래 들어간 것도, 주호를 살해한 것도, 기회를 엿보아 정예병을 뺏어내려는 수작에 불과했다. 유요는 바로 그 점을 보지 못했다.

착융 무리는 예장에 입성할 때 인근 불교도 수백 명의 열렬한 환영을 받았다. 예장태수 주호가 경계를 풀고 착융에게 거나한 술자리를 베푼 이유였다. 그러나 착융은 술에 취한 주호를 살해해 유요를 배반했다. 그 덕분에 착융은 소원하던 예장을 차지하며 독립을 달성했지만, 그보다 더 중요한 불교도들의 지지는 상실했다.

그동안 착융이 살생 금지 계율을 어기고 사람을 죽일 때마다 불교 전파를 위한 불가피한 차선책이라는 변명으로 일관해왔는데, 불교에 호의적이고 신의를 중시하던 주호를 죽인 뒤부터는 어떤 '썰'도 통하지 않았다.

그런 가운데 유요의 공격을 받은 착융은 맥없이 패배하고 깊은 산속으로 들어가야 했다. 그곳에서 자연인으로라도 살고자 했으나 또 다른 자연인들에게 종교 장사꾼이라며 맞아 죽었다.

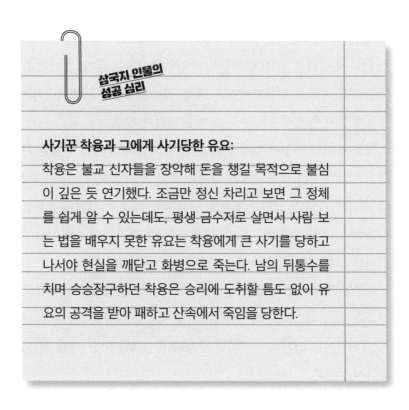

삼국지 인물의 성공 심리

사기꾼 착융과 그에게 사기당한 유요:
착융은 불교 신자들을 장악해 돈을 챙길 목적으로 불심이 깊은 듯 연기했다. 조금만 정신 차리고 보면 그 정체를 쉽게 알 수 있는데도, 평생 금수저로 살면서 사람 보는 법을 배우지 못한 유요는 착융에게 큰 사기를 당하고 나서야 현실을 깨닫고 화병으로 죽는다. 남의 뒤통수를 치며 승승장구하던 착융은 승리에 도취할 틈도 없이 유요의 공격을 받아 패하고 산속에서 죽임을 당한다.

06

황제 쟁탈전의 승자 조조, 두 호랑이를 잘 다스린 유비

다혈질과 긍정심리학

낙양을 되찾는 헌제

192년 동탁이 죽자, 동탁의 억류에서 벗어난 헌제는 드디어 낙양으로 돌아갈 희망이 생겼다. 그러나 동탁의 부하였던 이각, 곽사, 장제, 번조가 책사 가후와 함께 헌제가 있던 장안을 장악하면서 헌제는 다시 이각 4인방의 지배를 받게 된다. 195년 태위 양표의 계략으로 곽사와 이각이 권력 다툼을 벌이는데, 그 틈을 타 홍농에서 외곽 수비를 맡던 장제가 들어와 둘을 강제적으로 타협하게 하고는 헌제를 자신의 근거지인 홍농으로 모셔갔다. 헌제를 차지해 권력을 잡으려는 꼼수였다. 홍농으로 향하는 1년간 곽사, 양정, 양봉, 동승이 협력해 헌제의 수레를 호위했다. 극도의 궁핍과 기아에 시달리던 헌제 일행은 홍농에 도착했으나 오래 머물지 않고 다시 낙양으로 떠났다. 이에 낙동강 오리알 신세가 된 이각 3인방(번조는 이미 죽었다)은 자멸하고, 헌제는 196년 가을 드디어 낙양에 도착해 조조를 불러들인다.

수도 장안을 공동으로 통치한
이각 4인방

종교를 이용한 축융의 횡포가 천하를 뒤흔들 무렵, 후한의 수도 장안長安에서는 지역감정을 이용해 권력을 잡았던 이각李催 4인방 [이각, 곽사, 장제, 번조] 사이에 균열의 조짐이 일기 시작했다. 원래 이들 4인방은 치세에 적합한 인물들이 아니었다. 동탁의 친위 세력이던 그들은 동탁 사후 백기투항하려 했지만 왕윤이 받아들여주지 않자, 고향 사람들을 선동해 왕윤을 꺾고 엉겁결에 집단 지도 체제를 형성하게 되었다.

집단 지도 체제가 성공하려면, 카리스마 있고 통찰력과 직관을 두루 갖춘 사람이 중심을 잡아주어야 한다. 그런 다음 인사관리, 재무, 행정, 외치 등의 역할 분담이 잘 이루어져야만 조직의 정체성, 운영, 정책이 안정적으로 굴러간다. 그런데 그 4인방 중 장제張濟를 제외한 나머지 세 명 모두 자신이 중심인물이 되고자 했다.

사공이 많으면 배가 산으로 가듯, 이각 4인 체제는 애초에 안정적 리더십을 구축하기 어려운 구도였다.

가후가 세팅한 4인 집단 지도 체제

동탁의 부하였고, 이각 4인방의 책사였던 가후賈詡가 네 명의 역할 분담에 관한 계책을 내놓자 그나마 정국이 안정을 찾았다. 이각과 곽사는 내치를 맡고 번조樊稠는 도성 방어를 맡았다. 장제는 군사를 거느리고 낙양과 장안을 잇는 홍농弘農군에 나가 주둔했다. 이각과 곽사가 함께 내치를 맡은 것은 둘 다 주도권을 쥐어야만 직성이 풀리는 성격 때문이었다.

이런 4인 집단 체제는 성공하기 어렵다는 것을 잘 알았던 가후는 자신을 제후의 반열로 높여주려는 그들의 제안을 거절하고 관리 선발에만 개입했다. 그래서 그나마 정국이 안정되었다. 그런데 왜 장제만 장안에서 떨어져 지냈을까?

장제는 권력욕이 비교적 적었다. 절세미인인 아내와 함께 주변 사람들과 어울리는 것을 좋아했고 유달리 충성심 강한 수하들을 두어서 크게 부족한 게 없었다. 장제가 떠난 장안에서 남은 3인방은 각자 세력을 넓히려다가 잘 안 되면 분노하며 횡포를 부렸다. 그럴 때마다 가후가 중재해 겨우 충돌을 면했다.

집단 지도 체제가 성공하려면, 먼저 공동의 이해관계에 기반한 목표가 제시되어야 하고, 그런 다음 그 목표 달성을 위한 수단에 대해

조정이 이루어져야 한다. 정치철학자 메리 파커 폴릿Mary Parker Follett
은 그런 '조정' 개념을 제시하면서, 조정 과정에서 동질성보다는 이
질성을 환대하고 차이를 통합해 나가야만 새로운 창조의 길로 나갈
수 있다고 이야기한다. 그런데 이각 3인방은 서로의 차이를 극복하
지 못하고 오히려 앙금만 쌓아갔다. 그리고 끝내 분열해 자멸의 길
로 나갔다. 그 과정을 따라가 보자.

이각 3인방의 자멸 과정

이각 3인방이 주도권을 놓고 힘겨루기를 하던 중 마침
서량태수 마등馬騰이 이각에게 군량미 원조를 요구했다가 거절당하
는 일이 발생했다. 마등은 이를 빌미로 병주幷州자사 한수韓遂와 더불
어 3만 군사를 거느리고 장안을 공격했다. 이에 도성 방어 책임자 번
조는 가후가 내놓은 계책에 따라 싸워서 이들을 제압했다.
궁지에 몰린 한수가 번조를 구슬렸다.

"어이! 번조, 자네는 우리 동향 아닌가! 천하가 혼돈스러우니, 어찌
내일 일을 알겠나? 자네와 나는 따로 원한이 있는 것도 아닌데 좋은 게
좋은 것 아닌가!"

이에 번조는 너털웃음을 지으며 한수를 풀어주었다. 그런 뒤 이각
의 조카 이리李利를 따로 불러서는 전투 때 머뭇거렸다며 호되게 꾸

짖었다. 마음이 상한 이리는 삼촌 이각에게 번조가 한수와 내통했다고 거짓말을 한다. 그때부터 이각은 번조를 의심의 눈초리로 보았다. 마침 전쟁을 끝낸 번조가 장안의 동쪽으로 가서 쉬고 싶다고 말하자, 이각의 의심은 더욱 깊어졌다.

이각은 매사에 만전에 만전을 기하는 성격이었다. 그는 마침내 번조를 제거할 치밀한 계획을 세우고는 어느 날 연회를 베풀었다. 이때 이각의 사위 호봉胡封이 거나하게 취한 번조를 목을 비틀어 죽였다. 번조의 남은 병사들은 대부분 홍농의 장제에게로 흡수되었다.

사실, 4인방 중 가장 탁월한 사람은 번조였다. 이각은 번조의 용기와 결단력, 인화력 등을 불편해했다. 실력이란 시간이 흐를수록 더 빛을 발하는 법인지라, 점점 더 많은 사람이 번조에게 몰려들었다. 번조에게 열등감을 느낀 이각은 한수 건을 핑계 삼아 곽사를 설득해 번조를 제거한 것이다.

이각은 표독스럽기로 유명했다. 이각이 전쟁에 나서면 남자는 다 죽고 여자는 모두 끌려갔으므로, 그가 전쟁을 마치고 지나간 길은 늘 텅 비었다고 한다. 가후의 계책에 따라 장안을 공격할 때도, 자신의 부하 중 병주 출신들만 골라 모조리 죽였는데, 그 이유는 오직 왕윤, 여포와 동향이라는 것뿐이었다.

이제 4인방 중 이각과 곽사 두 사람만 장안에 남게 되었다.

곽사, 이각의 아내와 불륜?

곽사는 앞뒤 가리지 않고 나서는 캐릭터였지만, 이각은 그가 귀가 얇아서 다루기 쉽다고 보았다. 그래서 이각과 곽사는 연합정권을 이루는 데 합의하고 도성을 분할 통치하게 된다.

두 사람 다 통치력이 형편없었다. 부하들이 무슨 짓을 하든 수수방관했고, 협상력이 밑바닥이어서 둘의 관계도 아슬아슬할 때가 많았다. 그때마다 가후의 중재로 겨우 위기를 넘기곤 했다. 그러나 이각은 가후의 중재를 고맙게 여기기는커녕 오히려 거북스러워했다.

정치판을 꿰뚫어보고 때에 맞는 계책을 내놓는 것이 가후의 장점인데, 그것은 이각을 위한 것도 아니고, 가후 자신의 명예나 이익에 관련된 것도 아니었기 때문이다. 가후에게 중요한 것은 오직 도리와 황제에 대한 충성심뿐이었다. 이각이 볼 때 가후는 굳이 자신이 아니어도, 누구와 어떤 일을 도모하든 넉넉히 살아남을 사람으로 보였다. 눈치 빠른 가후는 언젠가부터 말수를 급격히 줄였다.

그 무렵, 헌제는 태위 양표楊彪를 불러 이각과 곽사에게 억눌려 지내는 자신의 신세를 한탄했다. 양표는 아버지 양사, 조부 양병, 고조부 양진과 본인까지 사대에 걸쳐 모두 삼공을 지낸 명문가 사람으로, 원술의 여동생과 결혼한 사이였다. 그가 헌제에게 내놓은 대책은 두 가지였다. 하나는 곽사와 이각을 불구대천의 원수로 만드는 것이고, 다음으로는 중원의 신 강자로 떠오른 조조를 불러들이자는 것이었다.

마침 곽사의 아내 현 씨는 천하절색이었는데 의부증이 지나치게 심했다. 양표는 자신의 아내에게 "곽사와 이각의 아내가 눈이 맞았다는 소문이 있다"라고 귀띔했고, 양표의 아내는 이를 곽사의 아내 현 씨에게 전했다. 그때부터 현 씨는 남편 곽사가 이각의 집에 드나들지 못하도록 막았다. 그동안 수시로 이각을 찾던 곽사의 발길이 거의 끊기다시피 했다.

이각은 곽사가 자신에게 서운한 점이 있나 보다고 생각하고, 서운함을 달래려고 곽사에게 술과 안주를 보냈다. 곽사의 아내 현 씨는 그 안주에 몰래 독약을 넣고는, 남편이 보는 앞에서 개에게 던졌다. 이를 날름 받아먹은 개가 피를 토하며 쓰러졌다. 그때부터 곽사도 이각에 대한 불신이 깊어졌고, 끝내 둘의 내전으로 발전했다.

풍문에 쉽게 흔들리는 곽사와 질투심 강한 그의 아내를 이용한 양표의 전략이 제대로 통한 것이다.

황제를 둘러싼 이각 3인방의 싸움

돌다리도 두드려보고 건너는 치밀한 성격의 이각은 곽사와 공방전을 벌이는 한편, 헌제를 위협해 자신의 병사兵舍에 억류했다. 이에 곽사는 더 열이 받아 헌제의 거처로 쳐들어갔다. 무수한 화살이 날아드는 가운데 그중 한 발이 이각의 귀에 꽂혔다. 매일같이 장안 거리에 시체가 산더미처럼 쌓여갔다.

이를 보다 못한 장제가 군사를 이끌고 장안으로 들어왔다. 계속된 전쟁에 쇠약해진 이각과 곽사는 장제의 뜻에 따라 화해하지 않을 수 없었다. 그 틈에 정권을 독차지한 장제는 양봉楊奉, 양정楊定, 동승董承 등에게 헌제를 모시고 홍농으로 출발하도록 명하고는, 자신이 앞서 홍농으로 달려가 황제 영접을 준비했다. 변심한 곽사는 어가를 가로 채려고 양봉 무리를 뒤쫓아갔다가 크게 화를 당하고는, 이각을 찾아 가 함께 헌제를 추격하자고 제안한다.

한편 헌제 일행은 홍농을 향해 가던 도중에 화음華陰에 머물렀는데, 거기서 영집장군寧輯將軍 단외段煨를 만난다. 단외는 헌제를 지극 정성으로 대접하면서 자기 진영에 모시고자 한다. 그러자 단외와 사이가 나쁜 양정이 동승과 합세해 농간을 부리는데, 단외의 군사 중에 곽사의 군사가 섞여 있다고 거짓말을 한 것이다. 겁이 난 헌제는 단외의 진영에 머물지 못한 채 노숙을 택했다. 게다가 동승은 헌제에게 단외를 쳐야 한다는 상소를 올리기도 했다.

단외를 치자는 제안을 헌제가 거절하자 동승은 독자적으로 단외를 공격했다. 그러나 단외는 변함없이 헌제를 후원했다. 급기야 헌제가 나서서 싸움을 말리고 다시 길을 떠났는데, 이번에는 단외가 이각과 곽사의 도움을 받아 헌제 일행의 후미 부대인 양정을 공격했다. 이에 양정은 형주荊州로 도망갔다. 그 무렵 가후는 이각을 떠나 단외에게 붙었다.

3년 천하로 끝난 4인 정권

양정이 빠진 헌제 일행이 드디어 홍농에 도착했다. 그러

나 헌제는 장제의 기대와는 달리 곧바로 낙양을 향해 떠났다. 장제
가 허탈해하는 사이 헌제 일행을 뒤쫓던 이각과 곽사가 홍농에 도착
했다. 세 사람이 다시 합세해 황제 일행을 추격하지만, 헌제 일행은
천신만고 끝에 그들의 추격을 따돌리고는 비참한 몰골로 황허강을
건너, 196년 가을 그토록 원하던 낙양에 당도한다.

이로써 목표를 상실한 이각, 곽사, 장제는 갑자기 낙동강 오리알
신세가 되었다. 이후 이각과 곽사는 산도적이 되었고, 장제는 굶주
림에 허덕이는 군사들을 먹이려고 형주 북부에 있는 양성穰城을 공격
하다가 화살에 맞아 세상을 하직했다. 장제의 군사는 조카인 장수張
繡가 흡수한다. 한편 단외는 자신보다 실력이 뛰어난 가후를 은근히
부담스러워한다. 이에 가후도 미련 없이 장수張繡에게로 간다.

이각 4인방의 정권은 이렇게 3년 천하로 끝났다. 그 종말의 시발
점은 호방했던 번조를 제거한 사건이었다. 자기 영역만 지키려던 장
제, 단순하고 귀가 얇았던 곽사, 메마른 감성에 이성적으로만 만전을
기하려던 이각. 그들의 틈을 정확히 읽고 파고든 양표가 마침표를
찍었다.

3년 천하로 끝난 이각 4인방 정권:
이각, 곽사, 장제, 번조 4인은 원래 동탁 휘하의 장수로
정치에 적합한 사람들은 아니었다. 동탁 사후 왕윤에게
투항했다가 받아들여지지 않자 엉겁결에 수도 장안을
장악하게 되면서 4인 집단 체제를 이어나간 것이다. 문
제는 장제를 제외한 3명 모두 자신이 중심인물이 되고
자 한 것이었다. 그러면서 번조가 가장 먼저 죽임을 당
하고 나머지 3인은 집권 3년 만에 권력에서 쫓겨나 초
라한 최후를 맞이한다.

조조에게 천하를
거저 바친 동승

　헌제 행렬이 낙양에 입성할 때 모습은 유랑객들보다 더 초라했다. 헌제 부부가 탄 소달구지를 중심으로 피골이 상접한 양봉楊奉 무리가 호위하고 있었다. 도성은 더 엉망이었다. 화려하고 웅장했던 궁궐은 오간 데 없이 잡초만 무성했고 남은 백성도 거의 없어서 헌제 일행이 직접 식량을 구해야 했다. 그래도 황제가 왔다 하니 흩어졌던 벼슬아치와 백성들이 모여들기 시작했다.

　하내태수 장양張楊도 식량을 들고 헌제를 찾아왔다. 장양은 동승董承과 함께 궁궐을 보수하고 자신의 이름을 넣어 양안전楊安殿이라 칭했다. 어느덧 장양은 헌제를 독차지하고 싶은 욕심이 생겼는데, 동승이 이를 눈치챘다. 동승이 누구던가! 그는 동 태후의 조카이며, 헌제의 후궁 동귀인董貴人의 아버지였다. 그 후 장양이 헌제를 만나려 할 때마다 동승을 비롯한 황제의 측근들은 대놓고 싫은 내색을 했다.

얼마 후 동승이 한섬韓暹과 양봉 등 여러 장수를 데리고 장양을 찾아 갔다. 그러자 장양이 먼저 심경을 밝혔다.

"혹 제가 도성에서 큰일을 맡으려 한다는 생각은 하지 마시오. 대신 들이 안에 계시는데 제가 왜 도성에서 일을 도모하겠습니까? 저는 외 부만 잘 방어할 겁니다."

장양을 몰아냈더니 한섬이 날뛰다

장양은 낙양을 떠났다. 얼마 후 백파적白波賊● 출신인 양 봉도 거기장군車騎將軍이 되어 하남윤으로 갔다. 이제 헌제 곁에는 위 장군衛將軍 동승과 한섬만이 남게 되었다. 그러자 한섬이 정사를 좌우 하려 했다. 한섬도 원래는 백파적이었는데 장제, 이각, 곽사가 합세 해 어가 호위군을 공격하자 동승의 요청으로 그들을 물리친 바 있었 다. 한섬은 그 공로를 앞세워 조정이 마치 자기 것인 듯, 자신이 마 치 동탁이나 되는 듯 함부로 행동 했다.

그런 낙양의 속사정을 손바닥 들여다보듯 읽는 사람이 있었으니 바로 조조였다. 조조는 참모들을 모아 당장 낙양에 가서 외로운 황 제를 구하자고 제안했다. 그때 곽

> ● 백파적: 후한 말기의 도적 집단 으로 황건적의 잔당이다. 병주井州 서하西河군의 백파곡을 중심으로 활동한 것에서 백파적이라는 이름 이 유래되었다. 《후한서》〈동탁전〉 에 따르면 무리가 10만여 명에 달 했다. 또 다른 산도적 무리인 흑산 적보다는 세가 약했다. 곽태를 중 심으로 양봉, 한섬, 이락, 호재 등 이 백파적에 속했다.

가郭嘉가 "황제가 부르실 때까지 조금 더 기다리셔야 합니다"라며 조급해하는 조조를 붙들었다. 장안에서 이각과 곽사가 다툴 때도 일부 장수들은 진격하자고 주장했지만, "그리되면 이각과 곽사가 다시 뭉치게 됩니다"라며 곽가 홀로 반대한 바 있었다.

조조도 그때는 곽가의 의견에 동의했지만, 이번에는 달랐다. 조바심이 난 조조가 곽가에게 이렇게 말한다.

"봉효[곽가의 자], 황실이 곤궁해진다 하여 황제가 나만 부르란 법은 없지 않나? 원술도 있고, 원소와 공손찬도 있지 않나! 황제가 그들을 먼저 부르면, 우리는 기회를 잃을 게 아닌가? 다른 사람이 먼저 도성에 들어가 황제를 차지하면 어쩔 텐가?"

일리 있는 말이었지만, 그런데도 곽가는 단호했다.

"원술, 원소, 공손찬 등은 안목이 없습니다. 황제를 차지할 위인들이 못 되니 그들은 염려치 않으셔도 됩니다."

과연 곽가의 통찰력은 예언가 수준이었다. 얼마 후 낙양에서 조조를 부르는 공문이 왔는데, 한섬의 독단에 황제가 힘들어하자 동승이 조조의 입궁을 요청한 것이다. 어가를 호위하느라 한섬과 동승의 고생이 얼마나 컸을까? 그래 놓고도 서로 협력하지 못하는 바람에 황제라는 카드를 조조에게 거저주고 있었다.

동승의 좁은 안목과 조조의 황실 입성

조조는 반동탁 연합군을 일으키고 역적 동탁이 도주할 때 홀로 추격한 충신이었다.

이를 안 헌제는 조조의 입궁을 허락했다. 당시 조조는 여포를 추격하면서 북방 통일의 기틀을 닦고 있었다. 조조의 군사는 20만에 달했고, 전국 각지의 탁월한 인재와 용장들이 그 수하에 모여들고 있었다. 그런 가운데 황제가 친히 불러주다니…. 조조로서는 감히 청하진 못하나 간절히 바라던 일이었다.•

곽가, 《삼국지연의》(청시대)

이는 동승의 좁은 안목 덕이기도 했다. 동승은 자신이 주도권을 쥐어야 직성이 풀리는 사람은 아니었다. 동승이 생각할 때 한섬을 제거하려는 이유가 헌제를 허수아비로 만드는 것이라면, 굳이 자신이 나설 필요가 없었고 다른 세력을 끌어들이면 그만이었다.

황실처럼 온갖 모략이 난무하고 변화무쌍한 곳에서 뭔가 일을 해내려면 두 가지 역량이 필요하다. 먼저, 다양한 시각에 정통해야 하고, 다음으로는 자신의 시각을 환산換算, 즉 객관화할 수 있어야 한다. 자신의 성격과 타인의 성

> • **불감청**(不敢請) **고소원**(固所願):
> "감히 청하지 못할지언정 그것을 마음속으로 바란다"라는 뜻으로 《맹자孟子》의 '공손추公孫丑' 편에 나오는 말이다. 맹자가 제자 공손추에게 왕도정치에 대해 이야기하는 내용이다.

격이 어떤 지점에서 장단점으로 작용할지 분별해내려면 자기 시각의 객관화는 필수이다. 자기 시각을 객관화하려면 특정한 주장에 구속되지 않는 자유로운 의식이 필요하다. 사회학자 카를 만하임Karl Mannheim이 이야기한 이른바 '의식의 부동성instability' 말이다.

자기 시각을 객관적으로 보지 못한 동승은 황실에 조조를 불러들인 것이 어떤 결과를 가져올지 도무지 몰랐다. 동승이 장양을 쫓아낼 때는 비교적 수월했다. 장양의 성품이 워낙 어질었기 때문이다. 장양은 모반을 꾀하다 붙잡힌 부하도 사정하면 품어줄 정도로 정이 많았다. 이런 장양을 얕잡아본 동승은 몇몇 장수만 대동하고 그를 압박했고 다행히 그것이 통했다.

동승이 한섬을 축출하기도 비교적 쉬웠을 것이다. 도적 출신 한섬이 제아무리 노력한들 황실에 기반을 형성하기는 어려웠기 때문이었다. 무모한 산적의 기질로 조정을 휘젓고 있었을 뿐 한섬의 지지 기반은 미약한 것이 사실이었다. 동승이 자신감만 가진다면 충분히 한섬을 제거할 수 있었다. 그런데도 제 손으로 한섬을 제거하지 못하고 하필 천하 평정을 꿈꾸는 조조에게 손을 내밀다니…. 여우를 몰아내려고 호랑이를 불러들인 격이었다.

예언자 곽가가 조조에게로 간 까닭

권력 다툼으로 낙양이 혼돈에 휩싸일 때마다, 조조는 당장 달려가려 했지만 매번 곽가가 만류했다. 곽가의 말을 믿고 참고

기다린 결과, 앞서 본 것처럼 황제의 조서가 왔다.

원소의 진영에서도 곽가가 예측한 일이 그대로 일어나고 있었다. 당시 업鄴에 주둔하고 있던 원소 진영도 혼돈에 빠진 낙양을 두고 연일 머리를 싸매고 있었다. 원소의 책사들은 대부분 서둘러 황제를 접수해야 한다고 주장했다. 한시바삐 황제를 접수해야 원소의 통치지역으로 수도를 옮길 수 있고, 그래야만 천하의 제후들을 호령할 수 있다는 논리였다. 이런 계책을 낸 사람이 곽도郭圖 또는 저수沮授라는 기록도 있고, 반대로 곽도가 순우경淳于瓊과 함께 반대했다는 기록도 있다. 아마도 곽도와 저수를 포함한 여러 책사가 다 함께 황제 접수를 주장했을 것으로 보인다.

원소는 책사들의 제안을 '번거롭다'며 물리쳤다. 동탁이 세운 헌제가 싫기도 했지만 이미 기울어진 황실을 붙들어봐야 귀찮기만 하다고 본 것이다. 곽가의 판단대로 원소는 '다단과요多端寡要, 호모무결好謀無決'이었다. 즉, 하고자 하는 일은 큰데 요령과 결단력은 부족하다는 이야기이다. 곽가는 고향 선배인 신평辛評, 곽도郭圖와 함께 이미 원소 아래에 있어 보았고, 그를 떠나는 것이 맞다고 판단했다.

곽가는 어려서부터 그릇이 컸고 통찰력이 뛰어났다. 특이한 것은 자신의 능력을 숨긴 채 익명으로만 천하의 호걸들을 만났다는 것이다. 그러나 곽가는 누구와도 망령된 교제를 나누지 않았다. 그런 가운데 당대 최고의 명성을 떨치던 원소를 찾아가보니, 원소가 형식만 중시할 뿐 알맹이는 전혀 없음을 보고 '패왕의 업'을 이루기는 틀렸다고 보고는 낙향했다.

때마침 조조가 아끼는 책사 희지재戱志才가 요절한다. 희지재는 대세를 보고 큰 그림을 그릴 줄 알았던 천하의 인재였다. 그런 인재를 잃자 조조의 실망은 매우 컸다. "이제 누구와 계략을 의논해야 하나?"라며 한탄하는데 순욱荀彧이 곽가를 추천했다. 곽가는 희지재와 같은 예주 영천군 출신이었다.

곽가를 만나본 조조는 "바로 이 사람이 내가 큰일을 이루도록 도울 인재로다"라고 평했다. 곽가도 "이제야 내가 주군을 만났구나"라고 했다.

그동안 곽가는 누군가에게 등용되기를 바란 게 아니라 누가 자신의 주군이 될 만한지 찾아 헤맸다. "누가 나와 교감을 이룰 수 있을까?" 그 질문에 대한 답이 곽가에게는 바로 조조였다.

곽가가 주군을 찾아다닐 당시 핵심 이슈는 "혼돈에 빠진 낙양"이었다. 원소는 그 문제를 회피했고 조조는 직면했다. 바로 그 점이 곽가가 조조를 선택한 이유였다. 그 후 곽가는 105명 넘는 조조의 책사 중 최고라는 평을 받는다.

원소처럼 선동에 능하고 독단적인 정치인들은 외향성이 높은 대신 개방성과 동조성은 약한 편이다. 정치인이면서도 예술가 기질이 농후했던 조조는 개방성이 제일 강하고, 외향성과 함께 신경성도 높았지만 동조성은 낮았다. 동조성이 낮을수록 냉소적이다. 친화력이 강한 유비는 동조성과 외향성이 모두 높았다. 원술은 내성적 신경성향인데, 개방성도 높았다. 뒤에서 다룰 조조의 책사 사마의司馬懿도 세심한 부분을 놓치지 않는 신경성과 성실성이 함께 높았다.

조조 드디어 낙양에 입성하다

곽가는 원소의 성격을 파악하고 그를 떠나기로 결심한 후, 신평과 곽도에게 충고하길, "무릇 지혜로운 자는 부군이 될 사람의 능력을 잘 헤아려야 합니다"라고 했다. 그 말이 맞았다. 훗날 원소는 용두사미가 되어 세상의 비웃음거리가 되고, 조조는 난세를 평정해 통일의 기초를 놓게 된다.

곽가의 장점을 두 가지 꼽으면, '정확한 형세 판단'과 '상대의 심리 파악'이다. 한섬과 동승의 다툼을 지켜보던 곽가는 결국 동승이 조조에게 손을 내밀 것이라 보았고, 예측대로 조조가 황제의 호출을 받았다. 그 즉시 조조는 황제를 받들어 불순한 제후들을 호령하겠다는 기치를 높이 들었다. 그야말로 곽가가 노리던 절호의 한 수였다. 만일 조조가 황제의 조서 없이 낙양으로 입성했다면? 정권을 잡을 수는 있었겠지만, 명분이 약해 수많은 제후의 견제를 받았을 것이다. 동탁과 이각처럼 말이다.

황제의 칙서를 받고 낙양으로 가는 조조에게 벌써 백성들이 몰려와 성원을 보냈다. 그 일로 조조는 곽가를 더욱 신임했고, 전쟁 때마다 대부분 그와 동행해 많은 승리를 거두었다.

조조가 낙양에 입성한 후에도 제후들은 그것이 무슨 의미인지 잘 몰랐다. 원술과 원소는 안목이 부족했고, 공손찬은 조금씩 자기의 근거지가 생기는 맛에 한껏 들떠 있었다.

● **허:** 혹은 허도. 중국어로 쉬창. 현재 허난성 중앙에 있는 도시이다. 춘추시대에 허나라가 있던 곳이라 허許로 불렸다. 조조는 196년 황제를 허도로 옮겼고, 220년 조조의 아들 조비가 이를 위나라의 수도로 선언했으며, '떠오르는 허'라는 뜻으로 허창許를으로 개명한다.

황제 뒤에 숨어 실권을 행사하는 조조

조조가 낙양에 입성하자, 제일 먼저 한섬이 도망갔다. 한섬이 제대로 임자를 만난 것이다. 한섬은 양봉을 만나 함께 양주揚州의 원술에게로 피신했다. 이제 조조를 견제할 사람은 없었다. 동승은 주도적으로 일처리를 못하는 성격인 데다가 그의 부하들도 수적으로나 기량으로나 조조에게 미치지 못했다. 조정의 주도권을 거머쥔 조조는 아예 도성을 자신의 근거지와 가까운 허許●로 옮긴다. 그 후 헌제의 명의로 각종 조칙을 반포하고 제후들을 호령했다.

조조는 헌제라는 방패 아래 숨어 실권을 행사했는데, 만일 거기서 멈췄다면 동탁, 왕윤, 이각 등과 같은 운명을 맞이했을지 모른다. 그러나 조조는 영리했다. 그는 유랑민을 모아 개간할 황무지를 나누어줌으로써 경제적 기초를 탄탄히 다져놓았다. 훗날 그 지역은 수년에 걸친 전쟁 동안 군수물자 보급기지 역할을 톡톡히 해낸다.

조조가 허로 수도를 옮기

허도, 쉬창시의 위치

자 원소도 그제야 사태의 심각성을 깨달았다. 설상가상 원소의 충성심이 부족하다며 책망하는 황제의 조서도 내려왔다. 그것은 조조의 계략이었지만, 어쨌거나 원소는 변명하는 장문의 상소를 올려야 했다.

그 후 대장군을 차지한 조조는 그 아래 직위인 태위에 원소를 임명했다. 격분한 원소가 이를 거절하자, 조조는 아직 원소와 대립할 때가 아니라 보고 이름뿐인 대장군 지위를 원소에게 양보했다.

시각이 좁고 경솔했던 동승:

낙양까지 헌제를 호위하던 일행 중 동승과 한섬만 남았는데, 헌제의 장인벌인 동승은 한낱 도적 출신의 한섬을 견제하기 위해 조조를 끌어들인다. 안 그래도 천하 평정을 꿈꾸며 호시탐탐 낙양 진출을 노리는 조조로서는 그야말로 굴러들어 온 복이었다. 조조가 황실에 진출하는 것이 무엇을 의미하는지 전혀 몰랐던 동승은 자신의 위치로도 충분히 한섬을 제거할 수 있었으나, 안일하게 조조를 끌어들이는 악수를 두었다.

조조의 일등 책사 곽가:

헌제의 호출로 조조가 당당하게 낙양에 입성하기까지는 책사 곽가의 역할이 컸다. 어려서부터 통찰력이 뛰어났던 곽가는, 특이하게도 주군이 될 만한 사람을 찾아 익명으로 천하의 호걸들을 만나고 다녔다. 혼돈에 빠진 낙양에 집중했던 조조가 곽가에게 최종 낙점되었다.

성격 모델을 이루는 성향_ 오션 파이브

조직에서 발생하는 갈등은 불가피한 일이다. 갈등을 덮어두려고
만 하면 더 큰 갈등이 발생할 수 있다. 갈등을 해결하는 과정도 중요
한데, 권위적인 방식으로 자신의 주장만 강요하거나 상대의 과거 잘
못만 부각해서는 안 되고 상대의 성격을 있는 그대로 존중해주어야
한다. 성격심리학에서 볼 때 갈등을 직면하는 성향은 개방성이다.
일반적으로 성격 모델의 기준이 되는 성향은 개방성openness, 성실성
conscientiousness, 외향성extraversion, 동조성agreeableness, 신경성neuroticism
을 기준으로 한다. 영문 머리글자를 따서 이를 '오션OCEAN 파이브'
라 하자.

- 개방성이 높으면 도전을 즐기고 궁금증이 많아진다. 개방성이
  낮으면 익숙하고 현실적인 전통을 선호한다.
- 성실성이 높으면 계획적이고 질서정연하며 자기 통제력이 강하
  다. 성실성이 낮으면 즉흥적이고 산만하며 나태할 수 있다.
- 외향성이 높으면 에너지가 넘치고, 관계를 주도하려 하며 사교
  적이다. 외향성이 낮으면 신중하고 소수와 친밀하게 지낸다.
- 동조성은 우호성이라고도 하는데, 동조성이 높으면 연민의 감
  정이 많고 친절하고 협조적이다. 동조성이 낮으면 공감 능력이
  떨어지고 이기적이다.
- 신경성이 높으면, 정서적으로 민감해 걱정이 많고 불공정성에
  대해 민감하며, 쾌락과 보상의 충동을 잘 조절하지 못하고 무절
  제한 경향도 있다. 신경성이 낮으면, 스트레스를 덜 받고 기분
  변화도 적다.

조조, 유비와 여포를
싸움 붙이다

대장군이 된 원소가 조조에게 편지를 보냈는데, 허許는 지반이 낮아 자주 침수되는 지역이라며 도성을 견성鄄城*으로 옮기라는 내용이었다. 황제를 자기 세력의 근거지 가까이 두고 조조를 견제하려는 원소의 속셈이었다. 조조는 그 제안을 단호히 거절했다.

이에 원소의 책사 전풍田豐은 조조의 시커먼 속이 드러났으니 당장 조조를 쳐야 한다고 건의했으나 받아들여지지 않았다. 원소는 북쪽에 강적 공손찬이 버티고 있는 데다, 아직은 때가 아니라고 판단한 것이다. 조조도 마찬가지로, 당장 원소와 싸울 처지가 아니었다. 조조는 남쪽의 장수張繡, 동쪽의 원술 등을 상대해야 했고, 평소 벼르고 별렀던 서주도 평정해야 했다. 서주의 유비, 그리고 유비가

> • 견성: 연주兗州 제음군濟陰郡에 위치하는 도성이다. 연주는 동북쪽에 위치한다. 후한 13주 지도(p.192) 참조.

내준 소패에 머물고 있던 여포를 정리하는 것이 조조로서는 더 시급했다.

조조의 의중을 읽은 허저許褚가 나서서, "제게 5만 병사를 주시면 유비와 여포를 없애버리겠습니다"라고 요청했다. 이에 순욱荀彧은 조조에게, "매사 용맹과 꾀가 동시에 필요합니다만, 도읍지를 정한 지 얼마 안 되는 지금은 용맹보다 꾀가 더 중요합니다"라며 허저의 청을 물리치도록 했다. 조조가 물었다. "어떤 꾀가 있소?"

"서주라는 땅에 두 마리 호랑이가 살고 있습니다. 이들이 힘을 합치지 못하게 해야만 두 마리 다 잡을 수 있습니다. 유비는 도겸의 유언으로 서주를 다스리고 있을 뿐, 황제의 허락은 받지 못했습니다. 먼저 유비를 정식으로 서주자사로 발령 내시고, 그 후 유비에게 여포를 죽이라는 밀서를 보내십시오. 유비가 여포를 죽이면 다행이고, 그렇지 못하면 여포가 유비를 죽일 것입니다."

두 마리 호랑이가 먹잇감을 놓고 서로 다투게 하는 전략, '이호경식지계二虎競食之計'였다. 조조가 무릎을 탁 쳤다.

"이래서 책사가 필요해."

실패로 돌아간 1차 계책

며칠 후 유비에게 서주자사로 발령을 내린다는 헌제의

조서가 도달했다. 유비는 황은皇恩에 감사하는 잔치를 열었는데, 이때 헌제의 사자가 유비에게 따로 조조의 편지를 건넸다. 유비가 관우와 장비를 불러 그 내용을 밝히자 평소 여포를 시기하던 장비는 "천하에 무도한 놈이니 당장 여포를 죽이는 것이 옳소"라고 주장했다. 유비는 장비를 진정시키며 말했다. "아무리 여포가 의리 없는 사람이라 해도, 몹시 곤궁한 처지에 빠진 그를 죽이면 나 또한 의롭지 못한 사람이 된다."

장비는 자기와 여러모로 닮은 여포를 싫어했다. 왜 그랬을까?

장비와 여포는 둘 다 담력이 둘째가라면 서러워할 용장이며 천하의 무장이었다. 둘은 단점도 비슷해서 상황을 판단하는 눈이 부족했다. 한 가지 차이점이라면 장비는 의리의 사나이인 반면, 여포는 도무지 믿을 수 없는 사람이라는 것. 장비는 세상 사람들이 그런 차이점을 보지 못하고 둘을 같은 부류로 묶는 것이 싫었다. 여포를 싫어한 이유도 같았다.

장비는 여포와 싸울 때면 "성을 셋이나 가진 종놈"이라며 약을 올렸다. 여포가 친아버지 외에 정원과 동탁을 차례로 양아버지로 두고 그들을 배반한 일을 들먹이며 조롱한 것이다. 그러나 큰 그림을 보았던 유비는 장비와는 달리 여포를 그대로 두는 것이 낫다고 보았다. 당장 여포와 싸워서 에너지를 낭비할 필요가 없었고, 여포가 있어야 조조를 통제하는 효과도 있었다.

조조의 책사 순욱의 계책은 이처럼 허사로 돌아갔다. 그런데도 순욱은 오히려 담담했다. 조조도 당황하지 않았는데 순욱은 항시 대안을 마련하는 사람이었기 때문이다.

유비도 어쩔 수 없었던 2차 계책

순욱의 대안은 호랑이가 이리를 잡아먹는다는 '구호탄
랑지계驅虎吞狼之計'였다. 즉 여포가 유비를 삼키게 하는 것이었다. 그
러려면 원술과 유비를 서로 싸우게 해야 한다. 왜냐하면 원술과 유
비가 싸우는 사이, 의리가 무엇인지도 모르는 여포는 반드시 유비가
없는 서주를 삼킬 것이기 때문이었다.

이에 공감한 조조는 남양의 원술과 서주의 유비에게 동시에 황제
이름으로 서신을 보냈다. 원술에게는 유비가 남양을 정벌하려고 황제
에게 밀서를 올렸다고 귀띔하고, 유비에게는 원술을 토벌하라는 조서
를 내렸다. 유비는 이번에도 조조의 계략인 줄 알았지만, 따르기로 한
다. 왜냐하면 지난번 여포를 치라는 밀서는 조조의 것이었고, 이번에
원술을 치라는 것은 어쨌든 황명이기 때문이었다. 황실 부흥을 기치
로 내건 유비가 원술을 치라는 황제의 명령을 거절할 수는 없었다.

순욱은 바로 그 점을 노렸다. 유비가 황명만큼은 거절하지 못하리
라는 것을 알았다. 순욱이 내놓은 첫 번째 계책은 일종의 미끼였다.
통하면 좋고 아니면 두 번째 계책으로 확실하게 유인할 가이드 역할
만 해도 충분했다. 첫 번째 계략으로 유비는 조조에게 빚을 지고 여
포와도 거리를 두면서, 두 번째 전략을 거절할 수 없게 되었다.

한 가지 계책을 내기도 어려운데 순욱은 대안까지 세워놓는 사람이
었다. 속을 돌아보고 앞날을 내다보는 스타일이어서 그렇다. 나와 아군,
그리고 상대와 적국의 속사정을 관찰해 일이 어떻게 되어갈지를 알아
내는 식이었다. 그래서 조조는 순욱을 '나의 자방子房'●이라 불렀다.

> ● **자방:** ?~186. 전한 시대 유방의 책사이자 한나라 건국 공신인 장량張良을 일컫는다. 자방은 장량의 자字이다. 소하蕭何, 한신韓信과 함께 한나라 건국의 3인 호걸이다. 유방으로부터 "군막에서 계책을 세워 천리 밖에서 벌어진 전쟁을 승리로 이끈 것이 장자방이다"라는 극찬을 받은 것으로 유명하다.

조조에게는 천금 같은 순욱의 지략

순욱은 순자荀子[기원전 298~기원전 238, 고대 중국 전국시대 유학자]의 13대손으로 태어나, "왕을 보좌할 재능을 지녔다[王佐之才]"는 칭찬을 받으며 자랐다. 동탁이 소제를 폐하고 헌제를 세울 때 수궁령守宮令이라는 관리직으로 재직하다가, 동탁의 전횡이 계속되자 관직을 버리고 고향 예豫주 영천潁川군으로 낙향했다. 반동탁 연합군이 결성되었다는 소식을 들은 순욱은 고향 사람들에게 "곧 난리가 날 텐데 사방이 탁 트인 이곳 영천은 싸우기에 좋은 장소입니다. 한시 바삐 기冀주로 피난가십시오"라고 권했다. 순욱 자신은 마침 기주자사 한복韓馥이 초빙해 기주로 이주했다.

순욱과 그 가족이 기주에 도착해보니 상황이 바뀌어 원소가 한복을 쫓아내고 주인이 되어 있었다. 순욱은 별 수 없이 원소를 도왔으나 그가 대업을 이룰 그릇이 아님을 보고 조조에게로 귀순했다. 순욱의 형 순심荀諶과 고향 사람 신평辛評, 곽도는 기주에 그대로 남아 원소의 책사로 활동했다.

순욱의 재주는 인재 추천에서도 빛이 났다. 헌제가 조조를 영입하고 허로 도읍을 옮긴 후 전국의 인재들이 조조에게 몰려들었다. 당시 상서령이었던 순욱이 추천한 인재 중에는 사마랑司馬朗, 종요鍾繇, 순유荀攸, 진군陳羣 등이 있었다. 조조는 사심이 없는 순욱을 믿고 그가 천거하는 인재들을 등용했다.

어느 날 조조가 순욱에게 물었다.

"동탁의 치세가 얼마나 갈 것 같은가?"

"포악의 정도가 극에 달하니 그냥 놓아두면 필히 난(亂)으로 끝날 것입니다. 군이 동탁을 제거하려고 애쓰실 필요가 없습니다."

그 말처럼 동탁은 얼마 못 가 내분으로 자멸했다.

조조가 서주의 도겸을 공격할 때에도, 순욱은 뒤에 남아 조조의 본거지인 연주의 수비를 맡았다. 그때 장막과 진궁이 여포를 끌어들여 연주에 침입해 대다수 군현을 빼앗았지만 순욱은 견성, 범현, 복양 3개의 성만큼은 사수했다. 돌아온 조조는 순욱에게 고마워하는 한편, 우선 서주부터 공격한 다음 여포를 칠 계획을 밝혔다. 그러자 순욱이 말리며 이렇게 말했다.

"예전에 고조는 관중(關中)을, 광무제는 하내(河內)를 지켰습니다. 확실하게 근본을 지켰기 때문에 천하를 얻은 것이지요. 여포를 놓아두고 서주를 먼저 공격하다가 여포가 허를 찌르면 어찌하시렵니까?"

조조는 순욱의 말에 동의하고 여포를 무찔러 연주를 되찾았다. 확실히 순욱은 전체 국면을 보는 안목이 탁월했다.

유비, 장비에게 서주를 맡기다

한편, 원소 토벌 조서를 받은 유비는 조조의 농간인 줄 알면서도 황제의 명이니 받들어야 한다며 군대를 끌고 서주를 나선다. 관우와 장비 중 한 명은 남아서 서주를 지켜야 하는데, 책사가 부족했던 유비는 그나마 전략에 밝은 관우를 데려가야 했다. 할 수 없이 장비에게 서주를 맡겼지만, 다음 세 가지가 염려되었다.

장비는 첫째, 술만 취하면 병사를 때리고[酒後剛強 鞭打士]

둘째, 너무 경솔하게 일처리를 하고[作事輕易],

셋째, 남의 충고를 무시한다[不從人諫].

장비는 "형님, 아무 걱정 마십시오. 오늘 이후로 술은 한 방울도 입에 대지 않고 군사를 때리지도 않겠습니다. 일이 생기면 두루두루 의견을 참고해서 잘 처리하겠습니다"라고 다짐했다. 그런데도 장비가 미덥지 않았던 유비는 진등陳登*을 남겨둔다.

유비의 3만 군사가 남양으로 다가가는데, 원술 쪽에서 기령紀靈이 10만 군사를 대동하고 우이盱眙에서 기다리고 있었다. 기령이 앞서 달려 나왔다. 한 손으로 30kg 나가는 삼첨도三尖刀**를 휘두르

> • **진등:** 서주徐州 하비국下邳國 사람이다. 처음에는 서주자사 도겸을 섬기는 관리였다. 문학적 재능이 뛰어났다. 도겸 사후에는 유비를 섬겼고, 훗날 여포가 서주를 차지하자 여포를 섬겼다. 198년 조조가 여포를 공격하자 조조에게 귀순해 여포를 토벌했다. 생선회를 좋아해서 기생충에 감염돼 39세에 죽었다고 한다.
>
> •• **삼첨도:** 기령의 무기 삼첨도는 《삼국지연의》의 설정으로 무게가 30kg에 달하며 끝이 세 갈래로 갈라져 있는 칼의 일종이다. 우이盱眙에서 방천화극을 지닌 관우와 삼첨도를 지닌 기령이 싸웠다는 것도 소설 속 설정이다.

는 기령에게 관우가 청룡언월도로 맞받아쳤다. 수십 차례 공격을 주고받은 끝에 청룡언월도에 기령의 긴 머리카락이 싹둑 잘려나갔다.

기령은 가슴이 철렁 내려앉아 말머리를 돌리는데, 그 순간 유비가 공격 명령을 내렸다. 기세가 꺾인 기령의 군대는 일단 후퇴한 뒤 수비만 할 뿐 도무지 싸우려 하지 않았다.

큰 그림을 그리고 대안을 마련하는 순욱:

조조의 뛰어난 책사 중 순욱은 조조의 근심거리인 유비
와 여포를 한꺼번에 제거할 기막힌 계책을 낸다. 여포가
유비를 삼키게 하는 큰 그림을 그리고 나서 원술과 유비
를 싸우게 했다. 유비가 없는 서주를 여포가 공격하도록
하는 것이다. 유비는 원술과의 전투에서 승리했지만 서
주는 여포에게 빼앗긴다.

의리의 사나이 장비:

장비는 여포와 함께 무술과 담력이 뛰어난 천하제일의
무장이었다. 그러나 장비는 의리의 사나이였고 여포는
배신자의 아이콘이었다. 장비가 볼 때 둘은 엄연히 격이
다른데 세상 사람들이 같은 부류로 묶는 것 같았다. 그래
서 장비는 유독 여포를 미워했다.

장비의 폭행 사건으로
보는 자존감

유비와 원술의 전쟁은 한 달을 넘어 장기전 양상으로 전개되었다. 서주에 남아 금주를 실천하던 장비도 서서히 나른해지기 시작했다. 원래 따분하고 나른한 것을 참지 못하는 장비였다. 장비는 사춘기 때부터 뭔가 화끈한 일이 없으면 좀이 쑤셨다. 스승은 이런 다혈질을 잡으려고 장비에게 시서예화詩書藝畫를 가르쳤다.

장비의 붓글씨에는 호방한 기개가 그대로 묻어났고, 난을 치는 솜씨도 특출해 전쟁 중에도 틈만 나면 난을 쳤다. 성격과 달리 그의 난 그림은 매우 부드러워 사람들이 앞다퉈 가져갔다. 그러나 그의 성정이 달라지지는 않았다. 장비는 성격과는 달리 꽃미남인 데다 지성미까지 겸비해서 첫인상이 마치 풍채 좋은 대학자 같았다. 그는 화끈한 성격만큼 좋고 싫은 게 분명했고, 자신의 자존심을 건들면 이성을 잃고 사나운 맹수가 되었다.

금주 전 마지막 술파티?

장비, 《삼국지연의》(청시대)

살다보면 누구나 기분 나쁜 일을 피할 수 없다. 분노를 다스리는 자신만의 노하우가 필요한 이유이다. 분노를 다스리는 방법은 의외로 단순할 수 있는데, 내가 왜 분노하는지, 내가 분노하는 방식은 적당한지 돌아보기만 해도 어느 정도 도움이 될 수 있다. 그런 성찰은 분노의 발화점에 물을 끼얹는 효과와 같아서 분노가 크게 번지는 것을 막아준다. 그런데 서주를 지키던 장비는 자기 분노의 뿌리를 파악하지 못해 대형 사고를 친다.

장비는 군사 분야만 맡고 나머지 업무를 모두 진등에게 위임하다 보니 딱히 신경 쓸 일이 없었다. 자연히 술 생각만 간절해졌다. 참고 또 참던 장비는 어느 날 모든 관리를 불러 모아 큰 잔에 술을 따르며 너스레를 떨었다.

"갑자기 술을 끊으면 힘든 법이니 오늘만 진탕 마시고 내일부터 확실히 끊자. 이름하여 금주禁酒 의식이다. 으하하하하!"

장비는 자신이 먼저 술을 벌컥벌컥 들이켜고 술잔을 돌렸다. 그런데 조표曹豹 앞에서 술잔이 멈췄다. 장비가 조표에게 한소리했다.

"어서 마시지 않고 뭐 하는가?"

"저는 천계天戒에 따라 음주하지 않습니다."

"이놈아, 그렇다고 너만 유별나게 거부한단 말이냐? 한 잔이라도 기어이 마시게 하겠다."

불교 신자로서 불음주계不飮酒戒하던 조표는 장비의 강요로 어쩔 수 없이 한 잔을 마셨다. 그런데 술잔이 한 바퀴 돌아 다시 자기 앞으로 오자, 조표는 장비에게 사정하며 말했다. "저는 더는 못 마시겠습니다."

이미 술에 취한 장비가 벌컥 화를 냈다. "이놈아, 한 잔 마셨으면 이미 천계를 어긴 게야. 이제 못 마신다니 말이 되느냐? 구관이라고 나를 무시하는 거냐?"

조표는 도겸의 수하로서 도겸 생전부터 서주의 관료를 지냈다. 그런 자부심 때문인지, 아무리 장비가 호통치고 술잔을 들이밀어도 입을 꼭 다물 뿐이었다. 제 분을 이기지 못한 장비는 조표의 멱살을 잡고 마당으로 끌어냈다. 진등이 황급히 나서서 말렸지만 소용이 없었다. 장비는 마치 무술 시범이라도 보이듯이 조표를 마구 폭행했다. 당시 괴력을 지닌 천하장사라 하면 전위典韋, 주태周泰, 허저許褚 등을 꼽는데, 장비도 그들 못지않았다.

여포의 장인이라고? 삼전여포의 추억

장비가 도원결의 이전에 도축업을 하던 시절, 그 괴력을 보여준 사례가 있다. 하루는 장비가 돼지 한 마리를 잡아 마을 우물 속에 통째로 매달아두고 우물 입구에 600kg 정도 되는 바위로 덮어

두었다. 그리고 옆에 "누구든 바위문을 열 수 있으면 가져가라"는 팻말을 붙여놓았다.

그러던 어느 날 붉은 얼굴의 녹두장수가 바위를 번쩍 들어내 돼지를 가져갔다. 깜짝 놀란 장비가 그를 쫓아가서 다짜고짜 수레에 가득한 녹두 가마니를 통째로 들어 땅바닥에 내동댕이치고는 짓밟아 녹두를 가루로 만들었다. 녹두장수와 장비가 뒤엉켜 큰 싸움을 벌였는데, 그 녹두장수가 바로 관우였다.

장비가 그런 무지막지한 힘으로 조표를 실컷 때렸으니…. 다 죽게 생긴 조표가 애원했다.

"장군, 제 사위의 체면을 생각해서라도… 제발 살려주십시오."

"네놈 사위가 누군데 그러느냐?"

"여포 장군입니다."

조표는 장비가 여포를 죽도록 미워한다는 사실을 몰랐다. 장비가 여포를 죽도록 미워하게 된 결정적인 계기가 있었는데, 그것은 바로 삼전여포三戰呂布 때문이었다. 장비는 그 경험을 일생 최대의 수치로 여기고 있었다. 반동탁 연합군에서 장비가 선봉을 맡고, 동탁 진영에서 여포가 선봉을 맡았을 때의 일이었다. 초반전은 비등했지만 중반을 넘어서서 장비가 여포에게 조금씩 밀리자 관우가 도와주었으나 끄떡없었고 유비까지 나서서 도와주자 그제야 여포가 조금 밀린 것을 가리켜 삼전여포라 한다.

그 후 아무도 장비와 여포를 비교하지 않았다. 여포의 무술은 신기에 가깝다고 찬사를 보내는 한편, 장비의 파워와 기량에도 모두 혀를 내둘렀다. 그러나 오직 장비만이 속으로 여포에게 밀린다는 열

등감으로 괴로워했다. "내가 천하제일"이어야 한다는 장비의 자존
감은 여포 앞에서 한없이 흔들렸다.

장비의 광기를 자극한 한마디

이처럼 자존감이 무너지는 사건, 이루지 못한 소망, 불
평등한 대우, 중요한 타인에게 무시당한 일 등은 내면에 쌓여 예민
한 정서 뭉치complex로 남는다. 그것은 애환이 되고 가슴 저린 현상으
로 나타난다. 정서 뭉치에는 핵을 이루는 핵심요소와 그것을 중심으
로 배열된constellation 심리요소들이 있다. 그 핵심요소와 심리요소들
은 정감이라는 심리적 에너지로 결합된 채 평소 무의식 속에 있다가
어떤 '자극'이 가해지면 일정한 감정 반응을 거쳐 자아로 뛰쳐나온
다. 정서 뭉치의 핵심요소를 소인적素因的 요인이라 한다면, '자극'은
촉진적 요인이라 할 수 있다.

장비의 경우, 그의 광기의 소인적 요인은 자신이 천하제일의 무사
라는 자존감과 여기에 생채기를 낸 여포의 무술이라 할 수 있고, 그
광기를 촉진한 요인은 조표가 여포의 사위라는 말이었다. 장비의 광
기가 분출되는 과정이 그렇다는 이야기일 뿐, 그렇다고 장비의 광기
가 정당화될 수는 없다.

그런 광기는 어떻게 해야 해소될까? 자존감self-esteem과 자존심self-
pride을 분리하는 것이 무엇보다 중요하다. 자존감이란 자아 존중감
을 줄인 말로, 자기 가치에 대한 믿음 또는 평가를 일컫는다. 자기 가

치에 대한 믿음이 약하면 우울증에 취약해진다. 자존심은 자만과 가까운 것으로, 타인과의 비교에 따른 우월의식에서 나오며, 끝없는 경쟁 속에서 나타난다는 점이 특징이다. 장비가 여포에게 밀렸을 때 추락한 것은 자존감이었다. 자존감은 '있는 그대로의 나 am as I am'를 좋게 여기고 그대로 받아들일 때 강해진다.

자존감과 자존심을 심리학적으로 처음 규명한 학자는 미국의 심리학자 윌리엄 제임스William James이다. 그에 따르면 자존심은 승리한 자신의 모습을 긍정하는 것이고, 자존감은 자기 모습 그대로를 긍정하는 것이다. 자존심과 자존감은 어찌 보면, 둘 다 자기를 사랑하는 방편이고 둘 다 필요하지만, 자존감을 좀 더 높이고 지켜가되 자존심은 성숙하게 관리할 필요가 있다.

장비 홀로 서주, 하비국下邳國을 수비하고 있는 가운데, 서주 인근의 소패小沛에 여포가 주둔하고 있었다. 조표는 자신이 여포의 장인이라고 하면 장비가 구타를 멈출 줄 알았다. 그러나 장비는 술에 취한 데다 '여포'라는 이름을 듣자 완전히 이성을 잃었다.

"여포가 네 사위라고? 오, 그래서 네놈이 건방을 떨었구나!"

장비는 조표의 멱살을 잡고 공중 높이 내던지고는 떨어지는 그의 옆구리를 발로 가격했다.

여포의 공격을 받고 도망친 장비

혼절한 조표는 그날 밤 늦게야 정신을 차렸다. 온몸에서 전해지는 통증보다 더 견딜 수 없었던 것은 수치심이었다. 조표는 억울한 심경을 담은 편지를 여포에게로 보냈다. 그 편지를 읽고 놀란 여포는 진궁陳宮을 급히 불러 의견을 물었다. 진궁은 "하늘이 내린 기회입니다. 깊이 생각할 필요도 없습니다. 이런 기회는 두 번 다시 오지 않습니다."

여포는 당장 5백 명의 특수병을 모아 앞장서서 서주로 달려갔다. 때맞춰 조표를 따르던 1천여 병사들이 성문 주변을 지키다가 곧바로 문을 열어주었다. 순식간에 여포의 5백 기병이 들어갔다. 먼동이 터오를 무렵 여포의 기병이 주요 거점을 장악했고, 장비의 수하들은 하나둘 잠에서 깨어나기 시작했다. 그중 한 군졸이 잽싸게 장비에게 뛰어가 보고했다. 아직 술이 덜 깬 장비는 여포와 싸우기는커녕 유비의 가족들도 챙기지 못한 채 몇몇 장수의 호위를 받으며 간신히 성문을 빠져나왔다.

장비 같은 다혈질은 무턱대고 화를 내기 전에 그 파급 효과를 먼저 생각해볼 필요가 있다. 장비처럼 높은 위치에 있는 사람이 분노를 폭발하면 대부분은 참고 지나가지만, 조표처럼 냉정하게 이성적으로 대응하는 사람도 있다는 것을 명심해야 한다. 조표 같은 사람들은 상대가 화를 크게 낼수록 쟁점을 놓치지 않고 차분하게 상황을 풀어가는 등 비교적 합리적으로 대응한다.

과연 유비! 두 마리 호랑이를 호령하다

서주에서 간신히 탈출한 장비는 우이吁眙로 간다. 느닷없이 초라한 몰골로 나타난 장비를 보고 유비가 깜짝 놀라 물었다.

"이 사람아, 몰골이 왜 이러나? 서주는 어떻게 하고 왔나?"

"……."

장비가 대답하지 못하자 관우가 따지듯 물었다.

"형수님은 모시고 왔는가?"

"……."

계속 유구무언인 장비를 보고 관우가 벌떡 일어나 고함을 쳤다.

"이 사람아! 성은 빼앗기더라도 형수님만큼은 모시고 와야지!"

평소 침착하던 관우마저 통탄해하는데, 정작 화를 내야 할 유비는 오히려 차분했다. 그러자 더욱 몸 둘 바를 몰라 하던 장비는 "나 같은 놈은 살 필요가 없다"며 괴성을 지르고는 칼을 뽑아 자결하려 했다. 이에 유비가 냉큼 칼을 빼앗아 던졌다. 장비가 엎드려 흐느끼는데 유비가 다가와 도원결의를 상기시키며 "경솔한 짓 말라"고 어깨를 토닥였다.

유비의 매력은 그런 것이었다. 뒤늦게 책임을 물은들 이미 발생한 사고를 어떡한단 말인가? 장비의 실수는 덮어주는 게 나았다. 가족을 잃은 유비도 상심이 컸지만, 이런 사태를 야기한 장비를 원망해 봤자 아무런 소용이 없었다. 중요한 것은 장비가 더는 좌절감에 굴하지 않는 것이라고 유비는 판단했다. 그래야 장비가 과거의 실수를 반면교사 삼아 더 좋은 성과를 낼 것 아닌가!

도무지 받아들일 수 없는 상황인데 유비는 장비를 품었다. 장비가 유비 앞에서 늘 순한 양이 되며, 누구든 유비를 건드리기만 하면 하이에나가 되어 유비를 방어하는 이유이다. 훗날 유비가 조조의 대군에 쫓길 때도 장비 홀로 장판교 앞에 버티고 서서 유비를 도왔다.

유비와 조조를 비교한 기록들을 종합해보면, 유비는 조조에 비해 계략과 요령이 부족했다. 그러나 침착함과 너른 포용력으로 사람들의 장점을 잘 아울러서 자신에게 이롭게 작용하도록 하는 능력이 탁월했다. 조조도 그랬지만, 유비도 모든 것을 잃은 경험이 여러 차례나 되었다. 그때마다 유비가 다시 일어설 수 있었던 것은 마틴 셀리그먼Martin Seligman의 이야기처럼 긍정의 심리를 지녔기 때문이었다.

마틴 셀리그먼은 《플로리시Flourish》라는 저서에서 행복은 종교나 외모, 지위에 달려 있지 않다고 보았다. 행복의 핵심요소로 긍정적인 정서positive emotion, 몰입engagement, 의미meaning, 관계relationships, 성취accomplishment를 꼽았고, 삶의 과제에 대한 긍정적인 정서가 몰입과 의미 있는 삶을 허락한다고 보았다. 그 세 가지가 행복의 중요한 요소이며 거기에 관계와 성취가 추가될 수 있다.

유비의 불가사의한 흡인력의 원천도 바로 거기서 찾을 수 있다. 뜻하지 않은 대형 사고를 친 장비 앞에서도 유비는 긍정적인 정서를 발휘하며 방안 탐색에 몰입했고 그 사건에 나름대로 의미를 부여했다. 그런 유비였기에, 캐릭터가 상반되는 장비와 관우를 무리 없이 부릴 수 있었다.

관우의 성격을 굳세고 자부심이 강하다는 뜻으로 '강이자긍剛而自矜'이라 했고, 장비는 난폭하고 은혜롭지 않다 하여 '폭이무은暴而無恩'

이라 했다. 장비가 경애하는 사대부를 관우는 싫어했고, 장비가 싫어하는 소인小人에게 관우는 관대했다. 지금 장비가 조표에게 호되게 당하고 훗날 부하인 범강范疆과 장달張達 때문에 목숨을 잃게 되는 것도 그런 성격 때문이었다.

어쨌든 장비와 관우는 성향상 전혀 어울리지 않았지만, 둘 다 호랑이 같은 맹장이었고 일당백이 아니라, 일당만이었다. 유비 같은 긍정적 정서를 지닌 사람이 아니면 누가 이 두 호랑이를 한 둥지에서 관리할 수 있었을까? 용 한 마리가 호랑이 두 마리를 서로 싸우지 않게 갈라놓는다는 뜻의 고사성어로 '일룡분이호一龍分二虎'라는 말이 있는데, 여기서 일룡은 유비를 가리킨다.

다혈질의 장비:

유비 대신 서주를 지키고 있다가 대형 사고를 친 장비. 술에 취해 여포의 장인 조표를 여포에 대한 열등감과 분노 때문에 구타하게 된다. 이 일로 장비는 여포의 침략을 받고 유비의 가족도 챙기지 못한 채 서주를 간신히 탈출했다.

긍정적 정서의 유비:

유비는 서주를 빼앗기고 도망친 장비를 탓하지 않고 용서하고 품어주었다. 그 덕분에 장비는 평생 유비 앞에서 순한 양이 된다. 성향상 정반대인 관우와 장비를 서로 싸우지 않게 한 둥지에서 관리할 수 있는 사람은 오직 유비뿐이었을 것이다.

07

오뚝이 유비,
침몰하는 원술과 여포

자기도취와 심리의 항상성

계교전투

191년 기주에서 원소와 공손찬이 싸운 전투다. 반동탁 연합군이 해체되면서 그 수장이었던 원소는 황허 일대에서 발이 묶여 주거지인 발해군에 돌아가지 못하고 있었다. 이에 책사 봉기의 조언에 따라 공손찬을 부추겨 기주를 공격해 차지하지만, 공손찬에게 약속한 대가를 주지 않는다. 그러자 화가 난 공손찬이 병력을 동원해 원소의 군사와 교전을 시작한다. 공손찬으로서는 충분히 승산이 있는 전투였으나 안일한 대응으로 원소에게 크게 패한다. 반하潘河 상류에서 일어난 전투라 하여 반하전투라고도 한다. 원소는 이 전투를 계기로 후한의 최대 강자로 떠오른다.

삼보의 난

동탁이 왕윤에게 살해된 이후 동탁 밑에 있던 이각과 곽사가 조정을 장악한 사건을 말한다. 오직 자기 이익 챙기는 데만 혈안이 된 이각과 곽사는 권력을 장악한 이후 여포를 내쫓고 왕윤을 살해했으며, 이어서 동탁의 부하였던 마등, 한수도 살해했다. 그뿐만 아니라, 그 과정에서 무고한 양민들을 무참히 학살하고 약탈했다. 이때 삼보 지역에서 굶어 죽은 백성이 많았다 하여, 삼보의 난이라 부른다.

유비와 여포를
갈라놓으려는 원술

여포가 유비의 서주성을 빼앗았다는 소식은 어느새 원술의 귀에도 들어갔다. 원술은 유비를 완전히 제거할 좋은 기회라 여겨 여포에게 이렇게 제안했다.

"유비를 공격하면 군량미와 금은, 비단 등을 풍족히 지원하겠다."

여포는 재물에 눈이 멀기도 했지만, 서주성이라는 본거지를 상실한 유비가 원술과 대치하고 있기만은 어렵다고 보고 그 제안에 기꺼이 응했다. 여포의 부장 고순高順이 5만 병사를 이끌고 우이盱眙로 달려갔지만, 이미 유비는 떠나고 없었다. 여포는 원술에게 어쨌든 출전했으니 약속한 물자를 내놓으라고 요구했고, 원술은 "유비를 제거한 뒤에 주겠다"고 답했다.

원술에게 '속았다'며 펄쩍 뛰는 여포에게 진궁은 '차도살인借刀殺人' 전략을 내놓는다.

"수춘의 원술을 우리 군사로만 공격하기는 어렵습니다. 차라리 유비를 불러들여 원술과 싸우게 하십시오."

원술은 점점 커지는 손책이 두렵다

여포는 유비에게 서주로 오라는 편지를 보냈다. 여포를 만난 유비가 '형님'이라고 부르며 가족을 잘 돌보아주어 고맙다고 인사하고는 숙소로 물러갔다. 그러자 여포의 장수들은, "여포 장군, 유비는 언행을 자주 바꿉니다. 그런 인물을 어찌 믿고 키워주려 하십니까? 이번 기회에 유비를 제거해야 합니다"라고 주장했다.

여포는 그 내용을 유비에게 그대로 전했다. 화들짝 놀란 유비는 부하를 통해 소패에 주둔하고 싶다는 뜻을 여포에게 전한다. 이리하여 갈 곳 없는 유비가 겨우 서주의 소패에 자리 잡게 된 것이다.

원술이 그런 상황을 즐기고 있을 무렵, 손책은 마침내 강동과 강남까지 평정하고 장강을 요새로 삼았다. 그리고 측근들을 불러 향후를 의논했다. 정치에 능한 장소張昭가 제일 먼저 손책에게 이렇게 제안했다. "땅을 얻었으니 조정에 공문을 올려 장군을 강동의 제후로 승인해달라고 하십시오."

주유도 한마디 덧붙였다. "황제를 끼고 있는 조조와도 화친을 청

하십시오. 그래야 원술에게서 선
대의 보물과 옥새도 찾아올 수 있
습니다."

그 말이 끝나기 무섭게 손책은
주먹을 불끈 쥐며 명령했다.

> • 양홍: 《삼국지연의》에서는 양대
> 장楊大將이라는 이름으로 나온다.
> 196년 원술에게 서주의 유비를 치
> 라고 진언하고, 198년 조조가 수춘
> 을 침공하자 원술에게 도망치도록
> 권유한 인물이다.

"조조에게는 화친의 밀서를, 조정에는 제후로 봉해달라는 공문을, 원
술에게는 옥새 반환 요구서를 보내라!"

손책과 가장 가까운 거리인 수춘에 있던 원술에게 손책의 사자가
제일 먼저 도착했다. 호시탐탐 황제 자리를 노리고 있던 원술이 옥
새를 내줄 리가 만무했다. "사정이 딱해서 군마를 빌려줬더니, 이제
와 강동 땅을 차지했다고 옥새를 돌려달라니 무례하기가 하늘을 찌
르는구나. 네 이놈을 당장 제거해야겠다"라고 원술은 말했다.

그러나 책사 양홍楊弘•이 원술을 말렸다. "지금은 유비를 제거하는
게 시급합니다. 그래야 후환 없이 손책을 도모할 수 있습니다."

하루가 다르게 기세등등해지는 손책은 일단 놔두고 소패성에 빌
붙어 있는 유비를 먼저 치자는 말이었다. 이에 원술은 "그러다가 여
포가 유비를 도우면 상황이 더 어려워질 텐데…"라고 중얼거렸다.
양홍은 자신이 마치 뛰어난 지략가인 듯 부연 설명했다. "그래서 유
비를 공격하기 전에 여포를 먼저 구슬려야 합니다. 저번에 여포에게
주기로 약속했던 물품들을 보내시면 여포가 유비를 돕지 않을 것입
니다."

양홍의 논리는 그렇게 소패를 공략하면, 곧이어 여포의 서주를 점령하기는 식은 죽 먹기라는 것이었다. 그러나 그것은 전혀 타당성 없는 논리이며, 어디까지나 양홍의 머릿속에 있는 그림에 불과했다. 그런데도 양홍은 자신이 마치 최고의 전략가인 양 떠벌렸다. 원술 역시 근시안인 데다 자기도취형인지라 양홍의 계책을 곧이곧대로 믿었다.

그다음 날 원술은 여포에게 줄 금, 비단, 양곡 20만 석을 수레에 실었다. 이와 더불어 '동탁의 머리를 벤 일'을 칭찬하며 "앞으로 군량미나 병기가 부족하면 언제든 요구하라"는 서신을 동봉했다. 여포는 횡재한 것처럼 좋아했고, 그 소식을 들은 원술은 부하 장수 기령紀靈에게 대군을 주어 소패로 보냈다.

원술의 전략이 실패할 수밖에 없었던 이유

원술의 대군을 감당하기 어려웠던 유비는 여포에게 도움을 청한다. 여포의 장수들은 이구동성으로 유비를 제거할 기회이니 내버려두라고 한다. 그러나 여포는 진궁과 함께 반대하며 이유를 이렇게 설명했다. "원술은 유비를 무찌르면 그다음은 틀림없이 우리를 노릴 것이다. 속히 유비에게 구원병을 보내야 한다."

양홍과 원술의 예측이 빗나가고 있었다. 이로써 원술의 수하였다가 독립한 손책은 조조와 우호관계를 맺으며 내실을 다질 기회를 쥐게 된다. 다른 한편, 원술은 유비를 공격함으로써 사방에 적을 만들게 된다. 원술의 추락은 그 시점부터였다.

무엇이 문제였을까? 원술과 양홍은 객관성 없이 주관적 상상에 따라 전략과 전술을 세웠다. 주군이든 책사든 현 상황에서 자신들의 포지션을 명확히 규명하고 이익과 리스크를 동시에 분석하면서 구체적으로 목표를 세웠어야 했다. 양홍과 원술이 이를 무시한 것은 자기도취에 쉽게 빠지는 성격 탓이 컸다.

자존감을 위해 어느 정도 자기애가 필요하다. 자기를 신뢰하고 자기계발에 열중할 수 있는 것도 자기애가 있어야 가능한 일이기 때문이다. 그러나 자기애가 지나쳐 자기도취 수준이라면 이야기는 달라진다. 자기도취에 빠지면 수치심을 모르고, 자기 외에 똑똑한 사람이 없고, 기분 내키는 대로 행동한다. 그 바탕에는 현실을 도외시하거나 왜곡하는 마법적 사고가 있다. 치명적 자기애인 그것은 어려서부터 장기간 과잉보상이 이어질 때 나타난다. 알프레드 아들러Alfred Adler는 이를 과잉보상에서 비롯된 우월 콤플렉스superiority complex라 칭했다.

인간은 기본적으로 누구나 우월성을 추구한다. 그 과정에서 자신의 열등감을 인정하고 오히려 열등감을 창의력의 발판으로 삼아 극복하는 것이 자연스럽고 건강한 방식이다. 그러므로 열등감이야말로 개인의 진보와 성장을 이루는 동기 유발의 근거라고 아들러는 강조했다. 열등감을 주는 대상을 보면서 무조건 이기려고만 하는 것이 열등 콤플렉스inferiority complex라면, 우월 콤플렉스는 자기 능력에 비해 과잉보상 받고 있다는 것을 알지만, 이를 감추기 위해 더욱 허세를 부리는 모습으로 나타난다.

우월 콤플렉스나 열등 콤플렉스는 똑같이 자존감의 영역에 속한다. 열등감을 성취의 원동력으로 사용하지 못할 경우, 인간관계와 업무 성과는 낮아질 수밖에 없다. 원소가 그런 경우에 가까웠다. 유비나 조조는 자존감과 자존심이 조화를 이루었고, 장비는 자존심만 높았지 자존감은 바닥이었다. 반대로 양흥과 원술은 자존감만 높았지 자존심은 바닥이었다. 그래서 현실감이 없었고 자기들만의 주관적인 전략을 내놓았던 것이다.

신궁 여포 덕분에 십년감수한 유비

기령의 3만 군사가 소패성 앞에 섰다. 유비의 5천 군사를 금세 삼킬 기세였다. 잠시 후 기령의 군사가 유비군을 공격하려는데 한 떼의 군마가 달려왔다. 여포의 구원군이었다. 당황한 기령이 여포에게 전령을 보내 따졌다. "귀한 선물을 받고도 뒤통수를 치느냐?"

여포가 웃으며 답했다. "난 싸움을 말리러 왔다."

● **묵자:** 기원전 470~기원전 391경. 춘추전국시대의 사상가로 제자백가 중 묵가를 대표하는 위인. 묵가의 핵심 사상은 겸애이고 유교, 도교와 대립했다. 겸애란 평등하게 서로 사랑하고 남에게 이롭게 하면 평화롭게 된다는 사상이다. 정치적으로 기득권층에게 불리한 사상이어서 발전하지 못하다가 진나라 이후 쇠퇴했다.

전장에 묘한 분위기가 흐르는 가운데 여포가 기령과 유비를 불러 술자리를 마련했다. 여포는 자신이 짐짓 묵자墨子●의 제자인 양 다음과 같이 말한다.

"나는 평화주의자요. 싸움은

말리고 흥정은 붙이기를 즐긴다오. 여기서 150보가량 떨어진 저기 원문(轅門)을 잘 보시오. 원문 밖에 방천화극을 세워놓을 텐데, 내가 화살을 쏘아서 맞히지 못하면 물러설 테니 둘이 서로 마음껏 싸우시구려. 그러나 내 화살이 화극을 관통하면 전쟁을 그만두는 것으로 합시다. 내 제안에 대해 어찌 생각하시오?"

유비는 곧바로 찬성했고, 기령은 잠시 머뭇거리며 득과 실을 따져보았다. '저렇게 멀리 떨어진 아주 작은 과녁을 신궁 여포인들 맞힐수 있을까?' 그는 어렵다고 보고 찬성의 뜻으로 고개를 끄덕였다. 이에 여포가 힘주어 말했다. "두 분 다 약속했습니다. 이후 약속을 지키지 않으면, 나는 그 반대편을 도와줄 것이오."

여포가 일어나 화살을 날렸는데 적중했다. 기령은 별 도리 없이 군사를 철수해야 했다. 원술은 여포가 자신이 보낸 물자를 받고도 유비를 도와준 것을 보고 그제야 깨달았다. 여포나 유비 둘 중 한쪽을 공격하면 서로 뭉치게 된다는 것을.

원술이 여포와 사돈을 맺으려는데

여포와 유비가 뭉치지 않게 하려면 어떻게 해야 할까? 궁리에 궁리를 거듭한 원술은 여포와 사돈을 맺는 방법밖에는 없다고 생각했다. 마침 원술과 여포에게는 각각 장성한 아들과 딸이 있었다.

원술은 여포에게 한윤韓胤을 보내 그의 딸을 며느리 삼고 싶다고
밝혔다. 그러면서 머지않아 원술이 황제가 될 것임을 은밀히 알렸다.
이는 곧 반역이고 모든 제후와 백성들을 일순간에 적으로 돌리는 일
이었다. 원술의 자기도취적인 희망에 불과한 이야기였지만, 단순하
고 충동적인 여포는 그 말에 혹해 흔쾌히 혼인을 승낙한다.

며칠 후 여포의 딸이 혼수품을 가득 실고 한윤을 따라 나섰다. 그
행렬을 지켜본 진규가 여포를 다급히 찾아와 고했다. "이 결혼은 원
술이 주군의 따님을 인질로 삼는 전략입니다. 속히 딸의 행렬을 돌
려야 합니다."

진규의 꾀에 넘어간 여포는 군사를 보내 딸의 일행을 되돌리고,
한윤을 형틀에 묶어 조조에게 보냈다. 이때 여포의 사자로 조조에게
간 이는 진규의 아들 진등陳登이었다.

삼국지 인물의
성공 심리

자기도취에 빠진 원술과 양홍:
원술과 양홍의 전략은 계속해서 빗나갔다. 먼저 유비를
치면, 여포를 치기가 쉽다는 계산과 달리 둘은 서로가 필
요한 사이였다. 또한 여포와 사돈을 맺어 여포를 포섭하
려는 계산도 잘못된 판단이었다. 원술과 양홍은 객관성
에 대한 검증 없이 자기 생각에 사로잡혀 현실을 제대로
보지 못하고 잘못된 판단을 거듭한다. 자기애가 지나쳐
자기도취에 빠져서 그렇다. 그러면서 원술은 유비와 여
포를 통제하지 못한 채 서서히 몰락하고, 그 틈에 손책이
조조와 손을 잡을 기회를 준다.

황제를 참칭한 원술,
비웃는 여포

원술과 여포의 혼담이 깨질 무렵, 전혀 예상치 않은 뜻밖의 일이
터진다. 여포의 부하 송헌宋憲과 위속魏續이 산동에서 말 3백여 필을
사오던 중 장비에게 몽땅 빼앗긴 것이다. 장비가 여포를 싫어하는
것만큼이나 여포도 장비를 싫어한지라, 여포는 주저 없이 대군을 일
으켜 소패로 달려갔다.

여포의 공격을 견디지 못한 유비는 조조에게 피신했다. 이에 순욱
이 조조에게 "유비는 잠재력이 큰 인물이므로 제거할 절호의 기회"
라고 말했으나 곽가는 다음과 같은 이유로 반대했다.

"의병을 일으킨 주공主公께 의지하러 온 유비를 죽인다면 천하의 신
망을 잃게 됩니다. 인재 한 명도 소중한 이때 그리하면 누가 주공께 오
겠습니까?"

곽가의 말에 수긍한 조조는 유비를 예주자사가 되게 하고, 군대와 식량까지 주며 소패에 머물게 했다.

절세미인에게 조조가 한눈파는 사이

소패에서 유비가 힘을 기르고 있을 무렵, 남양군 완宛현에 주둔하고 있던 장수張繡●는 형주자사 유표劉表의 도움을 받으며 호시탐탐 허도許都를 노리기 시작했다. 이를 알게 된 조조가 15만 대군으로 선제공격에 들어갔다. 장수는 싸워볼 엄두도 못 내고 책사 가후를 보내 항복했다. 조조의 무혈승리였다. 성 밖에 일부 군대를 주둔해놓고 입성한 조조에게 조조의 조카 조안민曹安民이 죽은 장제의 아내 추 씨●●를 데려왔다.

그 후 조조는 천하절색 추 씨에게 빠져 지냈다. 뒤늦게 이를 알게 된 장수가 가후를 불러 이렇게 한탄했다. "아무리 정복군이라지만 해도해도 너무합니다. 어찌 내 숙모를 농락한단 말입니까?"

가후도 혀를 차며 장수에게 이런 계책을 내놓았다. "먼저 조조의 경호실장 전위典韋에게 술을 대접해 취하게 하고 사랑 놀음에 여념이 없을 조조의 막사에 불을 지르

> ● **장수:** ?~207. 이각 4인방이었던 장제의 조카. 장제가 죽은 후 그의 군대를 흡수해 남양군 일대에서 독자 세력을 구축했다. 한때 조조를 죽이려고까지 했으나 관도대전 무렵 조조에게 귀순한다.
>
> ●● **추 씨:** 장제의 아내가 추 씨라는 것은 《삼국지연의》의 설정이다. 다만 조조가 장제의 아내를 받아들이니 장수가 조조에게 원한을 샀다는 이야기는 정사에도 나온다. 조조의 정실 정 부인은 이 일로 그와 이혼하고 고향에 돌아갔다.

십시오."

그 사건으로 조조는 아들까지 잃고, 얼마나 경황이 없었던지 등에 화살이 박힌 줄도 모른 채 어둠 속으로 도망쳐야 했다. 뒤쫓아온 장수의 추격 부대는 다행히 우금于禁에게 크게 패해 도리어 장수가 유표에게로 도주해야 했다.

이 전투 후 조조가 허도로 돌아왔을 때, 앞에서 살펴본 대로 여포가 보낸 사신 진등이 기다리고 있었다. 원술이 자신을 황제라 칭하면서 여포와 혼인동맹을 맺으려고 보냈던 사신 한윤을 압송해온 것이다. 진등은 이 대가로 여포가 서주자사에 임명되기를 원한다는 말도 덧붙였다. 결국 한윤은 저잣거리에서 참수되었고 여포는 좌장군에 임명되었다.

이때 진등이 조조에게 은밀한 공모를 제안했다. "여포는 늑대 같아서 지조가 없고 믿을 수 없습니다. 저희 부자가 내부에서 승상을 도울 테니 여포를 제거하십시오."

"오! 그래만 주시면 톡톡히 보답하리이다."

진등은 복귀한 후 여포에게, "제가 조조에게 우리 장군은 호랑이 같아서 고기를 주지 않으면 문다고 했더니, 조조가 장군을 호랑이 아닌 매로 비유합디다"라고 전했다.

여포가 이맛살을 찌푸리자 진등이 재빨리 덧붙였다. "장군, 제 말씀을 끝까지 들으십시오. 조조가 원술과 원소, 손책과 유표 등은 토끼와 여우로 비유했습니다." 그제야 여포가 웃으며 말했다. "토끼와 여우는 매가 낚아챌 수 있지."

원술, 기어코 황제가 되었지만

그 와중에도 원술은 제나라의 환공이나 한 고조처럼 되겠다며 기어이 황제 취임식을 강행했다. 십상시의 난 이후 각지에 영웅들이 출몰하고 있었지만, 역적 소리를 듣지 않기 위해 누구도 황제를 자칭하지는 않았다. 그런데 원술이 황제로 즉위하면서 민심은 완전히 그에게서 돌아섰고 유력한 신하들도 하나둘 떠나갔다.

그런데도 원술은 황제의 위엄을 드러낸다며 수레에 용과 봉황을 새기고, 비단을 휘감은 후궁을 수백 명 두었다. 원술의 사치가 심해지니 백성들도 그를 떠나기 시작했다. 그럴수록 원술의 폭정은 더욱 심해졌다.

정신분석학자 카를 융Carl Gustav Jung에 따르면, 자존감이 너무 낮거나 열등감이 심한 사람이 누군가에게 모욕당했다고 느끼면 자기보다 약한 사람에게 심한 갑질을 해대며 그 스트레스를 푸는 경향이 있다. 이는 일종의 보상심리인데, 쉽게 말하면 종로에서 뺨 맞고 한강에서 눈 흘기는 격이다. 원술도 그런 경우였다.

한때 원술의 부하였던 손책은 독립해 나갔고, 환관 후손에 불과한 조조는 황제를 앞세워 한껏 날아올랐다. 그런데 천하제일의 명문가 원술은 여포 같은 떠돌이와 혼인을 추진하다가 거절당해 큰 모욕감을 느끼고 있었다. 원술은 신분사회라는 이점으로 과잉보상을 누렸지만, 아웃풋이 보잘것없었다.

백성들 사이에 "원술이 명문가 출신 맞아?"라고 수군대는 소리가 새어나오기 시작했다. 최고의 유망주였던 원술이 최악의 결과물을 만들어내고 있었다.

외적 환경의 변화에 내부 환경이 잘 적응하도록 유지하는 생물의 기능을 항상성homeostasis이라 하는데 이는 인간의 심리에도 동일하게 적용된다. 쾌락과 고통, 희망과 좌절 등 상반된 두 감정이 극단으로 치우치지 않고 균형을 유지하는 것도 항상성 덕분이다. 이처럼 감정적으로 항상성이 잘 유지되면 건강한 심리를 지닐 수 있다.

심리에 항상성이 깨지면 '동기의 대립과정opponent-process'이 지속되면서 중독, 맹신, 고도한 허풍 등이 나타난다. 가령 술이나 마약, 담배에 대한 1차 반응이 쾌감이라면 2차 반응으로 불쾌감이 나타나 균형을 잡아주는 것이 항상성이며 건강한 심리인데, 항상성이 제 기능을 못 하면 계속 술과 담배를 찾으면서 점점 중독에 빠져들게 된다. 스릴 또는 전율도 마찬가지이다. 스릴의 1차 반응은 긴장감이고 2차 반응은 릴렉스, 즉 이완이다. 동일 자극이 지속적으로 반복될 때 1차 반응은 줄고 2차 반응이 점점 커진다. 그래서 난도가 좀 더 높은 스릴을 찾게 된다. 성격 심리학에서 '성숙한 행동'은 항상성을 잘 유지하는 것이다.

원술이 자신이 황제가 되었다고 사방 천지에 떠벌린 것도 심리의 항상성이 깨진 것으로 이해할 수 있다. 자신의 허장성세가 만천하에 드러나자, 원술은 수치심에 몸을 떨며 한층 더 자극적인 방식을 추구했다. 황제 참칭은 그 결정판이었다. 원술은 자신의 실력보다 과대평가된 경우였는데, 그래서 그는 내실을 다지는 데 주력해야 했다. 그렇지 않자 원술이 얻은 것은 '역적이라는 불명예'뿐이었다.

아무도 인정하지 않는 허울뿐인 황제였지만, 원술은 스스로 황홀

해했다. 그리고 자신의 혼인 제안을 거부한 여포를 그냥 놔둘 수 없었다. 원술은 무엄한 여포를 징계하려고 20만 대군을 일곱 부대[七路軍]로 나눠 일곱 방향으로 공습했다.

조조, 드디어 수춘성을 함락하다

여포 측에서는 진교와 진등 부자가 이런 꾀를 냈다. "한섬과 양봉을 끌어들이십시오. 그들은 얼마 전에야 원술에게 붙은지라, 닭 무리처럼 금세 흩어질 것입니다."

그 계략을 받아들인 여포가 한섬과 양봉에게 다음과 같이 편지를 보냈다.

"두 장군이 어가를 호송해 동쪽으로 온 일은 나라에 제일가는 공이오. 역적 원술을 토벌해 천하에 또 한 번 공을 세웁시다. 그대들이 여기서 노획한 물자는 전부 가져가시오."

원술의 제1로군인 장훈張勳 부대가 서주성으로 곧장 달려가 여포군과 마주섰다. 이때 같은 편인 한섬과 양봉이 돌아서서 원술군을 공격했다. 뒤통수를 맞은 원술군이 서둘러 후퇴하자 그 자리에는 용봉龍鳳의 깃발과 황금 우산, 금갑金甲 등 황제의 상징물들만 나뒹굴었다. 의기양양하게 회수 북쪽으로 돌아온 여포는 다음과 같은 편지로 원술을 실컷 비웃었다.

"족하足下는 군세가 강하다고 자랑하며 휘하 맹장들이 서로 싸우려는 것을 늘 억제한다고 떠들었소. 으하하하! 그런데 용맹이 부족한 내가 범처럼 회수 남쪽을 거니는데도 족하는 수춘에 쥐새끼처럼 숨어 있고, 사납다는 맹장들은 다 어딜 갔소? 족하가 큰소리쳐 천하를 잠시 속일 수는 있지만 천하인들 모두가 속지는 않지요."

여포가 대승에 들떠 있는 동안, 대패하고 수춘으로 돌아온 원술은 설욕할 궁리를 하고 있었다. 원술은 손책에게 여포를 공격할 군사를 지원해달라고 했다. 예전에 빌려준 군대를 돌려달라는 투로 말이다. 기분이 상한 손책은 그 요청을 거절하며 이렇게 덧붙였다.

"빌려간 옥새도 돌려주지 않고 함부로 천자의 칭호를 사용하는 역적 같으니."

막상 그렇게 말하고 나니 손책은 원술이 보복할 것 같은 두려움에 사로잡혀 서둘러 방어진을 쳤다. 손책과 원술이 묘한 긴장감을 유지하는 가운데 조정에서 손책을 회계태수에 임명한다는 임명장과 원소 토벌 명령이 함께 내려왔다. 손책은 다행이다 싶어 조조에게 그가 남쪽을 정벌하면 자신은 원술의 뒤를 치겠다고 했다.

그 직후, 조조는 역적 토벌 명분으로 17만 군대를 집결시켰고 유비와 여포에게도 동참을 촉구했다. 조조 아래에 있던 유비야 당연히 따랐고, 단순한 여포도 대의명분이 있는 전쟁이라며 좋아했다. 이제 수춘의 원술은 손책까지 합쳐 4면에서 공격당하기 시작한다. 아무래도 전세가 불리해 보인 원술은 성내에 10만 군사를 남겨두고 10만 군사를 따로 모아 순식간에 성을 빠져나가 회수會水 건너로 피신했다.

조조가 공격을 시도했지만, 수춘성에 남은 10만 병사가 완강히 저항하고 있어서 별 효과가 없었다. 이에 조조까지 나서서 흙으로 언덕을 쌓고는 성벽을 기어올랐다. 수춘성 병사들이 뜨거운 물과 돌덩이를 굴리며 막았지만, 조조는 기어이 성을 함락했다.

조조를 덮친 가후의 전략:

이각 4인방 중 죽은 장제의 아내 추 씨에게 빠져 세월 가
는 줄 몰랐던 조조. 자신의 숙모가 조조에게 농락당하는
것을 지켜만 볼 수 없었던 장제의 조카 장수는 가후의 도
움으로 조조 공격에 성공한다. 이 일로 조조는 등에 화살
을 박은 채 어둠 속에서 줄행랑을 쳐야 했다.

실패를 돌이킬 줄 몰랐던 원술:

떠돌이 여포에게 혼담을 제의했다가 거절당하고, 환관
출신인 조조가 황제를 앞세워 날아오르자 자존심이 상
한 천하제일의 명문가 출신 원술은 스스로 황제에 즉위
하는 무리수를 둔다. 자신이 역적으로 규정되고 민심이
떠나갈수록 더욱 폭군이 되어갔던 원술. 그가 자신의 선
택이 오류임을 인정할 줄 알았다면, 그래서 옳은 길로 되
돌아왔다면? 늦었다고 생각할 때가 가장 빠른 때이다.

조조와 가후,
1승 1패를 주고받다

수춘성을 접수한 조조는 이제 원술을 추격하는 일만 남았다. 그런데 허도의 순욱으로부터 다음과 같은 긴급 보고가 도달했다.

"유표劉表에게 도망간 장수가 다시 기세를 모아 여러 현을 공격하며 허도와 황제까지 노리고 있습니다."

조조는 원술 추격을 그만두고 신속히 회군했다. 다시 군대를 재정비해 장수가 웅거하는 남양南陽군을 찾아가 겹겹이 포위했다. 그때가 198년 봄이었다.

조조는 성 밖 이곳저곳에 세워둔 높은 구름다리 위에서 성내의 지세와 병력 배치 상황을 살펴보고 있었다. 망루에서 이를 지켜본 가후賈詡가 조조의 속내를 간파한다. 가후는 장수에게 '장계취계將計就計'

가후, 《천저우의 학자들》(청시대)

를 내놓았다. 즉 상대의 전략에 말려든 것처럼 행동하자는 것이었다. 가후는 필시 조조가 성의 서북쪽을 공격하는 것처럼 위장한 뒤 허술해 보이는 동남쪽을 공격하리라고 보았다.

조조, 가후에게 속내를 간파당하다

조조는 먼저 정예병들을 배불리 먹인 다음 가벼운 복장으로 동남쪽 성 부근에 숨겨두었다. 그리고 백성들에게 군복을 나누어주고 서북쪽 성에 올라가 고함을 치며 깃발을 흔들게 했다. 조조는 자신의 계략이 통했다고 보고 아침부터 서북쪽 성을 맹렬하게 공격하는 척한다. 그런 다음, 날이 어두워지자 준비해둔 5만 정예병을 돌려 동남쪽 성을 급습했다. 가후가 회심의 미소를 짓는 사이, 조조의 병사들은 낙화유수落花流水처럼 쓰러졌다.

이처럼 가후와 조조의 첫 대결은 가후의 완승이었다. 패잔병을 이끌고 퇴각하는 조조 뒤에서 가후가 장수에게 이렇게 권한다. "유표에게 조조의 퇴로를 차단하라고 전하세요. 그러면 조조를 생포할 수 있습니다."

그러자 조조의 뒤를 장수가 쫓고, 유표는 조조의 앞길을 끊겠다고 나섰다. 이를 알 리 없는 조조는 서둘러 퇴각하는데, 허도의 순욱에게서 또 전갈이 왔다.

"승상의 앞길을 끊으려고 유표가 안중현에서 진을 치고 있습니다."

조조는 대번에 가후의 양공 전략임을 간파하고 복병 전략을 구상한다. 이로써 조조와 가후의 두 번째 대결이 펼쳐졌다. 조조는 예상 진로를 버리고 옆으로 난 험한 산중으로 들어갔다. 예상된 요충지에서 기다리고 있던 유표는 조조가 아니라, 조조를 뒤쫓아온 장수를 만난다. 두 사람은 눈치 빠른 조조가 옆길로 샜다면서 함께 산중에 들어가 수색했다. 유표는 어느 산기슭에서 풀을 뜯어 먹고 있던 조조의 기마부대를 발견하고는 이렇게 조롱했다. "이놈들, 세월 좋구나. 내가 아예 푹 쉬게 해주마!"

유표가 전군을 몰아 추격하는데, 놀란 척하던 조조의 기마부대는 어느새 종적을 감추고 사라졌다. 그 대신 조조의 복병들이 사방에서 뛰쳐나와 유표와 장수의 연합군을 둘러쌌다. 조조는 가후가 사용했던 장계취계로 되갚아준 것이다. 이로써 조조와 가후의 두 번째 대결은 조조의 완승으로 끝났다.

유표와 장수에게 이 전투의 패인은 가후의 기본 전략을 따르지 않고, 둘이 뭉쳐서 조조를 쫓은 데 있었다. 원래 가후가 제안한 방식은 장수가 조조의 배후를 쫓고 유표가 그 앞길을 끊는 것이었다. 훗날 순욱이 조조에게 이날의 승리가 어떻게 가능했는지 물었더니 조조는 이렇게 회상했다. "유표와 장수에게 가후가 있었지만, 서로 성격이 다르니 가후가 힘을 쓰기 어려웠을 것이다."

삼국시대 인물 중 조조와 성향이 제일 비슷한 책사가 가후였다. 그만큼 조조는 가후의 속내를 잘 헤아렸다. 그러나 가후는 조조와 달리 주군이 아니었고, 주군이 될 생각도 없었다. 게다가 다른 장수들처럼 무예도 완력도 없어서, 오직 세 치 혀로 자신의 존재 가치를 증명해내야 했다. 과연 가후는 난세에 정세를 뒤바꿔놓을 책략을 창출해냈는데, 그 비결은 그의 성향에서 찾을 수 있다.

책사 가후가 난세의 승자였던 이유

가후는 사건이 터지면 사건 자체가 아니라, 그 해결에 몰입하는 스타일이었다. 가후에겐 이념이나 진영 논리 따위는 고려 대상이 아니었고, 진영 논리에 빠져 다른 의견을 배척하는 행위는 좁은 태도이며 문제 해결을 가로막는 최대 장애로 보았다. 가후는 과제를 풀어가는 재미, 즉 '과업 중심의 문제 해결problem-solving in task-centered'에 집중하는 성향이었다.

가후처럼 후한 말 관료에서 출발해 동탁, 이각과 곽사, 단외, 장수, 조조와 그의 아들들까지 주군을 자주 바꾼 책사는 없었다. 가후는 적장에서 적장으로 무수히 옮겨 다녔지만, 해를 입기는커녕 항상 요직에 임명되었다. 책사라면 주군에 대한 충성이 기본일 테지만, 가후는 달랐다. 그는 주군에게 충성하는 사람이 아니라, 자신의 재능을 살리는 책략에 충성하는 사람이었다. 가후에게는 절개와 충성심보다는 항시 해결 가능한 현실적 해법이 중요했다. 그렇더라도 책사를 맡으면 그 직분에 최선을 다했다.

가후에겐 그런 자신을 신뢰해주는 주군이 필요했고, 아니다 싶으면 미련 없이 떠났다. 가후의 성품은 소신과 처신이 절묘하게 균형을 이루었는데, 형편에 따라 소신도 바꾸는 융통성이 있었다.

반면, 장수張繡에게는 소신이 제일 중요했다. 장수가 조려祖厲현의 관리였던 시절, 양주에서 변장邊章과 한수韓遂가 반란을 일으켰다. 국승麴勝이 이에 호응해 장수의 상관인 유준劉雋을 죽이자, 장수가 틈을 보아 국승을 죽여 의로운 호걸이라는 소리를 들었다. 장수는 삼촌 장제가 죽은 후 그의 군사를 물려받아 완宛을 근거지로 삼았는데, 가후를 만나고서는 유표와 싸우는 대신 그와 연합했다.

가후가 볼 때 장수는 계속 커나갈 역량이 없었다. 자신이 아무리 좋은 계책을 낸다 한들 장수는 작은 군벌에 머물 위인이었다. 이각, 단외 등 이전의 주군들은 그릇이 작아 가후의 능력을 버거워했다면, 장수는 스케일이 작아서 가후가 마음껏 실력을 발휘하기가 힘들었다. 조조는 그 점을 제대로 간파해 가후가 장수 아래서 그의 뜻을 제대로 펼치기 어렵다고 보았다. 앞서 조조가 순욱에게 가후와 장수의 성격이 다르다고 언급한 것 또한 그런 의미였다.

유표, 위키피디아

그런데 가후는 조조와 수 싸움을 벌이는 동안, 조조가 그릇도 크고 확장력도 엄청나다는 것을 발견한다. 후에 조조와 원소가 관도官渡에서 대치할 때(관도대전, p.342 이하 참조), 소군벌인 장수도 어느 쪽엔가 줄을 서야만 했다. 처음에 장수는 조조에 비해 세상의 평판, 인구, 영토, 병력 들에서 훨씬 앞서는 원소를 따르려 했지만, 가후의 설득으로 조조에게 투항한다. 조조로서는 일생에 가장 수치스러운 패배를 안기고 아들까지 죽게 한 가후와 장수였지만, 투항한 그들을 흔쾌히 받아들인다.

평생 다섯 번 이상 주군을 바꾸다

가후는 세상을 절대선과 절대악이라는 이분법적 구도로 보지 않았다. 그래서 그가 동탁 아래 있다가 동탁 타도를 외친 조조를 도울 수 있었던 것이다. 또 가후는 다른 사람의 평가에 개의치 않고 자신의 견해를 분명히 주장한 사람이었다. 가후는 여러 주군 밑에서 일했지만, 간에 붙었다가 쓸개에 붙었다가 하는 간신 취급은 당하지 않았다. 그는 항시 역사의 주역들이 교체되는 역사의 주요 현장에 서 있었다. 투항 형식으로 주군을 바꾸었지만, 그는 늘 중요한 사람이었고 요직에 등용되었다. 이는 천하 대란의 시기에 평생 5번 이상 주인을 바꿔 섬겼으면서도 그가 천수를 누린 비결이 아닐까? 가후는 문제 해결에 필요하다면 어떤 음흉한 계책도 마다하지 않았고, 그가 세운 계책은 빗나간 적이 없었다.

반면 조조는 앞선 전쟁에서 가후에게 크게 진 것처럼 여러 차례 쓴맛을 보았다. 그러면서도 조조가 위나라의 기틀을 닦는 대업을 이룬 것은 같은 실수를 되풀이하지 않으려는 의지 때문이었다. 조조는 가후에게 한 번 속은 다음 그의 전략을 역이용해 유표와 장수의 연합군을 궁지에 몰았다.

그 전쟁 중 허도에서 또 순욱이 급보를 보냈다.

"원소가 침략할 조짐이 보입니다. 시급히 회군하셔야 합니다."

서둘러 철군하는 조조를 장수가 쫓으려 하자 가후가 눈을 가늘게 뜨며 고개를 저었다. 이에 유표가 가후를 나무랐다. "이 사람아, 이제야말로 조조를 제거할 기회인데 왜 막는 건가?" 그러고는 당장 조조를 추격하라고 명령을 내렸다. 이에 장수가 조조를 잡겠다며 정신없이 40여 킬로미터를 쫓아갔는데 갑자기 조조의 복병이 나타났다. 이때 장수는 군사를 절반이나 잃고 퇴각했다.

그런데 이번에는 가후가 "이제 조조를 추격하면 반드시 이깁니다"라며 공격할 것을 권했다. 가후의 말을 듣지 않아서 낭패를 경험했던 장수와 유표는 이번에는 조조를 추격했는데, 과연 조조의 후군은 철수에만 집중하느라 허술하기 그지없었다. 장수의 공격에 전멸당할 뻔한 위기에 처한 조조의 후군은 여남汝南의 변방을 지키던 중랑장 이통李通이 달려와준 덕분에 간신히 도망칠 수 있었다.

장수는 조조의 후군이 남겨둔 군수물자를 제법 챙기고 돌아가면서 가후에게 이렇게 물었다. "그대의 이번 책략은 상식과 맞지 않는데 효력이 있군요. 대체 어찌된 일이오?"

가후가 답했다.

"장군도 용병술에 뛰어나시지만 조조에게는 미치지 못합니다. 그런데 조조가 장군을 이겨놓고 급하게 물러간다는 것은 허도에 어떤 변고가 생겼다는 이야기이죠. 조조는 아무리 전쟁에 패해 도주할지라도 뒤에 뛰어난 장수를 두어 대비하는 아주 용의주도한 사람입니다. 그래서 처음에 쫓지 말라고 한 것입니다. 그다음에 공격하라고 한 것은 갈 길 바쁜 조조가 추격군을 한 번 물리쳤으니 안심하고 서두를 것이라고 보았기 때문입니다. 그래서 우리 군사가 승리할 수 있었습니다."

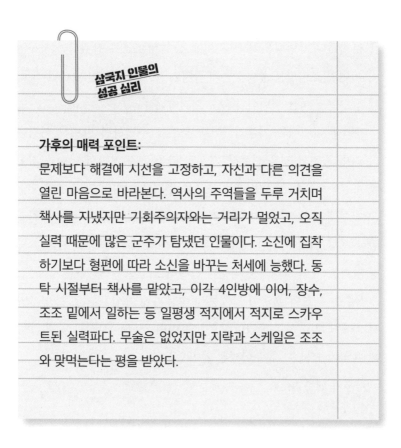

삼국지 인물의 성공 심리

가후의 매력 포인트:
문제보다 해결에 시선을 고정하고, 자신과 다른 의견을 열린 마음으로 바라본다. 역사의 주역들을 두루 거치며 책사를 지냈지만 기회주의자와는 거리가 멀었고, 오직 실력 때문에 많은 군주가 탐냈던 인물이다. 소신에 집착하기보다 형편에 따라 소신을 바꾸는 처세에 능했다. 동탁 시절부터 책사를 맡았고, 이각 4인방에 이어, 장수, 조조 밑에서 일하는 등 일평생 적지에서 적지로 스카우트된 실력파다. 무술은 없었지만 지략과 스케일은 조조와 맞먹는다는 평을 받았다.

은둔자로 돌변한 공손찬과
급부상하는 원소

조조가 남양에서 장수와 대치하고 있을 때였다. 전풍田豊이 원소에게 "이 틈에 조조의 배후를 치고 허도를 장악하십시오"라고 권했다. 순욱이 첩자로부터 그 소식을 접하고 조조에게 알렸고, 원소가 잠시 머뭇거리는 사이에 조조는 벌써 허도로 돌아왔다.

원소는 허도 공략을 뒤로 미루고, 배후의 골칫거리인 공손찬 제거에 나섰다. 그런데 어찌된 일인지, 조조가 원소에게 군량미까지 보내주며 응원하는 것이 아닌가! 원소는 크게 안도하고 10만 대군을 몰아 공손찬이 있는 북쪽을 향해 달려갔다.

원소와 공손찬의 악연은 언제부터?

• **하비 전투:** 198년 서주의 하비를 차지하려고 조조와 여포가 싸운 전투. 소패성 전투에서 유비와 조조의 지원군을 물리친 뒤 하비로 후퇴한 여포를 조조가 뒤쫓는다. 이때 여포는 송헌과 위속에게 붙잡혀 교수형에 처해진다. 여포의 부하중 장료만 살아남아 조조의 부하가 된다.

조조가 원소에게 공손찬 정벌을 부추긴 이유가 있었는데, 바로 여포를 정리할 시간을 벌기 위해서였다. 후한 말기 최고의 전투로 손꼽히는 여포와 조조의 하비下邳 전투,• 원소와 공손찬의 역경易京 전투가 비슷한 시기에 전개된 것은 그래서였다. 원소와 공손찬은 악연도 깊고 성격도 불과 물처럼 상극이었다.

원소가 여론 조성에 능하다면, 공손찬은 여론 자체에 무지했다. 원소의 여론 선동술은 원술 덕이 컸다. 어려서부터 원술이 원소를 '얼자'라고 무시할 때부터 원소는 여론을 자신에게 유리한 쪽으로 만드는 법을 체득해나갔다. 성미 급한 공손찬은 자신이 베푼 은혜는 기억하고 자신의 악행은 잊은 반면, 타인이 자신에게 베푼 은혜는 하찮게 여겼고, 조금만 억울해도 기억했다가 끝까지 보복했다.

반동탁 연합군 시절, 원소가 유주幽州자사 유우를 황제로 추대하려한 적이 있었다. 이때 유주를 놓고 유우와 경쟁 관계였던 공손찬이 맹렬히 반대했는데, 그때부터 원소와 공손찬 사이에 갈등이 싹트기 시작했다. 공손찬이 세력을 떨치던 유주 지역은 고구려, 흉노, 선비족 등이 수시로 출몰하는 곳이었다. 특히 유주의 요지인 서안평西安坪은 고구려와 자주 충돌하는 지역으로, 훗날 고구려의 동천왕, 미천왕

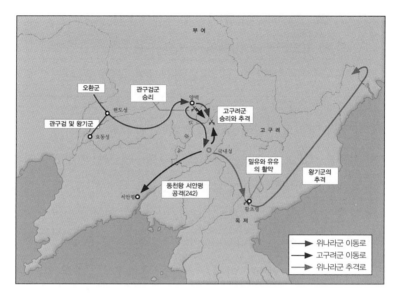

242년, 고구려 동천왕과 위나라가 벌인 서안평 전투

에게 점령되기도 한다.

원소와 공손찬의 계교전투, 승자는?

어렵사리 유주 지역을 안정시킨 공손찬은 남하하기 시작했다. 당시 발해渤海태수였던 원소는 반동탁 연합군이 해체된 후에도 상관인 기주자사 한복韓馥의 견제로 발해군으로 돌아가지 못하고 황허강 근처에 머물고 있었다. 그때 봉기逢紀가 원소에게 진언을 했다.

"기주가 땅이 넓고 곡창지대이니 장래 발판으로 삼을 만합니다."

"나도 안다. 그런데 기주를 어떻게 차지한단 말이냐?"

"이럴 때 원교근공遠交近攻책이 필요합니다. 북쪽 공손찬에게 함께 한복을 쳐서 기주를 반씩 나누자고 하십시오. 공손찬은 반드시 응할 겁니다."

이 말에 원소의 얼굴에 화색이 돌았다. 원소는 그 즉시 공손찬에게 밀사를 보냈고, 공손찬은 남진해 기주의 요충지인 안평에서 한복을 격파했다. 참패한 한복이 원소에게 도움을 청하자, 원소는 도와주는 척 군대를 북상시켜 기주의 여론을 장악하고 한복을 협박해 기주 자사의 자리를 양도받았다.

기주를 차지한 원소는 아예 본거지를 병주에서 기주의 업鄴으로 옮겼다. 반객위주反客爲主, 즉 손님이 도리어 주인 노릇을 하는 격이었다. 그래놓고 발해태수 자리를 공손찬의 사촌동생 공손범公孫範에게 양도하는 것으로 공손찬에게 줄 대가를 매듭지으려 했다. 이런 회유책에 화가 난 공손찬은 기병 1만, 보병 2만 등 3만 병력을 동원해 반하磻河의 상류에서 원소의 1만여 군사와 교전을 시작한다.

공손찬의 전략은 북방 기마 민족과의 전투에서 단련된 기병을 양 날개로 삼고 가운데 보병을 세우는 것이었다. 이는 전형적인 학익진 전략으로 적과 맞붙어 싸우게 되면, 좌우의 기병이 몰려나와 적의 배후를 치게 된다. 그렇게만 되었더라면 공손찬이 승리했을 것이다. 그러나 원소의 군세를 약하게 본 공손찬은 보병을 쉬게 하고 기병만 내보냈다. 그게 공손찬의 실책이었다.

원소는 북방 기마 민족의 전술에 능수능란한 장수 국의麴義를 내보내 공손찬의 공격을 막게 했다. 국의는 선봉 8백 명을 방패 아래 엎

드려 있게 한 뒤에 1천여 명의 강
노^{剛弩}병●을 배치했다.

드디어 공손찬의 기병대가 사
정거리 안에 들어오자 원소의 강
노병들이 일제히 사격을 시작했고

> ● **강노병:** 강노란 한 번에 화살 여
> 러 개를 쏠 수 있는 위력이 센 활,
> 또는 탄력이 강한 활을 말한다. 따
> 라서 강노병은 손과 발을 모두 이
> 용해 화살을 쏘는 병사, 또는 험한
> 지형과 부대의 후미에서 공격하는
> 병사일 수 있다.

엎드려 있던 선봉 부대도 일어나 돌진했다. 철수하는 공손찬의 기병
대를 원소가 쫓아가 계교에서 또 한 번 크게 격파했다. 이것이 원소
를 중국 최강자로 우뚝 서게 한 계교전투^{界橋戰鬪}(191년)였다.

공공의 적이 된 공손찬

원소는 공손찬의 본거지인 유주까지 진격했다. 그러다
가 고안^{故安}에서 실패해 밀려났고, 거마수^{巨馬水}에서 또 패배해 청주^青
^州 평원군^{平原郡}까지 밀려 내려갔다. 그러던 원소가 용주^{龍湊}에서 승리
를 거두면서 공손찬은 유주의 우북평^{右北平}으로 도망간다.

공손찬은 원소와의 전투에서 비록 패했지만 북방의 이민족을 복
속시키며 다시 군세를 회복했다. 우북평에 주둔하던 공손찬은 내친
김에 유주자사 유우^{劉虞}까지 제거하려 한다. 공손찬은 먼저, 유우에
게 선물과 함께 전령을 보내 초대해놓고서는 유우를 문전박대한다.
그러자 유우는 10만 군사를 일으켜 공손찬을 공격했다. 유우는 싸움
경험도 없던 데다가 백성의 피해를 염려하느라 군사를 제대로 지휘
하지 못했다. 결국 193년 가을 유우는 공손찬에게 사로잡혀 죽임을

당했다.

이후 유주땅은 공손찬이 통치하지만, 선정을 베풀던 유우를 흠모하는 민심을 되돌리지는 못했다.

그 2~3년간 원소의 세력은 황허 이북으로 기주를 넘어 청주와 병주에 이르렀고, 조조의 세력은 황허 남쪽으로 연주, 예주 등에 미쳤다. 이제 원소는 유주를, 조조는 서주를 남겨둔 셈이었다. 유우에 대한 신망은 한족뿐만 아니라 북방 민족에게도 높았다. 그런 유우를 죽인 공손찬은 하북 전체에서 공공의 적이 되었다. 그렇게 된 데는 원소가 기존 사대부와 지식인들을 선동한 것도 한몫했다.

공공의 적이 된 공손찬은 그 후 어떤 행동을 보였을까?

공손찬은 자신의 거주지에 철벽 요새 역경성易京城을 건축했다. 요하遼河로 통하던 그 성은 성벽이 매우 높고 망루가 무수히 많았다. 공손찬은 중앙 누각 위에 자신이 거처할 고층 누각을 지었다. 성 밖에는 열 겹으로 참호를 팠고, 성내에 군량미 수백만 섬을 비축해두었다. 얼마나 많은 백성의 고혈로 그 성을 쌓았겠는가?

역경성 건축 후 공손찬은 은둔형 외톨이가 되었다. 외부와 일절 접촉을 끊고 고층 누각에 자신을 유폐하고는 공문서조차 줄을 매달아 올리고 내리게 했다. 그의 누각에 드나드는 사람은 오직 시녀들과 소년들뿐이었다. 그는 일종의 정신분열성schizoid 성격 장애를 앓았던 것 같다.

공손찬의 자살, 조조를 떨게 한 원소

공격적이고 활달한 공손찬이 왜 그렇게 변했을까?

사람은 비교적 지속적인 성격 패턴을 통해 주어진 환경에 대처하며 주위 사람들과 관계를 맺는다. 그러나 정신분열성 성격은 에너지가 외부에서 안으로만 향하는 패턴을 띤다. 그리되면, 생각하고 느끼고 행동하는 일련의 과정이 미숙해지고 융통성도 사라지게 된다. 그런 사람들에게 보통 사람들이 누리는 기쁨과 슬픔 등의 정서는 그저 관찰의 대상일 뿐 전혀 공감되지 않는다.

사람의 동기 및 욕구를 연구한 심리학자 헨리 머레이Henry Alexander Murray●의 욕구 이론에 비춰보면, 공손찬 같은 경우 단순폐소 콤플렉스simple claustral complex 유형이었을 수 있다. 쉽게 말해, 모체의 자궁 같은 출생 이전의 환경으로 돌아가고 싶은 욕구에 사로잡힌 것이다. 그런 유형은 변화를 주저하고 은밀한 곳을 찾아다니고 수동적이며 침대에 누워 있기 좋아하는 성향으로 나타난다. 한마디로 공손찬의 성격에 퇴행이 일어난 것이다.

그런 사람들은 어떤 사람들을 가까이 둘까? 아마도 세상 흐름과 무관하게 자기 멋대로 사는 사람들을 곁에 두지 않을까? 은둔자가 된 공손찬의 측근은 점쟁이 유위대劉緯臺, 거상 악하당樂何當, 비단 장수 이이자李移子였다. 이 셋이 의형

● 헨리 머레이: 1893~1988. 미국 뉴욕 출생. 어렸을 때 눈에 문제가 생겨 시력을 잃었고 그러면서 말을 더듬었다. 하버드대학교에서 역사를 전공한 뒤 컬럼비아대학교에서 생물학으로 석사학위를, 케임브리지대학교에서 생화학으로 박사학위를 받았다. 갈등욕구이론을 정립했고 1925년 융과의 만남을 계기로 심층심리학을 공부하게 된다.

제를 맺어 공손찬의 뜻을 빙자해 자기 마음대로 행하는 바람에 뛰어난 맹장과 모신들은 하나둘 공손찬을 떠났고, 일부는 원소에게 투항했다.

역경성이 워낙 견고해 공손찬은 원소의 공격을 간신히 버텨냈다. 그러나 원소의 군대가 성 아래에 굴을 여러 개 파서 중앙 누각까지 다가가자, 절망한 공손찬은 가족을 모두 죽인 뒤 스스로 목숨을 끊었다.

원소가 공손찬의 머리를 조조에게 보내자, 조조는 한동안 두려움에 떨었다. 왜냐하면 그것은 원소가 기주 및 하북 지역의 4주를 이미 평정했고, 곧 황허 남쪽의 조조를 도모한다는 신호였기 때문이었다.

공손찬의 잔여 무리를 합쳐 원소의 군대는 1백만이 넘는 대군이 되었다. 원소는 그때부터 조정에 공물도 바치지 않았다. 원소의 뛰어난 정치 선전술과 거기에 제대로 대처하지 못한 공손찬이 함께 만들어낸 결과였다.

콤플렉스 때문에 교활해진 원소:

서자로 태어나 무시당하던 경험 때문에 여론을 자기에게 유리한 쪽으로 만드는 법을 체득했다. 공손찬을 이용해 기주를 차지한 뒤 그를 버리고 오히려 그를 공격한다.

정신분열증에 걸린 공손찬:

실력은 원소와 견줄 만했으나 자기 처지만 생각하는 이기적인 성격이 패인이었다. 남이 베푼 은혜는 모르고 남에게 당한 것은 억울해서 참지 못하는 성격 탓에, 유주에서 선정을 베풀며 민심을 얻고 있는 유우를 죽이는 무리수를 둔다. 이 때문에 공공의 적이 된 공손찬은 철벽 요새에 칩거하다가 자살한다.

아부를 좋아하던
여포의 최후

원소가 공손찬의 역경성을 공격할 때 조조는 군량미를 보내 그 공격을 부추긴 한편, 여포 공략 3단계 작전에 돌입했다. 그 첫 단계로 서주의 주요 호족이던 진규, 진등 부자에게 비밀리에 이같이 지시했다. "여포와 진궁陳宮 사이를 벌려놓으시오."

진규, 진등 부자는 여포가 용맹했지만, 무모하고 거동이 가벼워 미래가 없다고 보고 자청해 조조에게 붙은 것이다. 그 후 부자는 여포의 비위를 살살 맞추면서 마치 신줏단지처럼 대우하고 있었다. 보다 못한 진궁이 여포와 단둘이 있을 때 주의를 주었다.

"장군, 진규 부자의 아첨이 지나칩니다. 분명히 농간이 있을 겁니다."

그러나 여포는 진궁의 말을 새겨듣지 않았다.

"그대는 생각이 너무 많아 탈이오. 좋은 사람들을 모함하지 마시오."

멋쩍어진 진궁은 물러나며 속으로 한탄했다.

"충언을 거절하면 소인배가 득세하는 법. 반드시 화가 따르겠
구나."

진궁이 조조를 버리고 여포에게 간 까닭

이쯤 되면 책사들은 보통 다른 주군을 찾아간다. 가후,
순욱, 곽가가 그랬다. 가능성 없는 주군을 도와봤자 자신의 재능만
낭비하는 꼴이기 때문이다. 그러나 진궁은 그렇지 않았다. 잠깐 동안
조조의 책사였다가 여포에게 온 이후에는 수없이 실망하면서도 끝
까지 여포를 떠나지 않았다. 그것은 사실 여포를 앞세워 조조를 이
기고자 한 속셈 때문이었다.

거기엔 이런 사정이 있었다. 진궁의 고향인 연주의 자사 유대劉岱
가 192년 청주의 황건적을 공격하려는데, 정세에 밝은 제북의 상 포
신이 이를 만류했다. 그러나 듣지 않고 싸우다가 유대는 전사했고
포신도 치명상을 입었다. 이에 진궁은 포신과 연주의 관리들을 만나
"황건적으로부터 연주를 구하려면 조조가 필요합니다"라고 열변을
토했다.

이에 설득당한 포신과 연주의 관리들이 조조를 연주자사로 추대
했다. 진궁이 조조의 모사가 된 시기가 정사에는 조조의 거병 직후
로 나오지만,《삼국지연의》에는 그보다 빠른, 조조가 동탁 암살에 실

패하고 도망가던 도중으로 나온다. 그때 중모中牟현 현령이던 진궁은 조조를 붙잡았는데 그 높은 기개에 반해 벼슬마저 버리고 조조와 함께 도망쳤던 것이다.

함께 도망치던 진궁과 조조는 조조의 부친 조숭과 조숭의 친구인 여백사呂伯奢를 만나 그들과 함께 하룻밤 묵게 된다. 그런데 오해가 생겨서 조조가 여백사 가족을 몰살하는 일이 벌어진다. 그 일로 크게 실망한 진궁은 조조를 떠나지만, 그로부터 2년 후 조조를 연주자사에 추대한 것이다. 진궁이 조조의 실력만큼은 인정했다는 이야기이다.

하지만 진궁은 조조가 부친 일가의 가산을 약탈하고 몰살시킨 도겸을 끝내 복수한 사건을 보면서 조조에 대한 미련을 완전히 버린다. 또 그때부터 조조에 대한 모든 기억이 나쁜 감정으로 채색된다.

여포를 앞세워 조조를 이겨보리라

그 후 194년에 조조가 도겸을 치려고 서주를 두 번째 침공하기 위해 연주를 비웠다. 진궁은 그 기회에 조조를 쳐야 한다며 연주의 호족들과 결탁해 진류태수 장막을 설득한다. 그래서 장막이 여포를 영입해 조조를 공격했다.

무장으로서는 여포가 조조를 앞서지만, 주군의 자질로는 조조가 여포를 월등히 앞선다. 그런데도 진궁이 여포를 택한 것은 장엄莊嚴하다는 평을 들을 만큼 진궁의 강직한 성향 때문이었다. 진궁 같은 강직한 성격이 자칫하면 흑백논리에 빠지기 쉬운데, 조조나 가후의 성격과는 정반대이다. 그러나 지략과 공명심만큼은 진궁과 조조가 똑같이 특출했다.

뛰어난 책사만 해도 조조 진영에는 많았으나, 여포에게는 매우 드물었다. 자신의 존재 가치를 증명해낼 수 있는 주군이 필요한 진궁에게는 여포가 제격이었다. 진궁은 여포를 심지어 단세포적인 멘털의 소유자[心智單純]라고도 표현했지만, 여포에게는 진궁의 장점이 절대적으로 필요했다. 진궁은 바로 그 점을 보고 여포를 앞세워 조조와 자웅을 겨뤄보고 싶어 했다. 그런 소망 때문에 진궁은 여포에게서 취할 수 있는 이득만 보며 그에게 끝까지 충성했다. 진궁에게 여포는 이른바 제 눈의 안경이었다.

여포를 위해 진궁이 세운 전략은 기본적으로 원술과 연대해 조조를 공략하는 것이었다. 그런데 진규 부자는 이를 반박하며, 오히려 조조와 연대해 원술을 쳐야 한다고 주장했다. 당시 정세가 조조와 원소의 대결 구도로 흘러가는 것을 감안하면, 진궁의 전략이 더 타당성이 있었다. 게다가 원술과 여포는 혼인동맹을 추진할 만큼 비교적 호의적인 관계였다. 그런데도 진규 부자의 아부에 녹아난 여포는 진궁의 계책을 헌신짝 취급하듯 무시했다. 그럼으로써 조조가 서주를 빼앗을 시간만 벌어주었다.

입지가 흔들린 진궁은 원술의 사주를 받은 학맹郝萌의 반란●을 은밀히 돕는다. 이때가 196년 초

> ● **학맹의 반란:** 196년 6월 여포가 유비에게서 하비를 빼앗은 이후 여포의 부장 학맹郝萌이 반란을 일으켰다. 이때 도독都督인 고순은 자신의 병영에 여포를 데려와 보호하고 학맹의 부대에 일제사격을 퍼부어 진압했다. 여포의 책사 진궁이 배후에서 이 반란을 획책했다.

눈알을 먹는 하후돈, 《삼국지연의》
(청시대)

여름이었는데, 그 반란은 고순高順에게 진압되고 진상 조사 과정에서 진궁의 가담이 드러났지만, 그의 재능을 아낀 여포가 이를 불문에 부쳤다.

그사이에 조조의 여포 공략 제2단계가 진행되었다. 조조는 소패의 유비에게 밀사를 보내 "여포를 칠 테니 몰래 우리와 내통하라"라고 지시했다. 그 지시를 거절할 수 없었던 유비는 수락하겠다는 답서를 보냈다. 마침 진궁은 아침에 취한 여포를 떠나 사냥을 나갔는데, 사냥터에서 수상한 자를 잡고 보니 유비의 그 답서가 나왔다. 진궁은 그 길로 여포를 찾아가 고했다.

"장군, 이 글을 보십시오. 유비란 놈은 천하의 위선자입니다. 이 길로 조조를 공격해야 합니다."

그때까지 조조와 원술 사이에서 우왕좌왕하던 여포는 198년에 원술과 다시 손을 잡았다. 여포는 또 고순과 장료張遼에게 소패에 있던 유비를 치게 했다. 고순과 장료는 몇 개월간 싸운 끝에 소패성을 점령하고 유비의 처자식까지 사로잡았다. 이어서 유비를 구출하러 달려온 조조의 선발대도 격파했다.

이때 고순의 부하 조성曹性이 쏜 화살이 조조 측 하후돈夏侯惇의 왼쪽 눈에 박혔다. 하후돈은 외마디 비명을 지르며 화살을 뽑고는, 딸려 나온 눈알을 그대로 씹어 먹으며 소리쳤다. "부정모혈父精母血, 불가기야不可棄也." 아버지의 정기와 어머니의 피로 만들어진 것을 버릴 수 없다는 뜻이다.

미로에 빠져 출구를 잃은 여포

여포에게 소패성을 빼앗긴 유비는 몇몇 측근과 함께 다시 단기필마가 되어 조조를 찾아갔다. 드디어 조조는 여포에 대한 총공격 명령을 내렸다.

이미 첩자를 통해 조조와 정보를 주고받은 진등은 서주, 소관蕭關 [서주로 가려면 반드시 거쳐야 하는 곳], 소패를 차례대로 접수할 계책을 세워두었다. 그는 먼저 서주에서 여포의 심복을 빼내는 작업부터 진행했다.

어느 날 진등이 여포의 귀에 대고 속삭이길, "이곳 지형은 사방에서 공격받기 쉬우니 하비성으로 옮기는 것이 유리합니다"라고 했다. 진등의 아부에 길들여진 여포는 진궁이 아무리 말려도 듣지 않고, 서주를 진규에게 맡겨두고는 서둘러 가솔과 재물, 심복들을 하비로 옮겼다. 그 와중에 여포는 서주의 관문인 소관이 위험하다는 보고를 받았다. 당시 소관은 여포를 흠모하는 산적 떼와 함께 진궁이 지키고 있었다.

여포가 소관으로 방향을 바꾸는데 진등이 앞서 가서 상황을 보겠다며 먼저 달려갔다. 진궁을 만난 진등은 거짓말로 겁을 주었다.

"여포 장군이 왜 진궁은 소관 밖으로 나가 적극적으로 싸우지 않았느냐고 질책합디다."

그날 밤 늦게야 조조는 소관 앞에 진영을 쳤다. 진등은 조조의 진영에 이런 내용의 편지 화살을 날렸다.

"내일 밤 소관 창공에 불빛이 보이거든 한참 더 기다리셨다가 소란이 일거든 일제히 공격하십시오."

진등은 그다음 날 여포에게 가서 또다시 거짓말을 한다. "산적 두목들이 변심한 것 같습니다. 진궁이 위험하니 어둑해지면 구원병을 보내십시오." 여포는 진궁에게 소관으로 돌아가 횃불을 올리라며 그 신호를 보고 진격하겠다고 전하도록 했다. 진등은 다시 진궁에게 가서 여포의 명령이라며 이렇게 말했다. "조조의 일부 군사들이 우회해 서주로 갔으니, 서둘러 서주를 구하라."

진궁은 그 말이 의심쩍었지만 군령이니 따르지 않을 수 없었다. 그날 밤 진궁의 군사가 소관을 떠나려는 찰나, 진등이 관사 지붕에 올라가 횃불을 쳐들었다. 이를 신호로 여포의 군사가 달려와 진궁의 군사들과 싸웠는데 어둠속이라 서로 조조군으로 오인한 것이다. 멀리서 그 소란을 들은 조조군이 달려와 자중지란이 일어난 여포 측 군대를 가볍게 제압했다. 그제야 여포는 아군끼리 싸웠음을 알고 진등을 찾았지만 그는 이미 도망간 뒤였다.

여포는 별 도리 없이 진궁과 더불어 서주로 급히 후퇴하는데, 성문이 열리기는커녕 화살만 빗발치듯 쏟아졌다. 이미 진규가 서주를 유비에게 넘겨주었던 것이다.

이제 여포에게 남은 곳은 소패뿐이었다. 여포가 소패로 달려가는데, 반대쪽에서 달려오는 고순과 장료를 만났다. 여포가 그들에게 물었다. "웬일이냐? 소패를 비워두고 어디 가느냐?"

"장군이 조조군에게 당하고 있으니 시급히 장군을 구해야 한다고… 진등이 찾아와서 그리 말했습니다."

여포는 '또 속았구나' 싶어 소패성으로 급히 달려가 보니 벌써 조조군이 접수한 뒤였다. 진등은 허탈해하는 여포를 망루 위에서 내려다보며 배꼽을 잡고 비웃었다. 처음부터 속이려고 작정하고 덤벼든 진규 부자에게 여포가 속수무책으로 당한 것이다.

진궁이 여포를 떠나지 못한 진짜 이유

진궁은 왜 여포를 진규의 속임수에서 벗어나게 하지 못했을까?

진궁과 진규 부자 모두 설득력이 뛰어난 달변가였다. 다만 상대를 설득하는 방식에 차이가 있었는데, 진궁은 "내가 옳다"는 의식이 강했고 그런 태도로 여포에게 계책을 내놓다 보니 상대를 가르치는 투가 되었다. 조조는 상대의 말투 따위는 대수롭지 않게 여기며 내용만 선별해서 받아들이는 스타일이었지만 여포는 달랐다. 여포에게 진궁의 말투는 잔소리처럼 들린 반면, 진규 부자의 말투는 자기를 진심으로 위해주는 듯 달콤하기만 했다.

결국, 여포는 서주의 드넓은 땅을 모두 잃었다. 그가 갈 곳은 하비성뿐이었고 그의 곁에는 진궁만 남았다. 이제라도 진궁이 여포를 떠난다면 다른 제후들이 서로 데려가려고 하겠지만, 진궁은 여포를 떠나지 않았다. 이 현상을 어떻게 설명할 수 있을까?

진궁이 자기 자신에게 가하는 일종의 '희망고문hope torture'으로 이해할 수 있다. 모든 것을 바쳐 조건 없이 지지했던 여포의 실체가 드러났지만, 오랫동안 그를 지지했던 자신의 선택이 어리석은 것이 아님을 보여주려는 강한 심리가 작용한 것이다. 그래서 진궁은 자신을 더욱 희생하는 한이 있어도 여포를 더 미화하고 지켜주려고 했다. 진궁이 자신에게 가한 희망고문은, 안 될 줄 알면서도 스스로 고통을 감수하면서까지 여포에 대한 기대를 접지 않는 양상으로 나타났다. 심지어 자신의 기억까지 왜곡하면서 말이다.

하비성으로 들어간 여포를 조조는 쉬지 않고 쫓아갔다. 진궁은 여포에게 역으로 조조를 공격하자고 제안했다. 사실 조조 군대도 먼 길을 달려오느라 지친 상태였다. 여포는 성 밖에서, 진궁은 성 안에서 대기하다가 조조가 여포를 공격하면 성 안의 진궁이 치고, 조조가 진궁을 공격하면 성 밖의 여포가 조조의 뒤를 치자는 전략이었다. 그렇게 하면 조조의 군량미가 열흘이 못 되어 떨어질 것이니 승리할 수 있다고 보았다. 기가 막힌 계책이었다.

여포는 "이제야 조조놈을 잡을 수 있게 되었다"며 아내인 엄 씨와 초선에게도 알렸다. 그런데 뜻밖에 두 아내가 그 작전을 말렸다.

"조조에게 귀한 대접을 받고도 우리에게 귀순한 진궁입니다. 그런 진궁을 장군이 제대로 대우해주지 않았는데 어찌 그를 믿고 성 밖으로 나가려 합니까?"

그 바람에 여포는 진궁의 계책을 받아들이지 않고 농성을 택하게 된다. 하비는 지대가 워낙 험하고 군량미가 풍족하기도 해서 여포는 조조의 공격을 버텨낼 수 있었다. 전투가 두어 달 지나면서 조조의 군사들은 지쳐갔고 조조도 차츰 허도가 걱정이 되었다. 허도를 너무 오래 비워두면 북쪽의 원소와 동쪽의 유표, 장수가 그 틈을 노릴 수 있기 때문에 돌아가려고 생각했다. 조조는 참모들을 모아 철수할 뜻을 밝히는데 순유荀攸가 다른 의견을 냈다.

"여포는 지혜도 꾀도 없고 기세가 전부인데 지금 한풀 꺾인 상태입니다. 진궁이 어떤 계책을 내놓아도 여포는 실행하지 못할 테니 반드시 우리가 승리합니다. 이런 기회를 놓치면, 장군께서 크게 후회하실 것입니다."

이에, 조조는 곽가의 의견대로 수공水攻 작전[주변 강의 제방을 허물어 침수시키는 전략]을 펼쳤다. 하비성의 낮은 지대가 침수되자 여포는 고지대의 동문에 올라 진두지휘하며 버텨보았지만, 이미 기울어진 전세를 되돌릴 수는 없었다.

천하 호걸, 여포와 진궁의 죽음

     이로써 여포는 조조 앞에 무릎을 꿇었다. 아무리 길들이려 해도 길들여지지 않는 여우[狼子野心] 같은 여포였다. 그 옆에 진궁, 고순, 장료 등도 줄줄이 포승줄에 묶였다. 한 사람씩 죄상을 물어 처형하는데, 진궁 차례가 되자 조조가 물었다.

"지략이 넘치는 그대가 어찌 이리되었소?"

진궁이 여포를 가리키며 말했다.

"바로 저 사람이 간신배와 처첩의 말만 들었기 때문이다."

안타깝다. 만약 여포가 진궁의 말을 들었더라면, 만약 진궁이 여포를 떠나 의사소통이 되는 다른 주군에게로 갔더라면, 둘 다 천하의 한 축으로 당당히 자리를 잡았을 것이다.

그래서 커뮤니케이션이 중요하다. 서로 말이 통하지 않으면 천하의 계책도 무용지물에 불과하다. 공자는 "도부동道不同, 불상위모不相爲謀"라 했다. 추구하는 바가 다르면 아무리 의논해도 무익하다는 뜻이다. 진궁의 대답을 들으며 잠시 공자의 말을 떠올린 조조는, 무엇보다 진궁을 스카우트하고 싶어 다시 물었다.

"내가 그대를 살려야 하는가, 죽여야 하는가?"

"그냥 죽여라!"

"그대의 가족은 어떻게 하고?"

그제야 진궁은 고개를 푹 숙이고는 눈물로 호소했다.

    "옛말에 천하를 다스리는 자는 남의 부모를 해치지 않고 남의 제사를 끊지 않는다 했으니, 내 가족은 승상께 맡길 뿐이오. 하지만 나는 군법에 따라 처형해주시오."

조조는 더는 진궁의 의지를 꺾을 수 없음을 알고, "진궁의 노모와 그 가족을 후하게 대하라"라고 명했다.

조조가 친히 진궁을 형장까지 배웅하고 돌아왔는데, 여포가 살려달라고 애걸했다. 여포에게 미련이 남아 있던 조조는 마음이 흔들렸지만, 여포의 배신자 습성을 지적한 유비의 의견에 따라 그를 죽이기로 결심한다. 기가 막힌 여포가 유비에게 "너야말로 세상에서 제일 믿을 수 없는 놈"이라며 욕을 퍼부었다.

그 후 조조는 장료의 포승줄을 직접 풀어주고 그를 수하로 등용한다.

여포와 진궁:

진궁은 여포의 책사로서 항상 옳은 판단을 했지만, 여포를 설득하는 데 실패했다. 원인은 자신이 늘 옳다는 생각에 사로잡혀 여포에게 가르치는 투로 이야기한 데 있었다. 여포는 진궁의 입바른 소리가 잔소리 같아서 싫었고 자기에게 아부하는 진규, 진등의 말만 들었다.

조조에게 죽임당하는 여포:

진궁은 자기가 끝까지 옳았음을 증명하기라도 하듯 자신을 스카우트하고 싶어 하는 조조에게 죽여달라고 애원하는 반면, 여포는 살려달라고 애원한다. 하지만 유비의 의견에 따라 여포를 죽이게 되는데, 여포의 최후의 말이 재미있다. "유비 너야말로 세상에서 제일 믿을 수 없는 놈이다."

헌제와 동승,
조조와 유비의 동상이몽

조조가 서주를 차지하고 기뻐할 즈음, 원소도 공손찬의 유주를 손에 넣기 일보 직전이었다. 그리만 되면 원소는 청靑, 유幽, 병幷, 기冀 4개 주의 제후가 되어, 현 중국의 랴오닝성과 산둥성 그리고 허베이성에 걸친 드넓은 지역을 다스릴 수 있었다.

천하를 두고 조조와 원소가 결전을 벌일 시간이 가까워지고 있었다. 이를 직감한 조조가 서둘러 허도로 돌아갔다. 이때 유비는 조조가 자신에게 최소한 소패라도 주어 거기에 머물기를 바랐다. 그러나 조조는 유비를 자기 연못의 잉어처럼 관리하고 싶어 했다. 그렇게 유비는 억지로 허도에 끌려갔는데, 그나마 헌제의 환대가 유비에게는 위안이 되었다. 헌제는 황실의 종친이라는 이유로 유비를 좌장군左將軍● 의성정후에 봉하며, 아예 황숙[황제의 숙부]이라고 불렀다.

욕심에 조급했던 동승, 무리한 전략

당시 헌제는 18세의 어린 나이에 온갖 풍상을 다 겪었다. 생모가 하 태후에게 살해당하는 현장과 십상시의 난을 목격했고, 오랜 기간 도성 밖으로 유랑하며 밥도 굶어보았다. 동탁과 왕윤, 이각과 곽사의 쿠데타를 연이어 겪기도 했다[삼보의 난].

이각과 곽사가 집권했을 때 헌제는 처음으로 양표楊彪를 불러 친위 쿠데타를 기획해 성공을 맛보았다. 사실 헌제는 어려서부터 호방한 기운이 있었다. 동탁이 그를 황제로 세우고자 할 때도 그 점이 크게 작용했다.

친위 쿠데타에 성공한 경험을 간직한 헌제는 외척 동승董承을 은밀히 불러 조조를 제거하라는 밀지를 내렸다. 그만큼 헌제는 동승의 충성심을 믿었다. 문제는 동승의 충성심이 외골수 기질로만 표출되었다는 것이다. 장안에서 낙양으로 수도를 재차 옮길 때였다. 화음華陰에 있던 단외段煨••가 헌제 일행을 환대했는데, 그는 헌제를 수행하던 양정과 사이가 나빴던 탓에 말에서 내리지 않고 헌제에게 절을 했다. 이에 양정과 동승을 포함한 몇몇 대신은 단외가 역심을 품었다고 의심하며 십여 일간 그에게 공격을 퍼부었다. 단외는 그런 사람이 아니라는 주변 사람들의 증언도 통하지 않았다. 사실, 동승은 단외의 역심을 정말 의심했다기보다는, 단외가 워낙 헌제를 정성으로 대접하자 헌제의 총애를 빼앗길까 봐 위협을 느낀 것이었다. 기어이 충집種輯, 좌령左靈을 통해 단외를 의심하는 조서를 올리게 한 동승은 양정, 양봉을 시켜 단외를 괴롭혔다.

그 후 간신히 황허에 이른 헌제 일행은 한밤이 되어서야 배 한 척을 구했는데 따르는 자들이 서로 기어올라 배가 전복될 지경이었다. 동승이 칼로 그들의 손가락을 잘라내고서야 배가 출발했다. 낙양에 온 후, 장양이 궁궐을 수리하고 공로를 뽐내자 동승은 측근을 동원해 그를 쫓아내고, 위세를 부리던 한섬마저 연주자사 조조를 끌어들여 쫓아냈다. 그런데 조조가 헌제를 아예 허수아비로 만들어버리자, 참다못한 헌제와 동승이 조조 제거에 나선 것이다.

객관적인 자기 성찰이 없던 동승

얼핏 보면 동승은 만고의 충신 같지만, 마음 한쪽은 황제의 총애를 독점하려는 욕망으로 가득했다. 동승은 헌제가 장안을 탈출할 때에야 황제의 최측근이 되었고, 이후에는 그 자리를 놓치지 않으려고 애를 썼다. 낙양 정착 이후 동승이 자신의 딸을 헌제의 후궁으로 보낸 것도 그 일환이었다.

동승의 충성심은 황제의 최측근이라는 포지션을 지키려는 집념에서 나왔다. 그래서 누구든 자신보다 황제에게 좀 더 영향력을 끼친다 싶으면 그를 제거 대상으로 삼았다. 게다가 천편일률적으로 '차도살인', 즉 남의 칼을 빌려 적을 제거하는 방식만 고집했다.

동승은 자기 내면을 좀 더 객관적으로 돌아볼 필요가 있었다. 독일의 심리학자 빌헬름 분트Wilhelm Maximilian Wundt는 자기 내면을 객관적으로 성찰하는 방식을 '내관법introspection method'이라는 이름으로 체계화했다. 내관법이란 자신의 행동이나 경험에 관한 자신과 타인의 언어화된 관찰을 취합해 자신의 욕구와 심리 작용을 파악하는 방법을 말하며, 내성법이라고도 한다. 자기 마음속에 일어나는 일들을 자기 스스로 고찰하는 데는 이처럼 언어화된 주관적, 객관적인 보고가 도움이 된다. 이는 자신만의 고정된 틀을 깨뜨리고 상황에 따라 자신의 정체성을 새롭게 수립해 자신의 강점과 약점을 탐색하기에 아주 좋은 방법이다.

동승에게는 자력으로 세력을 확보해 승기를 잡을 기회가 여러 번 있었다. 199년 동승이 거기장군車騎將軍에 임명돼 궁궐 수비를 맡았던 때도 그랬다. 거기장군이란 중앙 상비군을 통솔하고 정벌 전쟁을 관장하는 무관직으로 총사령관인 대장군 밑에 있는 일곱 장군* 중 하나였다. 물론 당시 병사들은 대부분 조조의 휘하였지만, 동승도 얼마든지 세력을 확장해나갈 수 있는 위치였다.

조조는 동승이 과거에 상대했던 단외, 장양, 한섬과는 차원이

> * **일곱 장군:** 후한 당시 군 최고통수권자인 대장군大將軍 밑으로 표기驃騎, 거기車騎, 위衛, 전前, 후後, 좌左, 우右장군이 있었는데 일곱 장군이란 이들을 가리킨다.

달랐다. 조조와 겨루려면 전광석화처럼 재빨리 승부를 보는 단도직입적인 전략이 필요했다. 그런데도 동승은 자기에게 익숙한 방식만 고집했다.

동승은 자신의 전략에 장수교위 충집, 시랑 왕자복, 의랑 오석, 장군 오자란, 서량태수 마등, 그리고 좌장군 유비를 끌어들였다.

참된 영웅은 조조와 유비뿐?

어느 날 조조는 매실주를 한잔하자고 유비를 불렀다. 조조와 유비가 승상부의 정자에 앉아 술잔을 주고받는데 마침 하늘에 먹구름이 밀려왔다. 그 구름을 보며 조조가 물었다.

"그대는 천하를 누벼보았으니, 누가 영웅이라고 보시오?"

그 물음에 유비가 영웅 이름을 하나씩 대면 조조는 그 인물을 평하며 대화가 이어졌다. 총중고골塚中枯骨* 같은 원술, 색려담박色厲膽薄** 한 원소, 실속 없이 '유명무실有名無實'한 유표, 부친의 후광에 기댄 손책, 종친이라지만 수호지견守戶之犬[집 지키는 개] 같은 유장, 언급할 가치조차 없는 소인배 장수 등등.

이어서 조조는 자신의 영웅관을 다음과 같이 토로했다.

> • **총중고골:** 무덤 속의 마른 뼈라는 뜻으로, 몹시 마른 사람을 일컫는다. 본문에서는 맥락상 죽은 송장이나 다름없는 무능한 사람이라는 뜻으로 쓰였다.
>
> •• **색려담박:** 큰일에 몸을 사리고 작은 일에 덤빈다는 의미로, 겉으로는 단단해 보이나 간이 콩알만 해서 큰일을 도모할 그릇이 못 된다는 뜻이다.

"영웅이란 자고로 가슴에 웅지를 품고 뱃속에 지모가 있어 절호의 기회를 잡아 천하에 토해내는 자입니다. 마치 승천하는 용처럼 능소능대能小能大, 능승능은能昇能隱하는 자가 영웅이지요."

매실주를 마시는 조조와 유비, 《삼국지연의》(15세기)

그런 다음 놀랍게도 조조는 천하에 그런 인물이 둘 있는데 바로 "그대와 나"라고 이야기했다. 이에 소스라치게 놀란 유비는 얼굴이 백짓장처럼 하얗게 질렸는데, 다행히 천둥과 번개가 치면서 놀란 얼굴을 감출 수 있어 위기를 모면했다. 이때까지만 해도 조조는 유비에게 호감을 품고 있었다. 배짱이 맞는 대화 상대를 찾았다고 생각한 조조는 연일 유비를 불러 술잔을 기울였다.

유비가 조조를 벗어날 절호의 기회

그러던 어느 날 조조와 유비가 취흥이 올라 담소를 나누는데 긴급 보고가 들어왔다. 원소가 공손찬을 제거했고, 황제를 참칭한 원술이 원소를 찾아가 합세하려고 한다는 내용이었다. 이제 조조에게는 원술과 원소 두 형제의 합세를 막는 것이 급선무가 되었다.

유비는 이를 조조에게서 벗어날 절호의 기회로 보고, 자신이 서주

로 가서 원술을 차단해 원술이 원소에게 갈 수 없도록 하겠다고 했
다. 조조도 마침 책사들이 전력 점검 차 모두 현장에 나가버린 바람
에 허도를 비울 상황이 아니어서, 유비에게 5만 군대와 말을 내주며
서주를 공격하도록 했다.

유비는 비록 조조 아래 빈손으로 있었지만, 언제 권력을 집어 들
어 자기 것으로 만들어야 하는지를 정확히 꿰뚫었다. 과연 유비는
조조의 말처럼 천하의 영웅이었다.

헌제와 동승의 불완전한 합작:
18세의 나이에 산전수전 공중전까지 겪은 헌제, 그에
대한 삐뚤어진 충성심에 사로잡힌 동승. 동승은 눈엣가
시 같은 조조를 제거할 힘이 충분히 있었음에도 유비
등 외부 세력을 끌어들였다. 그것이 헌제와 동승의 패
인이었다.

유비와 조조의 동상이몽:
조조는 유비를 곁에 두며 마음을 열 정도로 유비를 좋아
했다. 그래서 유비는 조조를 알았지만, 조조는 유비를 몰
랐다. 유비는 조조와 함께할 수 없음을 직감하고 원술과
원소가 합세한다는 소식에 서주를 치겠다는 명분으로
조조를 떠난다. 이후 둘은 적이 되어 다시 만난다.

유비에 맞선 조조,
혼란에 빠지다

　유비가 조조의 정예병 5만 명을 받아 서주로 떠난 뒤 이 소식을 들은 곽가와 정욱程昱이 서둘러 조조를 찾아왔다. 정욱은 일찍이 연주자사 유대가 등용하고자 한 책사였으나 유대의 그릇이 작다며 거절했고, 훗날 순욱의 천거를 받아 조조의 측근이 되었다. 정욱의 본명은 정'립立'이었으나, 어릴 적 꿈에 수시로 태산에 올라 태양[日]을 받들었다는 이야기를 들은 조조가 정'욱昱'으로 개명해주었다.

　조조가 연주를 떠나 서주에서 부친의 복수전을 벌일 때, 여포가 연주를 공격한 일이 있었다. 그때 정욱은 연주에 남아 하후돈, 순욱과 더불어 연주 3성을 지켜냈다. 그때부터 정욱은 조조의 두터운 신임을 받았다. 조조를 급히 찾아온 정욱이 안타까움에 이렇게 말했다.

　"지난번에도 유비를 살려주시더니 이번에는 군사까지 딸려 내보내

셨습니까? 용을 바다에, 호랑이를 산속에 풀어준 격입니다."

곽가도 정욱을 거들었다. "유비를 죽이지는 않더라도 놓아주어서
는 안 됩니다."

유비가 여포에게 배신당해 서주를 잃고 조조에게 귀순했을 때 정
욱과 순욱은 유비를 '지금 없애야 후환거리가 없다'고 주장했지만,
곽가는 이렇게 말하며 반대한 바 있었다. "영웅으로 꼽히는 인물이
형세가 궁해 주군을 찾아왔는데 제거한다면, 천하에 지모 있는 사람
들이 주군을 의심할 것입니다. 그럼 주군은 누구와 더불어 천하를
평정하시렵니까?"

곽가의 이 말을 옳게 여긴 조조는 유비에게 예주자사를 맡겼었다.

조조에게 완전히 장악되지 않은 유비

이처럼 유비에 관해서는 책사들 사이에서도 의견이 엇
갈렸다. 순욱과 정욱은 유비의 싹을 잘라야 한다고 했고, 곽가는 유
비를 잡아두되 요긴하게 사용하자고 했다. 그것은 각자가 처한 상황
이 달랐기 때문이었다.

정욱에겐 태양을 떠받치는 존재가 되고 싶은 야심이 있었다. 정욱
에게 태양은 두 개일 수 없었고, 오직 조조 하나뿐이어야 했다.

곽가는 긴장감이 흐르는 상황을 선호하는 돌진형이었다. 곽가로
서는 조조와 버금가는 걸출한 유비가 버텨주어야 자신의 존재감이

더 드러났다. 곽가는 평소에도 사물을 주의 깊게 살펴보고 요점만 딱딱 알아듣기 쉽게 이야기하는 스타일인데, 그 헤아림이 귀신같았다. 단 하나 곽가의 단점이라면 성격이 괴팍하다는 것이었다. 정욱이 조조에게 곽가를 추천하면서도 그 점을 걱정했다.

그러나 조조는 자신의 4대 책사[순욱, 순유, 정욱, 곽가] 중에서 괴팍스러운 곽가를 제일 좋아했다. 어려서부터 부모가 효도 좀 하라고 봉효奉孝라는 별명을 붙여줄 정도로 곽가는 부랑아처럼 굴었다. 조조의 책사가 된 후에도 곽가는 자기 의견과 다르면 위아래 구분 없이 삿대질과 막말을 서슴지 않았으며, 심지어는 뒤돌아 침을 뱉기도 했다. 그는 조조에게도 고개를 숙이지 않았다.

변화무쌍한 전략을 좋아하는 조조는 거친 성격에서 기발한 계략이 나온다며 곽가를 아꼈다. 곽가의 전략은 상황을 주도적으로 만들어가는 조조와 궁합이 맞았다. 상대가 조조가 아니라 유비였다면, 곽가의 전략은 독이 될 수 있었다. 유비는 주어진 상황에서 유실된 권력을 장악하는 데 능한 것이 장점이기 때문이었다. 그런 유비가 버텨주어야 곽가의 존재 가치는 빛날 수 있었다.

순욱은 다른 이유로 유비의 건재를 내심 바랐는데, 한나라 황실의 부흥이라는 꿈이 그것이었다. 순욱이 볼 때 유비는 속마음이야 어떻든 누구보다 헌제의 위엄을 지켜주려고 했다.

그러나 유비를 살려두고자 한 곽가와 순욱도 유비의 역할은 조조의 통제력 안에서 적절히 자극과 견제를 주는 것에 그치길 바랐다.

조조의 철통같은 안전장치도 빠져나가다

그렇다면 조조는 어떤 심리로 유비를 지켜주었을까?

조조가 부친의 복수극을 펼친 이후 서주 민심은 무척 사나워졌다. 그러나 유비에게는 호의적이었다. 앞으로 원소와 일전을 벌여야 하고 그전에 원술도 제거해야 할 조조로서는 굳이 유비를 죽여 서주 민심을 더 자극할 필요가 없었다. 게다가 조조에게는 유비를 얼마든지 통제할 수 있다는 자신감도 있었다.

이 같은 대외적인 이유 말고도 조조에게는 또 다른 노림수가 있었는데, 유비가 서주로 떠난 뒤 곧 마등도 뒤따라 떠나면서 조정 내의 반조조 기류가 완전히 꺾인 것이었다. 조조는 내심 그것을 노렸다.

조조는 유비를 내보내면서 쉽사리 변심하지 못하도록, 자기 휘하의 무장 주령朱靈과 노초路招를 딸려 보냈다. 게다가 서주자사 차주車胄와 진등은 모두 조조의 사람이었다. 이처럼 안팎으로 단단히 단속하고 유비를 보낸 터라 조조는 별 걱정을 하지 않았다. 모양새는 조조를 탈출하려는 유비의 승리 같았지만, 조조도 만만치 않게 안전장치를 만들어놓은 셈이었다.

• **허저:** 예주豫州 초국譙國 초현譙縣 사람으로 조조 휘하의 장수로 후한 때부터 위나라까지 조조를 경호했다. 조조에게 귀순하기 전에는 자경단自警團을 조직해 도적을 막았다. 한 손으로 소꼬리를 잡고 소를 끌고 가는 것을 본 도적들이 놀라서 줄행랑을 쳤다는 일화가 있다.

그런데 조조는 마치 정욱의 제안을 배려하기라도 하듯 서주로 떠난 유비에게 허저許褚•를 보내 급히 의논할 일이 있다며 회군하도록 설득했다.

그러나 유비는 이를 무시하고

서주에 도착했고, 얼마 후 원술의 대군과 부딪쳤다. 자기도취에 빠져 지내던 원술은 애초부터 유비의 상대가 될 수 없었다. 좌우 매복 작전을 펼친 유비의 대승이었다. 원술은 종말을 고했고 옥새마저 조조의 차지가 되었다.

얼마 후 조조는 비밀리에 서주자사 차주에게 유비를 제거하라고 명했다. 그러나 유비가 선수를 쳐서 차주를 죽이고 서주를 차지했다. 이에 조조의 보복이 두려워진 유비는 원소에게 도움을 청했다. 원소는 이때다 싶어 30만 대군을 준비하고 천하에 조조토벌격문을 돌리면서까지 조조를 공격할 준비를 마쳤다.

원소 측에서는 막상 조조와 전쟁을 벌이려는데 내부의 고질적인 문제가 발목을 잡았다. 지구전이냐 속전이냐는 논쟁이 결론이 나지 않은 채 지지부진 시간만 흘러가고 있었다. 그사이 발 빠른 조조가 가후를 통해 서주 근처의 양성을 지키고 있던 장수張繡를 포섭했다. 장수는 조조 편에 붙기를 머뭇거렸지만, 결국 가후의 설득에 넘어갔다.

그리고 200년 새해가 밝아올 무렵 동승의 조조 암살 계획이 탄로났다. 이에 동승은 물론이고, 임신 중이던 그의 딸 동귀인을 포함해 7백 명가량이 처형당하는 일이 벌어진다. 헌제를 호위하던 3천 군대도 모두 조조의 군사로 교체되었고 궁궐 출입은 더욱 삼엄해졌다.

허저, 위키백과

조조 암살 계획이 실패로 돌아간 까닭

조조 암살 계획이 실패로 돌아간 원인 중에는 헌제와 동
승이 조조의 측근 가운데 자기 사람을 심어두지 못한 탓도 있었다.
그 이유는 무엇이었을까?

궁중은 전투 현장과 달리 전선이 눈에 보이지 않는다. 그런 환경
에서 가장 흔한 전투 전략은 적을 이용해 적을 죽이는 이이제이以夷制
夷이다. 즉 첩자를 이용하는 것이다. 헌제 쪽에서, 조조의 신임이 두
텁고 사교성이 뛰어난 책사 순욱을 첩자로 이용해볼 만했다. 무엇보
다 황실에 대한 애정이 깊은 순욱은 헌제 측이 충분히 포섭해볼 만
했다. 게다가 순욱의 조카 순유는 조조가 매우 아끼는 책사였다.

순욱은 비록 조조에게 충성을 다했지만, 일평생 한나라 황실의 부
흥을 염원했다. 211년 동소董昭* 등 중신들이 조조를 위공魏公으로 추
대하려는데 순욱은 다음과 같은
이유로 반대했다.

> • **동소:** 156~236. 원소 밑에서 일
> 하던 관료였다. 누군가의 모함으로
> 원소에게 죽을 뻔했지만 탈출해 장
> 양에게 투항했다. 이각과 곽사의
> 내분 때 조조가 헌제를 구출하려고
> 장양에게 도움을 요청하자 동소가
> 이에 응할 것을 권유하면서 조조와
> 우호적인 관계를 맺었다.
> 199년 장양 사후 조조에게 하내를
> 헌납했다.

"조조가 의병을 일으킬 때 초심
初心이 무엇이오? 황실을 안정시키
려는 충정 아니겠소? 그러니 그대
들의 시도는 바람직하지 않소."

그 후 조조가 순욱을 대하는 태도가 달라졌고, 근심에 빠진 순욱
은 이를 견디지 못해 스스로 목숨을 끊는다. 순욱이 초심 운운한 것

은 조조가 변심했다는 뜻이기도 했다. 대호족 출신인 순욱이 청류파의 본류인 원소를 버리고 조조를 택할 때는, 조조가 호족들의 염원대로 기존의 한나라 체제를 재현할 역량이 있다고 보았기 때문이다.

이와 달리 혁명을 원했던 조조는 급기야 헌제의 자식을 잉태한 동귀인마저 죽였다. 그러자 헌제는 조조에게 원한을 품었다. 복伏 황후도 아버지이자 시중侍中 복완伏完에게 조조를 멀리하라는 편지를 보냈다. 순욱은 복완에게서 그 편지를 받았지만 조조에게 알리지 않았다. 동승과 헌제가 순욱을 포섭했다면 승산이 있었다는 이야기이다.

그랬다면, 조조의 진영에는 성격이 모난 곽가, 너무나 꼿꼿해 늘 주변 사람들과 갈등을 일으킨 정욱만 남아 힘을 잃었을 수도 있었다. 하지만 헌제와 동승은 경로 의존성path dependency, 혹은 매너리즘에 빠져 있던 탓인지 그런 전략을 구사하지 못했다.

삼국지 인물의 성공 심리

변화무쌍한 전략가 곽가:

곽가는 자기 의견과 다르면 위아래 없이 삿대질하고 막말을 일삼는 등 거칠고 무례했지만, 변화무쌍한 전략을 내놓으며 조조의 책사 중 조조에게 가장 총애를 받았다. 상황을 주도적으로 만들어가는 조조와 궁합이 잘 맞아서 시너지를 냈다. 성격 자체가 좋고 나쁨이 있는 게 아니라 어떤 성격과 조화를 이루느냐가 중요함을 말해준다.

조조 암살에 실패한 헌제와 동승:

헌제와 동승은 조조를 암살하려고 했지만 성공하지 못했다. 조조 측근에 자기 사람을 심어두지 못한 것이 그 원인이었다. 조조의 신하였지만 한나라 황실 부흥이 우선이었던 순욱 같은 충신을 첩자로 이용했더라면 충분히 승산이 있었는데 그렇지 못한 것은 헌제와 동승이 안일한 판단, 매너리즘에 빠져 있던 탓일 수 있다.

08

관도대전에서
적벽대전까지

책략보다 리더들의 멘털 싸움

백마전투

200년 음력 3~5월, 원소 측 안량이 조조군과 싸우기 위해 백마에서 싸운 전투. 원소는 전풍과 허유, 저수 같은 충신들이 장기전을 추천하는 소리를 외면하고, 곽도 등 아첨하는 이들의 말만 듣고 단기전을 택했다. 또한 전투의 선봉장에 돌격대장 스타일의 안량은 적합하지 않다는 저수의 충언을 묵살한다. 결국 10만 대군을 이끈 안량의 군대가 5만 대군의 조조군에 패하고, 안량은 목숨을 잃는다. 백마전투는 원소의 어리석음과 아첨에 약한 면모를 잘 드러내주는 한편, 그와는 달리 부하의 하극상도 웃어넘길 만큼 열린 마음으로 지혜를 모았던 조조의 리더십을 대조적으로 잘 드러낸다. 조조는 이 전투에서 승리했으나 관도를 지키기 위해 백마를 포기하고 퇴각한다.

관도대전

200년 2~10월 사이 관도[官渡: 현재의 허난성 정저우시 중무현 근처]에서 원소와 조조가 벌인 전투를 말하며 백마전투를 포함한다. 적벽대전, 이릉대전과 함께 삼국시대의 3대 전투로 불린다. 백마에서 패한 원소는 심기일전해 조조를 공격하지만, 인사관리에 실패하면서 이 전투에서도 패한다. 원소는 진언을 한 충신 저소를 옥에 가두고 허유의 계책에도 콧방귀를 뀌었으며 술주정뱅이 순우경을 경비대장으로 삼았다. 반면 군사 규모와 군량에서 절대적으로 열등했던 조조는 순욱, 순유, 유엽, 임준 등의 진언에 귀를 기울였고, 원소 측 허유의 귀순으로 일급 군사기밀까지 획득하면서 전쟁에서 승리한다.

관도대전의 서막
백마대전

  황성 내의 어수선한 상황을 정리한 조조는 원소와 전면전을 결심하고 사전 작업으로 자신을 배반한 유비를 징계하러 나섰다. 위기에 봉착한 유비는 이 상황을 원소에게 알렸다. 전풍田豐은 원소에게 조조가 동쪽으로 원정을 떠나며 비워둔 허도를 습격하자고 제안했다. 하지만 원소는 막내아들이 피부병으로 고생하고 있어서 정사를 의논할 기분이 아니라며 거절한다.

  전풍은 답답한 마음에 지팡이로 땅을 내리치며 외쳤다.

  "이런 절호의 기회를 아이의 피부병 때문에 버리다니! 이런 기회는 다시는 오지 않을 것이다!"

겉으론 강한 척 속은 허약했던 원소

원소는 가히 여론 선동의 대가라 할 수 있다. 자기 대신 다른 사람이 나서도록 하는 재주가 특별했다. 하진도 공손찬도 그런 식으로 이용했다. 그리고 정작 자신이 치고 나가야 할 때는 머뭇거리다가 엉뚱한 결정을 내렸다. 낙양의 헌제도 그렇게 조조에게 넘어갔고, 그 일로 너무나 불리해진 원소는 땅을 치며 후회했다.

초반부의 원소는 제법 강단이 있었다. 그러나 뒤로 갈수록 색려내임色厲內荏, 즉 겉만 번지르르할 뿐 속은 매우 허약했다.

기회가 왔을 때 "하지 않고 후회하는 것보다는 하고 나서 후회하는 것이 낫다"는 말이 있다. 사회심리학자 닐 로즈Neal Roese도 "다른 조건이 같다면 실행하고 나서 후회하는 것이 낫다"는 논지로《IF의 심리학》이라는 책을 펴낸 바 있다. 그는 이 책에서 "만약 그렇게 했다면 더 좋았을 텐데"라는 후회와 실망의 가치를 높이 평가한다. 후회와 실망은 부정적인 감정을 동반하지만, 그것이 반드시 해로운 것은 아니며 오히려 미래에 더 나아질 수 있는 향상적인 동기와 관련이 있다.

이른바 '사후 가정 사고counterfactual thinking' 가운데 "만약 그렇게 했다면 더 좋았을 텐데"라는 후회는 "그랬다면 큰일 날 뻔했다"라는 위안보다 훨씬 발전적인 창조적 과정이며, 후자가 하향적 사후 가정 사고라면, 전자는 상향적 사후 가정 사고에 해당한다. 로즈는 '하고 나서 하는 후회가 하지 않고 하는 후회'보다 면역체계를 비롯한 정신건강에 훨씬 좋다는 연구 결과를 내놓기도 했다.

유비, 조조에게 깨지고 원소에게 투항하다

조조는 원소가 허도를 습격하지 못할 줄 이미 예견했다. 출병을 앞둔 조조에게 정욱이 '유비를 치러 간 사이 원소가 쳐들어오면 큰일'이라며 만류했으나 조조는 20만 대군을 이끌고 유비를 치러 떠났다.

유비는 한밤중에 먼저 조조를 습격했으나 도리어 조조의 계략에 걸려들었다. 원래 조조의 정예병이었던 유비의 군사들이 조조에게 집단 투항하는 사태가 벌어진 것이다. 결국 유비는 다시 혼자가 되어 원소에게 도망친다. 그 후 조조는 하비성에 있던 관우를 사로잡아 허도로 돌아갔다. 허도에서 조조는 관우를 전향시키려 온갖 노력을 다했지만, 유비를 향한 일편단심을 돌려놓지는 못했다.

한편 유비를 만난 원소는 그제야 조조와의 일전을 결심하고 참모들을 불렀다. "군사를 일으키기 좋은 봄철이니 조조를 쳐야겠다."

그런데 이번에는 전풍이 만류했다. "서주를 점령한 조조군의 사기가 어느 때보다 높아서 지금은 위험합니다. 단기전보다 지구전으로 가야 합니다."

"전에는 허도를 치자고 하더니 오늘

유비, 《삼국지연의》(청시대)

은 반대하는 이유가 뭐냐?"

"그때는 조조가 서주에서 싸울 때이고, 지금은 승리해 기세가 올라 있는 조조가 허도에 있어서 그렇습니다."

"내 말에 한마디도 지지 않는구나. 저놈을 당장 가두어라! 건방진 놈 같으니…."

그때 유비도 "황제를 기만하는 조조를 토벌해야 세상 사람들로부터 대의를 얻습니다"라며 원소를 부추겼다.

원소와 전풍, 그리고 유비의 대화를 가만히 지켜보던 저수沮授는 불길한 예감에 휩싸였다. 저수는 그 길로 집에 돌아가 동생 저종沮宗 등 일족에게 전 재산을 나누어주었다. 내막은 다음과 같았다.

현실보다 자존심이 중요했던 원소의 헛발질

당시 원소의 참모들은 두 갈래로 의견이 나뉘었다. 심배와 곽도는 속전속결을, 전풍과 저수는 지구전을 주장했다. 지구전이 유리하다는 의견은 근거가 있었는데, 당시 공손찬과 오래 싸우느라 백성들이 부담해야 할 세금이 무거웠고 곳간도 비어 있었기 때문이었다. 따라서 백성들은 농사에 힘쓰게 하고, 정예기병을 보내 적의 변방을 약탈함으로써 적을 쉬지 못하도록 하자는 것이 지구전의 핵심이었다. 그동안 원소 측은 진영을 정비하고 무기를 만들어서 3년 이내에 조조를 능가할 토대를 마련하면 되었다.

단기전을 주장하는 측은 《손자병법孫子兵法》의 "십칙위지十則圍之 오

칙공지伍則攻之 배칙분지倍則分之"를 근거로 내세웠다. 즉, 아군이 적군의 10배라면 적을 포위하고, 5배라면 즉시 공격하고, 2배라면 나누어 공격하라는 이야기이다. 지금 원소의 군세가 월등하므로 조조를 토벌하는 것은 손바닥 뒤집기보다 쉽다는 것이 단기전의 논리였다.

단기전의 주장에 저수는 "불의한 자를 징계하는 부대는 의병義兵이라 무적이며, 병력 수만 의지하는 것은 교병驕兵으로 자만하여 멸망하기 쉽다"라면서 "황제를 모시고 있는 조조를 치다가 자칫 불의로 몰릴 수 있다"고 주장했다. 곽도는 이에 반발하며 이렇게 말했다.

"주周 무왕武王이 은殷 주왕紂王을 토벌한 것을 불의라 하지 않는다. 하물며 황제를 능멸하는 조 씨를 정벌하자는데… 기가 막히네."

이 말에 원소는 싱글벙글 신이 났다. 심배와 곽도 둘 다 지력은 부족했지만, 심배는 가끔 번뜩이는 기지로 원소의 마음을 샀고, 곽도는 천부적인 아부 기질로 원소를 주물렀다. 유가에서 최고의 성인으로 추앙받는 주 무왕에 원소를 비유했으니 게임 끝이었다.

역량이 부족할수록 살아남기 위한 정치술에 더 치중하는 법이다. 심배와 곽도의 전략보다 저수와 전풍의 계책이 확실히 유리했지만, 심배와 곽도의 처세와 화술은 저수와 전풍을 능가했다. 조조와 유비는 보이는 행위보다 보이지 않는 실력을 중요시했지만, 원소는 그렇지 않았다. 원소는 실리보다 자기 자존심이 더 중요했다. 그래서 쉽게 남을 시기하고, 참모들이 진언해도 순수하게 받아들이지 못했다. 저수와 전풍이 주장한 장기전이 현실적인 방안이었는데도 원소는 이를 조조 칭찬으로 오해했다. 반면, 자신의 허영심을 자극한 심배와 곽도의 말에 솔깃했다.

너무 정직해서 소외당한 원소의 참모들

전풍과 저수는 함께 기주자사 한복의 아래에 있었는데 그때도 정직한 성품 때문에 늘 소외당했다. 이외에도 두 사람은 비슷한 부분이 많았는데, 191년 원소가 한복의 세력을 흡수할 때 둘은 함께 원소에게로 갔다. 또 조조가 헌제를 맞아들이기 전인 195년, 원소에게 먼저 헌제를 모시라고 진언할 만큼 둘 다 스케일이 컸다. 그때 원소는 동탁이 옹립한 헌제를 마땅치 않게 여겼는데, 눈치 빠른 곽도 등은 헌제를 모시는 것을 반대했다. 전풍과 저수는 억센 기질도 비슷해서 윗사람의 심기를 자주 불편하게 했다. 일찍이 아버지를 여읜 전풍은 더욱 그랬는데, 그가 웃는 모습을 좀처럼 볼 수 없었다고 한다. 그래도 공손찬 평정에 공헌하는 등 많은 업적을 남겼지만, 전풍은 관도대전을 앞두고 지구전을 주장하다가 옥에 갇혔다.

원소와 달리 조조는 부하의 하극상도 웃어넘겼다. 자신의 의견이 받아들여지지 않으면 고개를 쳐들고 뒤돌아서 침을 뱉었던 곽가도 내버려둘 정도였다. 어쨌거나 전략 회의 때는 계급장 떼고 허심탄회하게 이야기할수록 좋은 아이디어가 나오는 법이다.

원소가 군대를 동원했다는 소식이 허도에 전해지자, 조조 측의 공융孔融이 크게 걱정했다. 공융은 조조에게 "원소에게 전풍과 허유許攸

가 있는 한 우리의 승리를 장담하기 어렵습니다"라고 이야기했다. 조조도 그 말에 수긍하는데 순욱이 다른 의견을 냈다.

"그리 걱정할 일이 못 됩니다. 전풍은 워낙 드세서 원소 같은 소인배가 그의 말을 새겨듣지 않을 겁니다."

순욱의 말대로 되었다. 전풍이 종군에서 제외되었다는 사실을 알게 된 조조는 "내가 이긴 것이나 다름없다"라며 크게 기뻐했다.

조조, 유인 작전으로 백마를 접수하다

원소는 대군을 이끌고 여양黎陽으로 가면서 안량顏良을 선봉으로 삼는데 저수가 "안량이 무예는 뛰어나지만 도량이 좁아서 단독 작전에는 부적합합니다"라며 반대했다. 그러자 원소는 짜증을 내며 "너 같은 자가 어찌 그의 깊은 속을 헤아릴까?"라며 쏘아붙이고는 안량에게 10만 병사를 내주었다. 안량은 그 길로 남하해 황허 건너에 있던 백마白馬로 행했다.

안량이 백마에 주둔하고 있던 동군태수 유연劉延을 포위하기 시작하자 조조도 5만 군대 앞에 서서 백마로 향했다. 그때 순유가 조조에게 다음과 같이 성동격서聲東擊西, 즉 유인 작전을 권한다.

"적은 우리보다 강합니다. 정면대결을 피하시고, 일단 원소군의 배후

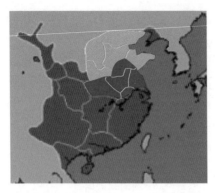
관도대전 당시 조조와 원술 진영. 위(옅은 보라)는
원소, 아래(짙은 보라)는 조조의 세력권이다.

인 연진을 공격하는 척하십
시오. 적들은 배후공격이라
오인하고 병력을 분산할 것
입니다. 그때 본진을 일거에
급습하십시오."

조조가 강을 건너려는 것
처럼 행군하자 원소는 군사
를 나누어 일부 서쪽으로 가
서 대응하게 했다. 그때 조조는 재빨리 백마로 진군해 안량을 고립
시키고 관우를 투입했다. 당시 유비는 원소에게 의탁하고 있었으므
로 안량은 관우도 유비를 따라 귀순한다고 착각했다. 적토마를 탄
관우는 안량의 지휘부까지 단숨에 달려가 안량의 목에 청룡도를 꽂
았다.

역시 저수의 눈은 정확했다. 안량은 조직 대 조직으로 부딪치는
전투에 적합하지 않았다. 용맹했지만 성격 급한 전형적인 돌격대장
스타일이었다. 마치 여포와 장비처럼 말이다.

원소의 실패 vs 조조의 승리:

원소는 현실보다 자존심이 중요했다. 현실을 직시하려고 하지 않고 자신을 치켜세워주는 사람의 말에 귀를 기울였다. 아무리 옳은 이야기도 기분이 나쁘면 받아들이지 않았다. 반면 조조와 유비는 겉모습에 현혹되지 않고 실력을 중시했다.

심배와 곽도:

원소의 측근 중 심배와 곽도는 지력이 부족했지만, 처세와 화술로 원소를 사로잡았다. 반면, 저수와 전풍은 지략이 뛰어났고 확실한 계책을 내놓았는데도 원소에게 외면당했다. 전풍은 관도대전을 앞두고 지구전을 주장하다가 옥에 갇혔다. 결국 지구전이 옳았다.

관도대전의 승자 조조,
원소와 무엇이 달랐나

　순유의 책략을 채택한 조조군에게 안량이 패하자, 원소는 문추文醜
에게 조조를 기필코 죽이라며 10만 군사를 내어준다. 저수는 이번에
도 이를 만류한다. "성급히 황허를 건넜다가 일이 그릇되어 돌아오
지 못하면 어쩌시렵니까?"

　하지만 원소는 "말하는 것이 꼭 망하기를 바라는 것 같구나"라며
짜증을 부릴 뿐 저수의 말을 듣지 않았다. 원소는 백마전투의 참패
에서 아무것도 깨닫지 못한 것이다. 원소는 성찰할 줄 몰랐고 그저
잘되면 자기 덕, 못되면 남 탓을 했다. 그 후 저수는 병을 핑계로 작
전회의에 참가하지 않았다.

　백마전투 승리 후 회군하는 조조의 뒤를 문추의 대군이 추격했다.
이때도 조조 측의 순유는 기막힌 계책을 내놓았다. 조조군은 순욱의
제안대로 군대를 숨겨두고 군량미와 말꼴 등 군수품을 여기저기 무

더기로 뿌려놓았다. 문추의 병사들은 대오를 이탈해 군수품을 주어 담기 바빴다. 그때 조조군이 기습해 문추마저 죽였다.

유비, 드디어 원소를 떠나 독립하다

조조는 허도로 돌아간 뒤, 문추를 베어 공을 세운 관우가 이제 유비를 찾아가겠다 하자 순순히 보내주었다. 원소는 더는 조조를 추격하지 않았지만, 특유의 민심 충동 작전을 펼쳐 급기야 여남에서 봉기가 일어나도록 조종했다.

원소는 청년 시절, 적모嫡母[원술의 친모] 상을 당해 여남汝南으로 내려가 3년 상을 치른 데 이어, 자신이 양자로 입적되기 이전에 이미 고인이 된 양아버지 원성袁成의 삼년상까지 총 6년간 시묘살이를 했다. 본래 원소는 원봉袁逢의 첩에게서 태어났는데, 그가 젖먹이 때 후사 없이 죽은 원봉의 형 원성의 양자로 들어갔다. 친부모 시묘도 힘든데, 이처럼 양부까지 시묘하자 원소는 그때부터 천하에 이름을 떨치기 시작했다.

특히, 여남의 민심은 늘 원소에게 쏠려 있었다. 원소는 그 점을 이용해, 유벽劉辟 등 여남의 호족들을 자극했다. 이에 여남의 호

조운, 《삼국지연의》(청시대)

족들이 조조에게 맞서 반란을 일으켰고, 원소는 유비를 보내 그 반란군을 돕게 했다. 그런데 유비군은 조조가 보낸 조인曹仁에게 전멸당하고 만다. 이때 또다시 원소에게 도망친 유비는 그를 떠날 생각에 이렇게 말한다. "조조를 치려면 남북에서 협공해야 합니다. 제가 유표를 설득해보겠습니다."

이 말에 원소는 기뻐하며 유비를 보내주었는데 유비는 유표에게 가지 않고 산적 떼를 데리고 떠돌던 조운趙雲[자는 자룡] 등을 만나 여남汝南에서 독립한다.

원소가 저수를 왜 미워하나 했더니…

그즈음 손책이 25세에 요절했다. 동생 손권孫權이 그 뒤를 이었는데, 원소와 조조가 손권을 서로 자기편으로 만들려고 치열하게 경쟁했다. 결국 조조가 황제의 이름으로 손권을 장군과 회계태수로 임명함으로써 그 싸움은 조조의 승리로 끝났다. 이에 화가 난 원소는 70만 대군을 결집시켰다. 조조도 허도를 순욱에게 맡기고는 7만 군사를 모아 진두지휘해 양무陽武까지 진군했다.

그때 원소 측의 저수는 조조 진영을 관찰하다가 이렇게 충고한다.

"싸움을 서두르지 마십시오. 우리가 군사는 많으나 적보다 날래지 못하고, 적군의 기량이 뛰어나다 하나, 저들은 군량과 말꼴이 우리보다 부족해 시일이 흐를수록 허기에 지칠 것입니다."

그러자 원소가 저수에게 삿대질을 하며 "저놈은 항상 아군의 사기만 떨어뜨리는구나. 내 눈 앞에서 당장 치워라!"라고 명했다.

사실, 저수는 원소가 그리 함부로 대할 인물이 아니었다. 저수는 전풍과 함께 한나라 개국공신인 장량張良과 진평陳平에 버금가는 지략을 지녔다고 평가받는 인물이었다. 원소는 북방 4주를 병합해 큰 세력을 이룰 때까지는 순조로웠지만, 그 후 저수를 냉대하면서 세력이 하락하기 시작했다.

저수는 원래 한복 아래 있었지만, 한복이 원소에게 기주자사 자리를 내주려 할 때 이를 반대한 바 있다. 그 일로 원소는 저수에게 앙금이 있었다. 이를 눈치챈 곽도 등은 수시로 원소에게 저수가 너무 위세를 부린다고 험담했고, 그때마다 원소는 늘 "저수가 그럴 줄 알았어"라고 대꾸했다. 저수가 실수한 적은 거의 없었고 단지 곽도 등이 곡해한 것일 뿐인데도, 원소는 무조건 저수의 성격에 문제가 있다고 판단했다.

원소는 저수가 왜 그런 말을 하고 왜 그렇게 행동하는지 냉철히 따져볼 필요가 있었다. 어떤 언행의 원인을 따질 때 내적, 외적 요인을 두루 살펴봐야 하는데, 원소는 오직 저수의 성격과 가치관 등 내부 성향에서만 행동의 원인을 찾았다. 이른바 근본적인 귀인 오류 fundamental attribution error에 빠진 것이다. 만일 원소가 저수의 계책을 있는 그대로 인정해주었다면 관도대전도 원소의 승리로 돌아가지 않았을까?

신무기 발석차를 장착한 조조

원소가 저수의 계책을 쓰레기 취급할 그때, 조조는 순유의 계책을 냉철히 판단하고 있었다. 순유는 "아군 병사 1명이 적병 10명을 당해낼 수 있습니다. 다만 군량이 아군에겐 부족하고 적군에겐 넘쳐납니다. 그러니 속전속결로 끝내야 합니다"라고 조언했다. 조조는 "그대 말이 바로 내 뜻"이라며 바로 진군의 북을 쳤다.

조조군이 다가오기 전 원소의 부장 심배審配는 양 날개에 노수弩手를, 중앙에 궁수弓手를 감추어두었다. 기마군과 싸울 때 사용하는 전형적인 진법이었다. 중앙 부대에 있던 원소가 정면에서 선두로 달려오는 조조와 맞붙었다. 심배의 신호로 조조군을 향해 화살들이 비처럼 쏟아졌다. 이 싸움으로 조조군은 관도官渡까지 밀려났다. 심배는 또 다른 계책을 내놓았는데, 흙으로 50개의 산을 쌓고 그 위에 궁수와 노수들을 배치하는 전략이었다. 그들이 조조 진영을 내려다보며 밤낮 없이 화살을 쏘아대는 바람에 조조 측은 도무지 참호 밖으로 나올 수가 없었다.

이에 조조는 유엽劉曄에게 발석차發石車를 설계하도록 했다. 한밤중에 만들어진 수백 개의 발석차가 심배 진영의 망루를 파괴했다. 그러자 원소 군은 한동안 잠잠했다. 이때 조조는 바로 유엽을 찾았다. 이공계적 자질이 뛰어난 유엽은 늘 팩트 기반으로 사고하고, 가장 현실적인 대책을 내놓는 스타일이었다. 유엽이 조조에게 말했다.

"토산 위에서 공격하기가 어려워 땅굴을 파서 공격하려고 합니다."

사실이었다. 왜냐하면 원소군은 심배의 지휘하에 굴자군堀子軍[땅굴
로 적진에 쳐들어가는 군대]을 편성해 조조 몰래 땅굴을 파느라 여념이 없
었기 때문이다. 이에 대한 유엽의 대책은 명쾌했다. "우리 진영 주변
에 참호를 파두면 됩니다. 하하하!"

원소가 인해전술로 온갖 방법을 다 동원해도 조조는 끄떡없었다.
그러던 어느 날 조조 진영이 흔들리기 시작했다. 원인은 바로 바닥
을 보이기 시작한 군량과 마초였다. 금강산도 식후경인데 제대로 된
식사를 못하자 병사들의 사기가 땅에 떨어질 수밖에.

견디다 못 한 조조가 퇴각하려는데 허도의 순욱이 다음과 같은 편
지를 보내 이를 막았다.

"지금 우리는 약한 세력으로 강적을 맞서고 있는 게 사실입니다. 그
러나 이번에 원소를 꺾지 못하면 천하의 향방이 원소에게로 기울게 됩
니다. 지금 우리의 군량이 부족하다고 하시나 초나라 항우와 한나라 유
방이 형양滎陽과 성고成皐에서 싸울 때에 비하면 우리가 훨씬 낫습니다.
정세를 살펴보니 원소는 용인술이 부족합니다. 반드시 변고가 생길 터
이니 그때까지만 기다리십시오."

이 말을 옳다고 여긴 조조는 퇴각하지 않고 버티면서 반전의 기회
를 노렸다. 이제 전투는 상대 진영의 군량 보급로를 차단하는 싸움
으로 번졌다. 조조 측 군수사령관은 임준任峻이었는데, 천하가 동탁
과 반동탁 연합군으로 양분될 때 그는 고향 중모中牟의 현령 양원楊原
을 설득해 조조에게 귀속했다. 그런 인연으로 임준은 조조의 사촌여

동생과 혼인한다. 그 후 임준은 항시 본거지에 머물며 최전방에 나간 조조 부대에 군수물자를 보급하는 임무를 맡았는데, 관도대전 때도 보급부대의 수비를 강화해 원소군의 노략질을 막았다.

조조의 성공을 도운 뜻밖의 인물, 허유

조조 진영은 순유荀攸의 통솔하에 원소의 보급로를 끊으려고 총력을 기울였다. 입이 무거운 순유는 음지에서 일하며 양지를 지향하는 스타일이었다. 그는 사방에 심어놓은 간첩을 통해 정세를 정확히 분석했다.

순유의 정보망에 원소의 군수사령관 한순韓荀●이 수천 대의 양곡 수레를 호송 중인 것이 포착되었다. 순유는 급히 조조에게 이를 보고하고 대책을 내놓았다.

"한순은 신속하기는 하지만, 기습 공격에는 대비를 게을리합니다. 이럴 때 우리 측 적임자는 서황徐晃입니다."

조조도 그 말이 무슨 뜻인지 알고 허락했다. 서황은 공사 구분이 분명했고, 기회를 잡았다 싶으면 불필요한 소모전 없이 집중해 끝장냈다. 한순의 수송 부대가 고시故市에 도착할 때, 서황의 공격을 받은 원소의 군수물자는 시커

● **한순**: 원소 측의 장수였고 《삼국지연의》에서는 한맹韓猛으로 나온다. 책사 순유는 한순을 "날래고 의기가 강하나 적을 가벼이 여기는 자"라고 평가한 바 있다. 관도대전 때 조조 측 조인에게 격파당하고, 순유의 계략으로 서황의 공격을 받은 한순의 군수물자 수송 수레는 불에 탔다.

먼 연기로 사라졌다. 그런데도 조조군은 군량미가 늘 부족했고 원소 측은 늘 여유가 있었는데, 이는 비축의 차이였다. 조조의 군대가 하루하루 연명하듯 버티며 원소의 허점만 노리는데 엉뚱한 데서 기회가 찾아왔다.

• 허유: ?~204. 형주荊州 남양군南陽郡 사람으로 원소 휘하의 책사였다. 젊은 시절 원소, 장막과 함께 삼총사였다. 영제 때 영제 폐위를 획책하다 실패해 피신했다가 199년 전풍, 순심과 함께 원소의 참모가 되었다. 원소와의 친분으로 높은 자리를 얻었을 뿐 특별한 공을 세우진 못했다. 탐욕스럽고 교만한 성품으로 사방에 적을 두었고 결국 원소를 배신해 조조에게 투항했다.

원소의 책사 중에 허유許攸*라는 자가 있었다. 이 허유가 《삼국지》의 조조를 가능케 한 중요한 인물이 될 줄이야…. 허유는 어려서부터 조조, 원소 등과 친구였는데, 특히 원소와 장막과는 위기 때 달려와 돕는 의형제 사이였다[奔走友交]. 그런 개인적 친분으로 허유는 원소의 참모로 일하며 그와 편한 사이로 지냈다. 그러나 교만과 탐욕이 넘쳐 늘 주위와 불화했다. 순욱은 조조가 원소를 이길 것으로 장담했는데, 그 근거에 허유의 성품도 있었다. 순욱은 조조에게 "허유는 늘 탐욕에 빠져서 자기관리가 안 됩니다. 결정적인 순간에 반드시 원소를 배반할 것입니다"라고 호언한 바 있었다.

조조에게 제 발로 굴러들어 온 일급 기밀

어느 날 허유가 원소에게 허도를 공략할 기막힌 계책을 내놓았다. "군량미가 바닥난 조조는 하루하루 근근이 버티고 있습니다. 우리는 군사가 많으니 반절만 빼내어 본거지인 허도를 치면 조조는 끝입니다."

이에 원소는 농담하듯 이렇게 대꾸했다. "이 친구야, 번잡한 이야기 하지 말게. 이대로만 있어도 조조는 무너진다고!"

또다시 허유가 원소를 설득하는데, 마침 업鄴에서 심배가 보낸 사자가 도착해 허유의 아들들이 백성들을 옥에 가두고 재물을 강탈했음을 보고했다. 얼굴이 새하얘져서 물러난 허유는 그 길로 조조에게로 도망쳤다. 그 덕분에 조조 앞에 원소의 일급 기밀문서가 제 발로 걸어 들어왔다. 원소의 군수물자 기지는 오소烏巢이며, 그곳에 엄청난 물자가 비축되어 있고, 그곳 경비대장 순우경淳于瓊이 매일 술에 취해 있어서 방비가 허술하다는 것이었다. 조조는 학수고대하며 기다린 절호의 기회가 왔다고 직감했다.

술주정뱅이 순우경에게 곳간 열쇠를 맡기다니…. 정치꾼 순우경은 심배, 봉기, 곽도 등과 함께 전략에 능한 저수와 전풍 등을 궁지에 몰곤 했다. 195년 저수가 원소에게 헌제를 영접하라고 주장할 때도 순우경은 곽도와 함께 반대했다. 199년 저수가 지휘하던 감군監軍의 권한이 비대하다고 주장한 곽도의 말에 따라 원소는 그 부대를 축소해 순우경 등에게 나누어주었다. 원소는 순우경 같은 정치꾼들에게 놀아나고 있었다.

이런 과정을 잘 아는 조조는 이번에도 원소가 기대를 저버리지 않았다며 속으로 비웃었다. 그래서 장료 등 측근들이 허유의 발언을 의심하는데도 조조는 즉각 5천 명의 특공대를 구성한다. 특공대원들은 입에 나뭇가지를 물고 등에 마른 풀집을 짊어진 채 말에 올라탔

다. 물론 말도 가리개로 덮어 소리
가 나지 않게 했고 앞, 뒤, 중간 병
사들에게 원소의 깃발을 들게 했
다. 한밤중에 조조가 앞장서서 오
소로 출발했다.

뉘우쳐도 모자랄 판에…
원소의 한계

동트기 전에 오소에 당도한 조조는 기지에 불을 질렀다.
그 불길이 얼마나 거셌던지 원소의 막사까지 발갛게 물이 들었다.
이를 기점으로 원소 군 내부에 반란이 일어난다. 장군 장합張郃●은
오소의 붕괴가 곽도 등을 편애한 원소 때문이라며 고람高覽과 함께
원소 진영을 불태우고 조조에게 투항했
다. 그야말로 하룻밤 새 전세가 뒤바뀌
었다. 뒤통수를 맞은 원소는 겨우 8백
기병만이 뒤따르는 가운데 황허를 건너
가야 했다.

전풍의 말을 듣지 않고 패망의 길로
들어선 원소는 그 후 전풍을 어떻게 대
했을까? 주변 장수들은 이제 원소가 전
풍의 진가를 인정하고 중용하리라고 보

장합, 《삼국지연의》(청시대)

았으나, 예측과는 달리 원소는 전풍을 감옥에서 꺼내 사형시켰다. 이유는 단 하나 창피하다는 것이었다.

그것이 원소의 한계였다.

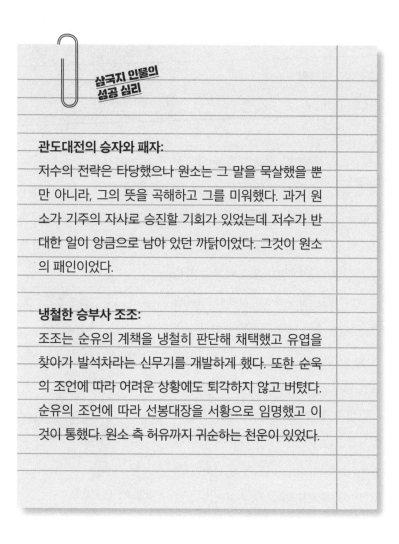

삼국지 인물의
성공 심리

관도대전의 승자와 패자:
저수의 전략은 타당했으나 원소는 그 말을 묵살했을 뿐만 아니라, 그의 뜻을 곡해하고 그를 미워했다. 과거 원소가 기주의 자사로 승진할 기회가 있었는데 저수가 반대한 일이 앙금으로 남아 있던 까닭이었다. 그것이 원소의 패인이었다.

냉철한 승부사 조조:
조조는 순유의 계책을 냉철히 판단해 채택했고 유엽을 찾아가 발석차라는 신무기를 개발하게 했다. 또한 순욱의 조언에 따라 어려운 상황에도 퇴각하지 않고 버텼다. 순유의 조언에 따라 선봉대장을 서황으로 임명했고 이것이 통했다. 원소 측 허유까지 귀순하는 천운이 있었다.

관도대전과
적벽대전 사이

원소가 관도에서 패했지만, 그의 잔여 세력은 여전히 건재했다. 조조가 그들을 하북에서 완전히 축출하기까지 8년여의 세월이 걸린다. 관도대전이 일어난 200년부터 적벽대전이 일어난 208년까지가 그 기간이다.

관도대전 직후, 조조와 그의 책사들은 계속해서 원소를 추격할지, 일단 허도로 회군할지를 의논하는데, 허도로부터 순욱의 급보가 도착해 다음을 알렸다.

"여남에 머물던 유비가 허도를 급습하려고 올라오고 있습니다."

"유비, 너 많이 컸구나."
조조는 급히 5만 군사를 이끌고 유비를 막으러 달려갔다. 2만 군사와 진군 도중 양산襄山에 이르러 잠시 휴식을 취하고 있던 유비는 조조와 맞붙었는데, 유비 측 군사가 전멸하다시피 했다. 이에 유비는 관우, 장비, 조운 등과 함께 형주의 유표에게로 간다.

> **• 강하군:** 형주荊州에 속한 7개 군 중 하나. 강동으로 이어지는 전략적 요충지로 14개 현을 두었다. 오나라 마지막 황제 말제末帝 손호孫皓가 무창武昌으로 천도하면서 서진 때부터는 무창이라 불렀다. 현재 우한시의 일부 지역과 후베이성의 일부 지역에 해당한다.

유표의 부인 채 씨와 처남 채모蔡瑁가 유표 앞에서 유비를 비난했다. "유비는 여포, 조조, 원소를 차례로 따르다가 갈라선 자입니다. 도무지 믿을 수가 없는 자예요."

그런데도 유표는 유비가 마치 자신의 친동생이나 되는 것처럼 환대했다. 이에 몸 둘 바를 몰라 하던 유비는 마침 강하江夏군•에서 산적 진손陳孫이 장무張武와 함께 반란을 일으켰다는 소식에 나서서 반란 무리를 토벌했다. 그래도 채 씨 부인과 채모의 반발이 수그러들지 않자, 유표는 하는 수 없이 유비를 군사와 함께 험지인 신야新野성으로 내보냈다.

원소의 패인, 하향 평준화된 집단

유비가 형주로 도주한 이후, 조조는 원소의 본거지인 업을 정벌하는 데 총력을 기울인다. 원소의 장남 원담袁譚과 셋째아들 원상袁尙이 적극 방어했으나 조조에게 패했다. 이 소식을 들은 원소는 피를 토하며 죽었다.

원소도 조조만큼 유능한 책사를 많이 두었지만, 그런데도 조조에게 패한 원인은 서툰 조직 운용에서 찾을 수 있다. 원소의 조직은 말하자면, 하향 평준화되었다. 축구처럼 팀플레이가 필요한 분야를 생각해보면 이해하기 쉽다. 가끔 다국적 명문 팀에서 세계적인 플레이어로 이름을 날리는 선수가 국가대표로서 뛸 때 기대 이하의 성적을 내는데, 그가 못해서가 아니다. 다국적 팀에는 각 포지션에 최적화된 플레이어들이 있어서 그들과 조화를 이루어서 성과가 나는 것이다. 그 같은 포지션 플레이어의 뒷받침 없이는 개개인의 실력이 아무리 뛰어나도 팀 전체는 저성과에 머물기가 쉽다.

　사냥꾼이 호랑이를 잡으려면 호랑이 굴을 무서워해서는 안 된다. 호랑이 굴에 들어갈 수 없다면, 평생 토끼, 참새, 너구리나 잡으러 다녀야 한다. 원소는 자기보다 우월한 계책을 내는 책사들을 기분 나빠했다. 이런 조직의 실력이 향상될 리 없다.

　원소가 책사들을 기분 내키는 대로 대했다면, 조조는 책사들을 각자 포지션별로 최적화해 운용했다. 조조는 날고 기는 고수들의 첨예한 향연을 진심으로 즐거워했고, 자신이 미처 생각하지 못한 계책을 내는 책사를 가까이 두었다. 그래서 조조 자신의 역량도 향상되었다.

　모든 조직에는 동조화coupling 경향이 있어서 동반성장, 혹은 동반후퇴 가능성이 높다. 조조처럼 고수들과의 플레이를 즐긴다면, 조직은 상향 평준화되고, 원소처럼 아첨하는 책사만 가까이 두면 하향 평준화될 것이다.

조조의 든든한 책사, 진림과 곽가

조조가 204년 원소의 근거지였던 업鄴을 함락했을 때 원소의 책사이자 당대 최고 문장가 중 한 명이었던 진림陳琳이 붙들려 왔다. 진림이 원소를 위해 써준 조조토벌격문에는 "비렁뱅이 소년 조숭이 탐욕스러운 환관의 양자가 되었는데 그 조숭의 자식이 화란禍亂을 일으켰다"라는 문장이 있었다. 그것이 훗날 비방문[罵言罵語]의 교과서가 되었다.

조조는 그 후 4년이 지났는데도 품에 지니고 다니던 그 격문을 진림 앞에 꺼내놓으며 "나를 욕하는 것은 좋은데 왜 하필 내 부친과 조부까지 욕했느냐?"라며 한마디 하고는 진림을 석방하고 정치에 등용했다. 그 후 진림은 조조를 위해 비방문을 썼는데, 그 글을 읽은 전국의 사대부들 사이에서 조조가 참으로 선비를 아낀다는 감탄이 새어나왔다. 진림의 격문은 번잡한 표현이 있었지만 특유의 가락 때문에 묘하게 사람의 마음을 뒤흔들었다.

원소가 피를 토하고 유명을 달리했을 때, 곽가는 조조에게 공격을 멈추라고 조언했다. 그래야 원소의 자식들 사이에서 내분이 일어난다는 것이었다. 그 조언대로 조조가 회군했더니, 신평辛評과 곽도郭圖는 원소의 후사로 원담을 추대하고, 심배審配와 봉기逢紀는 원상을 추대하면서 내전이 일었다. 그때 패한 원상은 유주자사였던 둘째 형 원희袁熙에게로 도피한다. 그 후 원담은 기주에서 조조와 싸우다가 전사했다.

그리고 원희를 섬기던 초촉焦觸과 장남張南이 반란을 일으켜 원희와 원상은 요서 지방에 있는 오환烏桓●의 선우單于[대군주] 답돈踏頓에게로 도망가야 했다. 자칭 유주 자사가 된 초촉이 조조에게 투항하려는데 원상의 사주를 받은 무리가 반란을 일으켰다. 이때 조조는 유주로 달려가 반란을 진압한 후 내친김에 오환까지 정벌하고자

● **오환**: 허베이성, 랴오닝성, 산시성, 베이징 근처와 내몽골 등 중국 북부에 거주한 유목민이었다. 후에 흉노족에게 흡수되었다. 본문에서 답돈踏頓은 오환의 왕이던 구력거丘力居의 조카다. 구력거 사후 구력거의 아들이 어리자 답돈은 오환을 대표해 원소를 도와 공손찬을 쳤고, 그 공으로 원소에 의해 대군주 격인 선우單于로 봉해졌다. 이후 구력거의 아들 누반이 장성하자 선우 자리를 그에게 양도했다.

했다. 그때 조조의 참모들은 대부분 이를 만류했다. "원상 형제는 망명객에 불과한데 오환을 공격하다가 유표가 유비를 이용해 허도를 습격할 수 있습니다. 지금은 유표 공략이 급선무입니다"라는 게 이유였다.

그러나 곽가의 의견은 달랐다.

"유표도 원소와 성격이 비슷해서 의심이 많습니다. 유표가 유비를 스카우트할 리 없습니다. 그보다 원소의 총애를 받던 원상이 더 문제입니다. 원상이 원소의 신하들을 꼬드겨 오환족과 함께 공격해 온다면 하북 지역 전체가 위험해집니다."

조조는 곽가의 의견에 동조했다. "바로 내 생각과 같다."
조조 무리는 곧바로 원정을 떠났는데, 행군 도중 곽가가 다음과 같이 주장했다.

"작전은 신속이 생명입니다. 적은 천리 밖에 있지만, 우리가 너무 느리게 가면 적이 듣고 철통같이 방어할 것입니다. 지금 병사들의 군장軍裝이 너무 무거우니, 경기병을 따로 편성해 밤낮없이 행군하도록 해야 합니다. 그래야 적의 허를 찌를 수 있습니다."

곽가의 계책대로 오환이 방어진을 치기 직전 조조의 경비병이 급습해 반란군을 격파했다. 그래서 오환의 군주는 죽고 원상 형제는 요동으로 도망쳤다. 한편, 요동이 도성에서 워낙 멀리 떨어져 있어서 요동태수 공손강公孫康은 조정의 말을 잘 듣지 않았다. 그래서 조조 측에서는 이 기회에 요동까지 정벌하자는 의견이 많이 나왔지만, 조조는 "그럴 필요 없다. 가만두어도 공손강이 나한테 원상 형제의 머리를 바칠 것이다"라며 반대했다.

곽가도 같은 생각이었다. 공손강과 원상 형제의 관계는 조조가 공격하면 뭉치고, 놔두면 분열하는 관계였다. 이처럼 뛰어난 통찰력을 지닌 곽가는 회군 도중 풍토병으로 생을 마감했다.

유비, 유표 옆에서 발만 동동 구르다

유표가 유비를 신야에 억류하는 동안 조조는 뛰어난 계책을 낸 곽가 덕분에 오환까지 정벌하고 천하제일의 영웅이 되었다. 아무리 느긋한 성품의 유비라도 속이 타지 않을 수 없었다. 그러던 어느 날 유표가 유비를 잔치에 초대했다. 유표와 담소를 나누던 유비는 잠시 화장실에 갔다가 자신의 허벅지에 살이 오른 것을 보고 눈물을 흘린다. 다시 자리에 돌아온 유비의 얼굴에 눈물자국이 얼룩진 것을 본 유표가 물었다.

"무슨 일이 있소?"

유비가 살이 오른 허벅지를 두드리며 대답했다.

"말을 타고 전장에 나가야 할 허벅지인데, 몇 년째 할 일이 없다 보니 이룬 것도 없이 이리 살만 붙었습니다. 그래서 눈물을 흘렸지요."

거기서 '비육지탄髀肉之嘆'이라는 고사성어가 나왔다. 자신의 재능을 발휘하지 못하고 헛되이 세월만 보내는 것을 한탄한다는 뜻이다. 명색이 장수인데, 천하를 누비고 다니는 조조를 지켜만 봐야 하는 유비의 심정이 얼마나 참담했겠는가? 그럼 유표는 어땠을까?

유표는 기분이 나빴다. 유비가 자기 덕에 평화로운 시기를 보내고 있으면서 감사하기는커녕 오히려 자신을 원망하는 것 같았다. 유표는 조조와 유비와는 달리, 천하통일 따위에는 관심이 없었다.

유표는 현상 유지에 대한 편향status quo bias이 강한 인물로, 그냥 형주에 눌러앉아 평화로운 삶을 즐기는 것이 좋았다. 그래서 유표는 어떻게든 나라의 전란에 휘말리지 않으려고, 형주를 공격하는 세력에만 응징 차원으로 대응했을 뿐, 반동탁 연합군에도 제대로 참여하지 않았다. 그가 형주의 대군을 이끌고 허도를 장악할 기회도 여러 번 있었지만, 그는 수수방관했다.

하남에 장수 등 조조 견제 세력이 건재했을 때나, 조조가 원소와 함께 하북 지역에서 전투를 벌일 때, 유표 또한 마음만 먹었다면 얼마든지 허도를 장악할 수 있었다. 조조가 오환을 정벌할 때도 유비는 허도를 치고 싶었으나 유표 때문에 나설 수 없었다. 조조도 이런 유표의 기질을 이미 파악하고 있던 터라, 마음 놓고 정복 활동을 다닌 게 사실이다.

> **• 왕예:** ?~189 or 190. 서주徐州 낭야국琅邪國 사람으로 반동탁 연합군에 가담했던 형주자사. 장사태수 손견과 함께 영릉군과 계양군의 도적을 토벌했는데, 손견이 무관이라는 이유로 무례하게 굴다가 손견에게 원한을 샀다. 손견 무리에게 붙잡혀 죽게 된 왕예는 스스로 쇠를 깎아 먹고 죽었다고 한다.

유표는 손견이 형주자사 왕예王睿•를 살해한 직후인 190년에 형주자사가 되었다. 하지만 그것은 실력 때문이라기보다는 황손이라는 이유가 컸다. 유표는 전한 시대 경제景帝의 11대손이었다. 그가 형주를 통치하던 방식도 황손이라는 '위엄'을 바탕으로 한 '회유'가 전부였다. 세상이 요동칠 때 당대 최고의 유학자 송충松蟲 등 선비 수천 명이 비교적 평온한 형주로 몰려든 데는 그런 점이 크게 작용했을 것이다.

《삼국지三國志》를 쓴 진수陳壽는 유표를 원소와 비슷한 인물로 평가했다. 원소와 유표 둘 다 가문에서 뿜어져 나오는 위엄이 있어서 도량과 식견이 넓은 인물로 묘사했다. 그러나 실상은 달랐다. 둘 다 낯을 가리며 사람을 편애했고, 모략만 즐겼지 결단력은 부족했다. 둘의 차이점이라면, 원소는 천하를 제패하려는 야심이 있었고, 유표는 문학적 재능을 꽃피우며 목가적인 삶을 지향한 것뿐이었다.

한편 요동의 공손강은 조조의 예견대로 원상 형제의 목을 잘라 조조에게 보내왔다. 이제 조조의 남은 타깃은 누구일까?

한중의 장로, 익주의 유장, 강남의 손권이 남았지만, 제일 주요한

360 심리학으로 읽는 삼국지

타깃은 바로 형주의 유표였다. 영웅호걸의 기질은 조금도 없이 유유자적하기만 한 유표가 그동안 비교적 평온을 유지할 수 있었던 것은 공손강, 여포, 장수, 원술, 원소 등이 건재해주었기 때문이라는 것을 그는 모르고 있었다. 입술을 잃으면 이가 시린 법. 유표가 놓친 것은 바로 그 순망치한脣亡齒寒의 이치였다.

하향 평준화된 원소 측:

원소는 자기보다 뛰어난 계책을 내는 책사들을 기분 나
빠했고 그 결과 조직이 하향 평준화되었다.

진림을 등용한 조조:

원소의 책사였던 진림은 뛰어난 '조조토벌격문'을 작성
해 비방문의 진수를 보여준 바 있다. 그 비방문에서 진림
은 조조뿐만 아니라, 조조의 부친과 조부까지 조롱하는
글을 쓰며 조조의 상처를 들쑤셨지만, 조조는 오직 그의
재능만 보고 자기에게 붙들려온 진림을 풀어주고 정치
에 등용했다.

현실 안주에 급급했던 유표:

황손이라는 이유로 형주자사에 올랐지만 천하통일에는
관심이 없고, 난리에 휘말리지 않고 편안한 현실에 안주
하고자 했다. 원소처럼 가문은 좋았지만 사람을 편애하
고 모략을 즐겼다. 다만 원소와는 달리 목가적인 삶을 지
향했다. 그런 유표를 잘 파악하고 있던 조조는 그의 침공
을 걱정하지 않고 마음껏 정복 활동을 다녔다.

유비, 서서를 보내고
제갈량을 얻다

관도에서 조조와 원소가 대치하고 있을 때였다. 손책이 허도를 기습해 헌제를 탈취하려고 했는데, 허공許貢이 그 계획을 조조에게 은밀히 알리려다가 발각되어 처형당한 일이 있었다. 여기에 불만을 품은 허공의 부하가 사냥 중이던 손책을 기습 공격했다. 이때 중상을 입은 손책은 25세 젊은 나이에 죽었다. 임종을 맞은 손책은 동생 손권에게 이런 유언을 했다. "내정은 장소張昭, 외정은 주유周瑜와 상의하라."

손권은 자字가 중모仲謀로, 손책보다 일곱 살 아래였다. 손책이 아버지 손견을 닮아 불같은 성격에 외향적이고 개방적인 데 비해, 손권은 보통 체격에 우호적이며 성실했다. 하지만 부형父兄에 비해 덜 과격했을 뿐, 호랑이를 때려잡을 정도의 용맹과 강력한 기개는 손씨 집안사람 그대로였다.

신중함을 장착한 손권, 새로운 강자

손책이 강동을 장악한 196년 7월경에 황실에 공물을 보내자 그 답례로 칙사 유완劉琬이 찾아와 작위와 관복을 하사한 일이 있었다. 그때 손 씨 형제를 본 유완은 다음과 같은 말을 남겼다.

"손 씨 형제를 보니 둘 다 재주가 넘쳐 보였소만, 복록福祿[풍족하고 영광스러운 삶]은 오래 누리지 못할 상이더이다. 그러나 손권은 건강해 장수할 상이며 황제가 될 것이오. 내 말이 의심스러우면 두고 보면 알 것이오."

손권의 용모가 어땠길래 유완이 그리 예언한 것일까? 다양한 문헌에 등장하는 손권은 하체가 짧고 상체는 길며, 큰 입과 사각 턱에 자줏빛 수염을 지닌 자로 묘사되었다. 다소 이국적이며, 평범한 외모가 아닌 것만은 분명하다. 아무튼 손권은 무예보다 병법을 더 좋아했고 성급했던 아버지와 형과는 달리 매우 신중했다. 부형父兄이 겪은 '시행착오'를 지켜보면서 무슨 일이든 여러 의견을 두루 경청하는 습관이 생긴 덕이었다. 주변의 만류를 무릅쓰고 성급하게 싸우다가 운명을 달리한 부형을 보며 자란 손권은 그 같은 시행착오를 반복하지 않으려는 의지가 강했고, 그게 성격 형성에 크게 작용했다.

이를 손다이크Edward Lee Thorndike가 규명한 시행착오 학습으로 설명하면, 인간은 '자극'과 '반응'으로 학습하고 습관이 형성되는데, 불쾌한 자극에 대해서는 습관이 잘 형성되지 않기에 그렇다.

손권은 대권을 이어받자마자, 아버지 손견을 죽인 황조黃祖를 징벌하러 나섰다. 손견은 원술의 명을 받고 유표를 공격할 때 유표의 장수 황조의 부하에게 돌과 화살을 맞고 죽은 바 있다. 그 후 황조는 유표의 손톱과 이가 되어 강하江夏에 주둔하고 있었다. 손권은 강하의 황조를 공격한 지 5년 만인 208년 봄에야 비로소 그를 죽여 부친의 원수를 갚는다. 황조의 후임으로는 유표의 후계 구도에서 밀린 장남 유기劉琦가 강하태수로 부임했다.

제갈량, 도서 "晩笑堂竹莊畫傳" (1921)

유비, 삼고초려로 제갈량을 영입하다

그런 가운데 신야에 주둔하고 있던 유비는 서서徐庶를 영입했다. 유비의 진정한 책사로는 서서가 처음이었다. 남쪽 정벌을 앞둔 조조가 시험 삼아 사촌동생 조인을 시켜 신야를 공격하게 했는데 서서의 책략으로 패배했다. 이에 조조는 "오, 유비에게도 뛰어난 책사가 있다니…"라며 놀랐다. 정욱은 서서가 제 발로 조조에게 오도록 꾀를 냈는데 서서의 홀어머니를 허도로 모셔온 것이었다. 효심 깊은 서서가 유비를 떠나면서 추천한 사람이 바로 '공명'이라는 자字

로 더 유명한 제갈량이었다.

그때부터 유비 삼형제는 양양襄陽의 서북쪽 융중산에서 초막을 짓고 살던 제갈량을 만나러 몇 차례나 길을 떠났다. 그러나 갈 때마다 말 무릎까지 눈이 쌓일 정도로 큰 눈이 내려 만나지 못하다가, 세 번째에 간신히 만났다. 그렇게 삼고초려三顧草廬 끝에 유비 삼형제는 제갈량을 전략가로 영입했다.

유비에게는 조조에게 떠나버린 서서와 제갈량 중 누가 더 유익한 파트너였을까? 우선, 서서는 성실했다. 매사를 자로 잰 듯 정확했고, 한 가지 사안을 깊이 파고들었다. 조조의 사촌동생 조인과의 전투에서 승리한 비결도 그것이었다. 그러나 제갈량은 서서와 달리, 개별적 사안보다는 전체를 보는 스타일이었고 포부가 컸다.

제갈량은 어려서 부모와 사별하고 숙부 제갈현諸葛玄 슬하에서 자랐다. 그가 세 살 때[184년] 일어난 황건적의 난이 몇 년간 계속되면서, 선비들 사이에서는 경전 연구 대신 천하통일을 위한 경략經略을 연구하는 풍토가 유행했다. 제갈량도 청년 시절 경략 연구에 대한 자부심이 대단했다. 그는 늘 이렇게 생각했다. "때가 되면, 나는 900년 전 춘추시대의 명 재상 관중管仲●과 500년 전 전국시대 명장 악의樂毅에 필적할 수 있을 것이다."

● 관중: 기원전 725~기원전 645. 춘추시대 초기 제나라의 정치가. 본명은 관이오夷吾인데 자인 '중仲'으로 더 많이 불린다. 제의 환공桓公을 춘추오패의 첫 번째 패자로 만드는 데 큰 역할을 했다. 저서로는 《관자管子》가 있다.

제갈량은 그만큼 포부가 컸지만, 한편으로는 제왕의 길을 추구하진 않았다고 볼 수 있다. 주군을 받들며 자신의 통치 능력을 펼치기로 한 것은 어디까지나 제갈량 자신의 선택이었다. 어쨌거나 정사에 나온 제갈량의 흔적을 보면 대승한 전쟁은 드물었다. 그나마 그가 진두지휘한 전쟁도 유비 사후 였기 때문에, 제갈량은 사실상 명장보다는 정치인에 더 가까웠다.

> • 주희: 1130~1200. 남송 시대 유학자. 주자는 존칭이다. 19세에 진사가 된 이후 공자, 맹자 등의 학문에 전념했고 유학을 집대성했다. 기존 유교가 불교와 도교에 비해 이론적 토대가 약한 것을 보완해 성리학(주자학)이라는 형이상학을 창시해 완성했다.

적벽대전만 보더라도 제갈량이 손권을 만나 반조조동맹을 성사시킨 업적은 분명 인정되어야 한다. 그러나《삼국지연의》에서 제갈량이 제사를 드려 동남풍을 불게 했다는 등 신기 들린 일화들은 정사에는 나오지 않는 가공된 이야기들이다. 제갈량이 신들린 책략가로 부각된 것은 주자朱子, 즉 주희朱熹•의 공이 크다.

정 많은 유비에게 제격인 실용주의자

주희가 살던 송나라는 금과 요에 이어 몽골의 침략에 시달리며 나라가 멸망할 위기에 처해 있었다. 그때 주희는 한족의 정체성을 확립할 목적으로 유교를 집대성해 성리학의 체계를 세우면서 촉한정통론을 표방했던 유비를 주목했고, 유비를 충실히 보좌했던 제갈량을 최상의 현인으로 보았다.

주희가 얼마나 제갈량을 그리워했는지, 그의 시 〈무릎을 끌어안고 [抱膝] 휘파람 한 번 길게 불면 아득한 고인과 친교를 하노라〉를 보면 짐작할 수 있다.

주희, 도서 《晩笑堂竹莊
畫傳》(1921)

출사하기 전 제갈량은 무릎을 끌어안고 휘파람을 자주 불었다. 주희는 그런 제갈량을 한 족의 연인으로 만들며 이런 평가를 남겼다. "의義와 리利의 경계가 분명했고 타고난 자질도 우월했다. 하지만 정밀한 부분에서는 능숙하지 못했다."

제갈량은 결혼 상대를 고를 때도 외모보다 자신의 일을 도와줄 사람인지를 따져보았다. 어느 날 형주의 명사 황승언黃承彦이 제갈량에게 자신의 딸 아추阿醜●를 이렇게 소개하며 혼인을 권했다. "내 딸이 외모는 뒤떨어지지만 재능은 그대와 견줄 만하오." 공명은 그 제안을 받아들였다.

아추는 당시 기준으로 추녀로 유명했지만 병법과 천문지리 등에 능통했고, 도구를 만드는 솜씨도 뛰어나 제갈량의 계책에 많은 아이디어를 보탰다. 제갈량의 장인 황승언은 형주자사 유표와 유표의 후처 채 씨의 문중과도 매우 가까웠다. 과연 제갈량은 결혼도 이성적으로 결정한 실용주의자였다.

● **황아추:** 황승언의 딸로 아추는 이름이 아니라, 못생겼다는 뜻에서 불리는 별명 같은 것이다. 보통 황부인黃夫人이라 불린다. 《양양기襄陽記》에 따르면, 황승언은 제갈량에게 자신의 못생긴 딸을 "노란 머리에 피부색이 검다"고 소개했다. 후대 사람들로부터 월영月英, 또는 완정婉貞이라는 이름이 붙여졌다. 아들 제갈첨諸葛瞻을 두었다.

눈물 많고 정 많은 유비에게 이처럼 사소취대捨小取大[작은 걸 버리고 큰 걸 취하다]하는 제갈량은 적격이었다. 유비는 곁에 관우, 장비, 조운 등 무예로는 천하에 둘도 없는 인재들이 있어서 작은 전쟁에서는 자주 승리했지만, 정세를 분석하고 전략을 세우는 책사가 없어서 큰 전쟁에서는 항시 졌다. 따라서 조조가 서서를 데려간 것은 유비에게 전화위복轉禍爲福이었다. 유비가 눈 덮인 산하를 뚫고 제갈량을 찾아나선 보람이 있었다.

제갈량은 유비의 큰 귀에 대고 천하삼분지계天下三分之計, 즉 셋이서 천하를 삼등분하는 계책을 말해주었다.

"동탁 이후 천하에 수많은 호걸이 등장했다가 사라졌습니다. 그중 제일 강한 원소를 조조가 꺾었지요. 이제 조조는 백만 대군과 황제까지 등에 업고 제후들을 호령하고 있습니다. 그럼 이제 누가 조조와 맞서겠습니까? 첫째, 강동에 웅거하는 손권이 있습니다. 백성들이 손권을 잘 따르고 강동의 국경이 험준해서 공께서 그곳을 도모하기는 어려우니, 손권은 후원 세력으로 삼을 만합니다.

둘째, 공께서 군사를 부릴 땅으로는 형주가 좋습니다. 형주는 북으로 한수漢壽와 면수沔水가 있고 남으로는 해산물을 취할 수 있으며, 동쪽으로 오군吳郡과 회계會稽, 서쪽으로 파촉巴蜀과 통합니다. 그런 형주를 유표가 제대로 지키지 못하고 있으니 이는 하늘이 장군에게 준 기회입니다. 그러나 형주만 차지해서는 조조와는 물론이고 손권과도 겨룰 수 없습니다. 익주를 손에 넣어야 합니다. 익주는 험준한 요새가 즐비하고, 옥토가 1천 리 넘어 펼쳐져 있습니다. 일찍이 고조 유방도 익주를 토대로 위업을 이루었습니다.

익주의 주인 유장劉璋은 아둔합니다. 오두미도五斗米道교[장로의 아버지 장릉이 서천 지방에서 창시한 종교]의 장로張魯가 영향력을 행사할 정도이니 말 다했지요. 민초를 어여삐 여기는 공께서 나선다면 형주는 물론 익주의 백성들도 잔칫상을 차려놓고 공을 환영할 것입니다[簞食壺漿].”

유비와 제갈량이 극적으로 만난 지 1년쯤 지난 후, 조조의 대대적인 남쪽 정벌이 시작되었다. 조조는 먼저 형주의 유표를 공격하는데, 병약한 유표는 지레 겁을 먹고 숨을 거두었다.

삼국지 인물의
성공 심리

유비의 최초의 책사 서서:
유비의 진정한 책사로는 서서가 첫 사람이었다. 유비가
서서의 도움으로 조조에게 패배를 안기자 조조 측의 정
욱은 서서의 효심을 자극해 서서를 자기편으로 끌어들인
다. 조조에게 떠나는 서서는 유비에게 제갈량을 후임으로
추천한다.

실용주의자 제갈량:
경략 연구를 열심히 했고 정치에 대한 포부도 컸지만 제
왕을 꿈꾸기보다는, 제왕을 받드는 책사의 삶을 택했다.
결혼 상대도 외모보다는 실력을 볼 만큼 실용주의자였
지만, 그의 업적이 신들린 듯하게 전해지는 것은 어디까
지나 소설 탓이며, 그보다 성리학을 완성하던 주희가 제
갈량의 그런 이미지를 이용한 영향이 컸다.

적벽대전의 전야,
유비와 노숙의 밀당

전쟁에서 용인술의 기본이 흑묘백묘黑猫白猫*라 한다면 책략의 선결 요건은 상대에게 잘 통해야 한다는 것이다. 상대가 말려들지 않으면 어떤 책략도 소용이 없다. 적벽대전 직전에 미약하기만 했던 유비가 손권을 끌어들이는 과정은 책략의 선결 요건을 잘 보여주고 있다.

● **흑묘백묘론:** 흰 고양이든 검은 고양이든 쥐만 잘 잡으면 된다는 이야기로 공산주의이든 자본주의이든 중국 인민을 잘살게 하는 것이 중요하다는 주석 덩샤오핑의 표현. 개혁개방 정책을 대변하는 이 표현의 원조는 1949년 중화인민공화국 정권 수립 후 초대 국무원 총리를 지낸 저우언라이周恩来가 말한 '황묘흑묘'론이다.

유표가 죽자, 그의 후계자이자 차남 유종劉琮은 좌불안석하다가 조조에게 무조건 항복했다. 이처럼 가볍게 형주를 삼킨 조조 군대는 그다음으로 신야성에 주둔하고 있던 유비에게 우르르 몰려갔다. 유비는 제갈량의 활약으로 잠

시 버텼으나, 워낙 조조의 무력이
세서 어쩔 수 없이 피란길에 올라
야 했다. 피란하던 유비의 뒤를 10
만여 백성들이 따라 나서면서 유
비는 결국 조조의 추격대에 뒷덜
미를 잡히고 만다. 처자식조차 돌
볼 틈 없이 도망치던 유비를 위해
후미에 있던 장비가 장판교에서
조조 군대를 막아섰고, 그 틈에 조
운은 유비의 처자를 구해냈다.

> **• 강릉**: 형주荊州에 위치한 도시.
> 장강(양쯔강) 중류에 위치해 수자
> 원이 풍부하고 수운 활동이 왕성
> 해 경제가 발전했고 인구가 많았
> 다. 북방의 침략을 막거나 북방을
> 공격할 때, 남방의 최전선이며 군
> 사적 거점이었다. 우리나라 강릉과
> 이름이 같은 것은 우연이 아닌데,
> 강원도의 지명 중에는 장강 유역의
> 도시에서 따온 것이 많다. 강릉, 영
> 월, 양양, (충북) 단양 등 형주 지역
> (과거 오나라)의 이름과 겹치는 곳
> 이 많다.

그 덕분에 한숨 돌린 유비 일행은 유표의 장남 유기劉琦가 주둔하
고 있던 강하로 들어갔다. 이에 조조는 더 이상 유비를 쫓을 필요가
없다고 보고 곧장 남하해 강릉江陵•으로 내려간다. 이에 손권은 크게
당황한다. 조조에게 항복하느냐 항전하느냐를 택해야 할 시점이 온
것이다.

손권의 도움이 절실했던 유비

조조는 이미 강릉에서 수군을 편성하고 훈련하며 오나
라의 정보를 탐색하기 시작했다. 손권은 대세를 보는 통찰력이 뛰어
난 노숙魯肅을 유비에게 파견해 동정을 살피게 했는데, 유비는 능청
스럽게 "나는 아주 머나먼 창오蒼梧•의 태수 오거吳巨에게로 가렵니

다"라고 말한다. 노숙이 솔직하게 대놓고 "손권과 연대하시라"고 권하자, 유비는 마지못해 응하듯이 "그렇다면, 먼저 공명을 데리고 기서 의논해보시오"라고 능청을 떨었다.

● **창오:** 후한 13주 중 교주交州에 속한 7개 군郡 중 하나. 현재의 베트남 북부와 중부, 중국 광시 좡족 자치구 일대를 가리킨다.

사실, 유비가 손권에게 도와달라고 사정해야 할 형편이었다. 그런데도 노숙이 먼저 유비에게 손을 내민 것이다. 역시 유비는 밀고 당기기로 자신이 원하는 것을 얻어내는 협상의 고수였다.

밀고 당기기를 잘하는 데 핵심은 상대방의 정서 강도intensity of emotion를 조절할 줄 아는 것이다. 상대를 아무리 좋아해도 좋아하는 감정을 감출 줄 알아야 호감을 유지하는 것처럼, 목표 획득의 난도가 어렵게 보일수록 상대방의 정서 강도는 높아진다. 목표가 너무 만만해 보이면 도전하고 싶은 기분이 나지 않는다. 유비는 상대방의 정서 강도를 조절하는 데 능숙했다. 노숙이 유비 자신을 목표로 노리자, 유비는 자신이 쉽게 넘어가지 않을 사람임을 보여줌으로써 노숙의 정서 강도를 높였다. 노숙이 먼저 연대를 제안할 때 유비가 슬쩍 밀어낸 것이 포인트였다.

이 같은 정서 강도와 밀당의 관계를 유추하는 데 심리학자 잭 브렘Jack W. Brehm의 연구가 근거가 될 수 있다. 잭 브렘은 가질 수 없는 대상에 대한 욕구가 더 강해지는 일종의 심리적 반항심psychological reactance theory을 연구했다. 심리적 반항심이란 마감 임박한 홈쇼핑 상품을 충동구매하고, 먹지 말라고 하면 더 강렬하게 먹고 싶어지는 욕구가 생기는 것을 말한다.

그러나 밀당이 너무 반복되면 역효과가 날 수도 있다. 자신을 좋아해주는 사람을 좋아하는 '상호성의 원리reciprocity principle'도 무시할 수 없기 때문이다. 그래서 밀당도 적당히 해야 하는데, 특히 상대와 교감이 부족한 상태라면 밀당보다는 솔직한 감정 교류가 우선되어야 한다.

주전파와 주화파 사이에서 방황하는 손권

유비의 노련한 밀당 기술에 넘어간 노숙은 제갈량을 데리고 손권이 있는 오나라로 들어간다. 27세의 손권과 28세의 제갈량은 그렇게 처음 얼굴을 마주했다. 당시 손권 측은 주유와 노숙처럼 조조와 항전하자고 주장하는 주전파, 조조에게 항복하자는 주화파로 뚜렷이 나뉘어 있었다. 제갈량은 틈나는 대로 손권에게, "만일 조조군을 격파해 북으로 돌아가게 하면 형주와 오의 세력도 조조와 비등해져 삼국 형태로 정립됩니다"라고 설명하며 조조와의 항전을 설득했다. 그러나 장소張昭를 비롯해 장굉張紘, 진송秦松, 고옹顧雍 같은 문관들은 전쟁보다 안정을 택했다. 당시 분위기도 그와 같았다.

노숙은 조용히 손권을 따로 만나 단도직입적으로 이야기했다.

"우리가 조조에게 항복하면, 오늘 항복을 주장하는 자들은 조조에게서 작은 벼슬이라도 얻겠지만, 나라를 잃은 장군은 돌아갈 곳이 어디 있겠습니까? 모두가 자기들 처지에서 하는 말임을 부디 유념하십시오."

• **시어사:** 원래 주하사柱下史라 했으나 진나라 때 시어사로 이름을 고쳤다. 관리의 비리를 감찰하고 탄핵하는 임무와 황제의 비서 역할을 했다. 어사중승御史中丞이라고도 한다.

꽤 설득력 있는 말이지만, 일부는 맞고 일부는 틀렸다. 왜 그런지 잘 생각해보자.

손책 생전에 주유는 '강동의 이장二張'부터 모셔야 한다고 했는데, 바로 장소張昭와 장굉張紘을 일컫는 말이었다. 199년 손책은 장굉을 헌제에게 보내 자신의 성과를 아뢰게 했는데 그때 조조의 천거로 시어사侍御史●가 되었다. 그다음 해 손책이 죽고 조조가 손권을 치려 하자, 장굉은 상중인 세력을 공격하는 것은 도리가 아니라며 만류했다. 조조는 그 의견을 옳게 여기고 손권을 회계태수로 임명하는 동시에 장굉을 손권에게 보내주었다.

손권은 이를 크게 기뻐하며 장굉에게 장소와 더불어 내정 참모 일을 하도록 맡겼다. 이때 장소가 고옹顧雍을 추천하면서 장소, 장굉, 고옹 등 올곧은 선비들이 강동을 반석 위에 올려놓았다. 그러나 이들은 손권의 뜻과는 달리, 강동의 평화를 원했고 강동이 살육의 현장이 되는 것을 반대했다. 그래서 조조와 전쟁하는 것을 극구 반대한 것이다.

손권을 설득시킨 노숙의 결정적 한마디

주전파인 노숙과 주유는 달랐다. 자력갱생 없는 평화는 굴종이며 오래가지 못한다고 그들은 보았다. 노숙과 주유에게는 강동보다는 손권이, 내치보다는 외정이 더 중요했다. 노숙과 주유는 배짱까지도 잘 맞았다. 주유가 거소居巢현의 현령으로 있을 때, 재력가인 노숙에게 군량미를 청하자 노숙이 3천 석 창고 2개 중 하나를 통째로 내주었다. 노숙은 화통한 성격에 씀씀이가 컸고 베풀기를 좋아했다. 주유의 추천을 받은 노숙은 손권에게 '정족鼎足[솥 밑에 달린 세 발]의 계책'을 내놓았다. 내용은 이렇다.

노숙.《삼국지연의》(청시대)

"항우項羽에 버금가는 조조가 버티고 있으므로, 장군은 제나라 환공桓公이나 진나라 문공文公이 되기는 어렵습니다. 원소와 조조가 대립하고 있으니 우선 강동을 떼어내어 솥의 세 발처럼 독립하면서 천하의 변화를 살펴야 합니다."

천하를 삼분해서 서서히 제왕의 길로 나가라는 계책은 이처럼 제갈량이 유비에게 처음 내놓은 이야기가 아니었다. 그때까지 방향을 정하지 못해 헤매던 손권은 이 계책을 기점으로 강동을 기반으로 삼국의 한 축을 닦기 시작했다. 이후 노숙에 대한 손권의 신뢰는 더욱 깊어졌다.

노숙은 손권이 조조에게 항복했을 때 제일 난감한 신세는 손권일 것이라며, 심지어 이렇게까지 말했다. "저라면 고향으로 돌아가도

명사로 우대받고 살 수 있습니다만, 주군은 무공으로 일어나 많은 피를 흘린 집안이라 천대받을 것입니다."

노숙의 집안은 서주의 부유한 호족으로 궁핍한 사람들을 많이 도와 인망이 높았다. 주유가 어려울 때 노숙이 곡물창고 하나를 통째로 내어준 일화가 '친구에게 분연히 돈을 빌려준다'라는 뜻의 사자성어 '지균상증指囷相贈'을 탄생시킬 정도였다. 그러니 오나라가 조조에게 넘어간들 노숙은 고향에 돌아가서 잘 살 수 있었다. 손권도 그 말을 백번 이해했다.

손견은 "실은 나도 좌중의 의견에 크게 실망하고 있는 중이오"라고 하면서, 노숙의 권고에 따라 주유의 의견도 구해보았다. 주유는 확신에 차서 이렇게 말했다.

"조조는 비록 나라의 승상이라 하나 역적입니다. 병가에서 볼 때 조조는 세 가지 실수를 범했습니다. 첫째, 아직 북방에 마등과 한수가 있어서 이곳에 오래 머물지 못합니다. 둘째, 북쪽 군사들은 수전에 약할 뿐만 아니라, 물과 풍토가 맞지 않아 몸이 오래 못 버팁니다[水土不服]. 셋째, 엄동설한이라 마초를 구하기도 힘듭니다. 이를 이용해 제가 조조를 잡겠으니 군사를 내어주십시오."

맞는 말이었다. 남방인들이 배 위에서 느긋하게 잠을 자며 뱃길을 찾아갔다면 북방인들은 배만 타면 멀미를 해 몸도 가누지 못했다. 오죽하면 남선북마南船北馬●라 했겠는가! 손권이 주유의 말에 통쾌해하는데 마침 조조의 친서가 도착했다.

"짐은 근자에 황제의 칙명을 받들어 남정을 하고 있다. 형주의 유종은 이미 항복해 왔도다. 짐은 백만 대군과 더불어 강하에서 그대와 수렵이나 즐길 생각이다."

• **남선북마:** 중국의 남쪽은 강이 많아 배를 이용하고 북쪽은 산과 사막이 많아 말을 이용한다는 뜻.

이 글을 읽자마자 손권은 불같이 일어나 칼을 들어 탁자에 내리꽂아 두 조각을 냈다. 그러고는 이렇게 말했다. "두 번 다시 내 앞에서 항복이라는 말을 꺼내지 말라. 그 순간 누구든 이렇게 두 동강이 날 것이다!"

손권은 그 즉시 유비와 동맹을 맺고 대도독에 주유, 부도독에 정보程普를 임명하고는 전쟁을 준비토록 했다.

유비의 뛰어난 협상력:

조조의 남정에 위기를 느낀 손권. 노숙을 보내 유비에게 연대의 손길을 내밀지만 유비는 거절한다. 재차 노숙이 권하자 마지못해 수락한다. 사실 유비가 손권에게 도와 달라고 사정해야 할 판이었다. 유비는 노숙에게 자신이 쉽게 넘어가지 않을 사람임을 보여줌으로써 노숙의 도전정신을 자극해 협상에서 유리한 위치를 점했다.

천하삼분 전략의 원조 노숙:

손권에게 조조는 맞설 역량이 안 되니 강동의 제왕이 되어 천하의 삼분의 일을 차지하라고 권한다. 노숙의 이 전략에 따라 손권은 강동을 기반으로 삼국의 한 축을 닦기 시작했다.

적벽대전의 꽃,
방통의 연환계

　대도독이 된 주유는 군사를 모아 훈련하는데, 정보程普가 비협조적으로 나왔다. 정보로서는 자신도 큰 공을 세운 개국공신인데 서른다섯 살이나 어린 주유의 지휘를 받기가 불편했을 것이다. 정보가 걸핏하면 주유를 모욕해 대도독의 체면이 말이 아니었다. 그러나 감성지능emotional intelligence이 뛰어난 주유는 연장자인 정보를 성심성의껏 예우하는 한편, 군사 훈련도 계속해나갔다.

　결국 주유의 진심에 감복한 정보는 주유에게 자신이 경솔했다며 사죄하기에 이르렀다. 더불어 주위 사람들에게 "주유는 취한 줄도 모르게 취하는 향취 나는 술이로다"라며 감탄사를 연발했다. 백전노장이 자존심을 접고 젊은 대장에게 복종하며 모범적으로 훈련에 참여하자 전군의 사기가 최고조로 올랐다.

　감성지능의 핵심은 자신의 감정을 자제하는 능력과 타인의 감정에 이입하는 것인데, 리더가 뛰어난 감성지능을 지니면 부하들은 의욕이 살아나면서 팀워크가 향상된다.

적벽을 사이에 둔 조조와 손권의 고민

주유가 정보를 감동시키자 손권 측은 전군이 혼연일체가 되어 만반의 준비를 마쳤다. 손권과 유비의 연합군 5만이 적벽赤壁에 진을 쳤다. 적벽이란 장강 중류 지역에 적토赤土로 깎아지른 듯 솟아오른 절벽을 말한다. 북쪽 강기슭에 위치한 오림烏林에 조조의 대군이 다가와 섰다.

당시 조조의 고민은 크게 두 가지. 첫째는, 북방에서 온 자신의 병사들이 남방의 풍토병과 수전에 약하다는 것이고 둘째는, 강릉에서 포섭된 유표 휘하의 부대가 풍토병과 수전에는 강했지만 충성심이 미약하다는 것이었다. 주유도 고민이 있었는데, 아무리 찾아도 조조의 허점이 보이지 않는다는 것이었다. 고민에 빠져 초조해하던 주유에게 백발이 성성한 황개黃蓋가 남몰래 찾아왔다. 황개는 손견 때부터 손 씨 일가의 충신이었고 강자에게 엄하고 약자에게 부드러운 장수였다.

황개는 주유에게 "지금 우리는 적보다 수효에서 밀립니다. 중과부적衆寡不敵이지요. 따라서 대치하는 기간이 길어질수록 적이 수군을 훈련해 뱃길을 익힐 시간을 벌게 되니 우리가 불리하게 됩니다"라고 충고하며, '고육지계苦肉之計를 통한 화공계'를 대안으로 내놓았다.

즉 황개 자신이 적진으로 가서 거짓으로 항복하겠다는 것이다.

주유는 "장군, 나이를 생각하셔야죠. 너무 위험합니다"라며 황개를 말렸다. 그러나 아무리 주유가 울며 말려도 소용이 없었다.

손권 측 황개와 방통의 연극

그다음 날 두 사람의 사전 각본에 따라 한바탕 연극이 벌어졌다. 작전회의석상에서 황개는 거듭해 항복을 주장하고 이에 격분한 주유가 황개를 발가벗겨 곤장 1백 대를 때리게 한 것이다. 무수한 매질에 살이 터지고 피투성이가 된 채 기절한 황개를 보고 모두가 지나친 처사라며 속으로 분개했다.

조조는 그 상황을 오나라군에 잠입한 채중蔡中과 채화蔡和를 통해 보고받았다. 그들의 손에 황개가 보낸 항복 밀서가 들려 있었다. 황개가 기회를 보아 청룡 어금니 깃발을 꽂은 배를 필두로 수십 척의 배를 이끌고 조조에게 투항하겠다는 내용이었다.

조조 진영에는 이미 주유와 짜고서 밀파된 방통龐統이 있었다. 방통이 누구던가? 당시 중국에서 사람 알아보는 재주로 으뜸이던 사마휘司馬徽[호가 수경水鏡이어서 수경 선생이라 알려짐]가 유비에게 "복룡

방통, 《삼국지연의》(청시대)

伏龍과 봉추凤雏 중 한 사람만 얻어도 천하를 얻을 수 있다"고 했는데 복룡은 제갈량, 봉추가 바로 방통이었다. 사마휘는 방통을 손권에게 먼저 추천했는데, 손권은 외모가 추하다는 이유로 그를 내쳤다. 인재를 귀히 대접하는 유비조차 방통을 외모만 보고 곁에 두고 싶지 않아 작은 마을의 현령으로 내보냈다.

그러나 제갈량과 노숙은 방통의 재능을 알아보고 그를 불러들였다. 그리고 주유는 방통을 반간계로 활용하고자 채중 형제가 보는 앞에서 방통에게 엄청난 모욕을 주었는데, 이를 전해들은 조조가 방통을 받아들이게 된 것이다.

첫인상과 사람의 진면목, 그 상관관계

낯선 대상에 대한 첫인상은 무의식적으로 생존 본능에 연결되어 있다. 첫인상은 그 대상이 우호적인 내집단in-group이냐, 적대적인 외집단out-group이냐를 판단하는 데 결정적인 역할을 한다. 이는 적이냐 아니냐를 재빨리 판단해야만 살아남았던 원시 부족 사회 때부터 발현된 본능이다. 하버드대학교 심리학과 교수 스티븐 핑커Steven Pinker●는《빈 서판The Blank Slate》이라는 저서에서 그 같

● **스티븐 핑커**: 1954년 캐나다 몬트리올 출생. 21년간 MIT 뇌인지과학과 교수를 역임했고 2003년부터 하버드대학교에서 심리학을 가르치고 있다. 1979년 하버드대학교에서 실험심리학 분야에서 박사학위를 취득했다. 그의 저서《빈 서판 The Blank Slate》은 2004년 퓰리처상 과학 부문 최종 후보작이었고 2004년〈타임〉지는 그를 가장 영향력 있는 100인에 포함시켰다.

은 인간 본성을 흥미롭게 전개했다. 인간은 백지 상태로 태어나지 않았고, 진화 과정에서 체득한 생존 및 번식 방식이 내재화되어 인간 본성의 상당 부분을 형성한다고 그는 주장한다. 그의 논리에 비추어 첫인상이란 그 같은 인간 본성과 문화적 편견의 합작품에 해당할 것이다. 첫인상에서 호감, 비호감은 순식간에 결정되는데, 그 결정 기준 역시 본성과 문화적 편견에 해당한다. 손권에게 비호감으로 낙인 찍혔던 방통은 오늘날에 오면 어쩌면 통하는 외모가 될지도 모를 일이다.

한편, 호감형이란 당대 문화에서 호감 가는 외모로 치장할 줄 아는, 어찌 보면 사기에 능한 사람일 수 있다. 인간 심리의 초두효과 primacy effect를 잘 아는 사람이 호감형일 가능성이 높다. 그런 면에서 방통은 사기 치는 사람이 아니었고, 굳이 첫인상 효과를 볼 이유가 없었다.

관계 형성에서 첫인상은 중요하지만, 그게 다는 아니다. 부족사회에서 시민사회로 바뀌면서 내집단과 외집단의 이분법적 구분은 의미가 없어졌고, 내집단의 최고 정점인 가족제도의 정체성 또한 희미해지는 가운데 적과 동지라는 구분보다 협업이 더 중요한 시대가 되고 있기 때문이다. 이런 사회에서 첫인상은 그 사람의 진면목을 제대로 말해주지 않는다.

방통에게 속고 풍향에 당한 조조

조조는 방통의 어리숙한 모습을 보고 그가 남에게 속을 지언정 속일 사람이 아니라고 믿고 고민을 털어놓았다. 그러자 방통은 조조에게 이 같은 계책을 내놓았다.

"배를 염주알 엮듯 서로 연결하시오. 그럼 배가 요동치지 않아서 군사들의 뱃멀미가 그칠 것입니다."

'군함들을 쇠고리로 엮는다' 하여 이른바 연환계連環計라고 부르는 이 전략은 훗날 '간첩을 적에게 보내 거짓된 계교를 꾸미게 해서 승리를 얻는 계책'이라는 의미로 통한다.

아무튼 조조 군대는 방통의 연환계에 따라, 군함들을 쇠사슬로 묶어 바닥에 널빤지를 깔기 시작했다. 작업이 한창일 때 정욱이 염려하며 말했다. "배들을 묶어놓으니 덜 출렁여서 좋기는 하지만 화공을 당하면 피하기가 어렵습니다."

그러자 조조는 웃으며 말했다.

"자네 생각은 늘 깊은데 이번만큼은 그렇지 않구려. 보통 화공을 쓰려면 바람을 빌려야 하는데 이 엄동설한에 바람이라곤 북풍과 서풍뿐, 남풍과 북풍은 불지 않아. 만약 저들이 화공을 쓰면 남쪽인 자기 진영만 불에 타고 말 거네."

그러나 이 지방 출신이 아닌 조조가 간과한 것이 있었다. 11월 후반 무렵이면 사나흘 동풍이 분다는 사실을 그는 몰랐다. 계절풍의 변화를 누구보다 잘 알던 제갈량은 주유와 함께 20여 척의 배에 마른풀을 가득 채워두었다. 11월 20일경, 새벽부터 풍향이 조금씩 바뀌기 시작하자, 주유 측은 그날 초저녁부터 마른풀 더미에 어유魚油를 잔뜩 뿌리고 황개가 탈 배에는 청룡어금니 깃발을 꽂았다. 밤 11시쯤 풍향이 드센 동남풍으로 완전히 바뀌자 그 바람을 타고 연합군의 배 20여 척이 짙은 어둠을 뚫고 달려 나갔다.

이를 본 조조는 투항하는 배들이니 화살을 쏘지 말라고 명령했다. 그사이 황개는 불을 붙이라는 신호를 보냈다. 그러자 황개의 병사들이 자기가 탄 군함에 불을 지르고 미리 정해놓은 후미의 군함 한 척으로 이동했다. 바람이 거세지면서 불길은 더욱 거세게 타올라 조조의 함대에 이어 육상의 막사까지 태우기 시작했다. 어느덧 사슬로 묶어둔 조조의 군함들도 모두 불티가 되어 허공으로 사라졌다.

연합군의 함대는 장강을 가득 메우며 오림烏林의 강기슭까지 바짝 다가왔다. 조조가 다급하게 외쳤다. "퇴각하라!"

주유의 뛰어난 리더십:

적벽대전을 앞두고 손권은 대도독에 주유, 부도독에 정보를 임명했다. 자신보다 서른다섯이나 많은 까마득한 선배 정보를 주유는 성심성의껏 예우하는 한편, 군사훈련도 최선으로 이끌었다. 나이 어린 수장을 고깝게 보던 정보는 주유의 진심에 감동하고는 군사훈련에 솔선수범으로 임했다. 결국 손권의 부대는 최고의 단합과 기량을 보여주었다.

첫인상이 전략이었던 방통:

실력은 최고였지만, 누가 봐도 생김새가 비호감형이었던 방통은 손권과 유비에게조차 첫인상 때문에 내쳐진 과거가 있다. 그러다가 인재를 알아볼 줄 아는 제갈량과 노숙에게 발탁되었다. 그렇게 방통은 조조 측에 간첩으로 파견되었는데, 조조는 그의 어리숙한 얼굴에 속아서 적벽대전에서 패한다.

09

제갈량의 창과
사마의의 방패

불확실성을 견디는 힘

이릉대전夷陵大戰

효정 전투(猇亭戰鬪)라고도 한다. 221년 촉한의 황제 유비가 손권의 오나라를 침공했다가 실패하게 된 결정적인 전투이다. 219년 위를 공격한 관우를 손권이 죽인 것에 충격을 받은 유비는 제갈량, 조운 등 걸출한 장수를 대동하지 않고 홀로 관우의 원수를 갚고자 참전했다가, 까마득히 어린 육손의 화공火攻에 참패하고 백제성까지 물러났다. 전투의 패인은 유비의 안일한 판단 때문이었는데, 한여름의 무더위를 피하려고 시원한 숲으로 진영을 옮긴 유비군이 수십 개의 진을 서로 연결하는 바람에 육손의 화공을 받아 피할 겨를이 없었다.

자오곡 계책

227~234년까지 촉한의 제갈량이 위나라를 정벌할 요량으로 추진한 5차례의 북벌 중 제1차 북벌 때 부하 장수 위연이 내놓은 계책이다. 북벌에 맞서 조조 측에서 하후무가 전 병력을 동원해 맞선다는 첩보가 입수되자, 위연은 험준한 진령산맥의 자오곡이라는 계곡을 타고 달려가면 수도 장안까지 열흘이 채 안 걸린다며, 자오곡을 통해 공격하자는 제안이었다. 그러나 제갈량은 안전하지 않다며 그 계책을 채택하지 않아 결국 패배한다. 이 패배는 위태로운 길을 피하고 안전한 길만 찾는 제갈량의 완벽주의자 성향과 그 한계를 잘 보여준다.

손권이 유비를
새장가 보내다

출렁이는 장강의 수면에 조조의 함대가 붉게 굽이치는 가운데, 불길은 조조군의 진영인 오림까지 번졌다. 혀를 날름거리는 불길을 피해 도망치는 조조와 패잔병들 뒤로 손권의 추격병들이 쫓아갔다. 그나마 조비曹丕*가 미리 퇴로를 준비해둔 덕에 조조는 화용도華容道를 지나며, 간신히 추격을 피할 수 있었다.

조조의 수군은 적벽에서 완전히 망가졌다 해도 애초에 유표의 병사와 군함이었으므로, 그나마 전력을 유지할 수 있었다. 패전한 조조군은 조조의 6촌 형제 조인曹仁이 주둔하고 있던 형주 북부의 강릉에 무사히 다다랐다.

* **조비**: 187~226. 위 고조 문황제 魏 高祖 文皇帝. 조조의 서자로 훗날 위나라의 초대 황제가 된다. 220년 조조가 죽으면서 위나라 왕의 자리를 이어받고 그 해에 후한 왕조를 무너뜨리면서 황제에 올랐다. 조조에겐 아들이 25명 있었는데, 조비 위로 적자 조앙과 조삭이 사망하면서 변 씨 부인의 아들 조비가 황제가 되었다.

패장 조조의 자신감, 조조삼소

얀리벤(閻立本), 《역대제왕도권歷代帝王圖卷》(7세기) 中 위 황제 조비, 보스턴미술관 소장

그때 도망치던 조조가 크게 세 번 웃었다는 뜻의 '조조삼소曹操三笑'라는 말이 있다. 조조는 화용도를 빠져나가던 중 주유와 제갈량의 무능함을 비웃다가, 매복하고 기다리던 조운에게 크게 당했다. 두 번째 같은 이유로 또 한 번 비웃다가, 장비를 만나 또다시 크게 혼쭐이 났다. 세 번째 같은 이유로 비웃다가, 관우를 만나 호되게 당했다. 조조삼소란 그 일화를 두고 하는 말로, 눈앞에 재앙이 닥친 줄도 모르고 자만해 남을 비웃거나 경솔하게 행동하는 경우에 쓰이곤 한다.

그러나 도망치던 조조가 세 번 웃은 것을 자만심에 의한 경솔함으로 해석하기에는 부족함이 있다. 무엇보다 조조에겐 한순간에 모든 것을 잃어버릴 것 같은 위기에서도 이를 극복할 수 있는 본능이 꿈틀댔을 것이다. 조조의 세 차례 웃음은 그런 본능의 표현이었을 수 있다. 성공 후에 한두 번씩 찾아오는 '죽음의 계곡'에서 원소, 원술, 유표는 넘어졌고, 조조와 유비, 손책과 손권은 무사히 건넜다. 그 죽음의 계곡을 무사히 건널 배짱이 있었던 조조는 열패감에 무릎 꿇지 않고 몸을 추슬러 다시 일어서고자 했다.

강릉에서 잠시 한숨 돌린 조조는 허도로 돌아가면서 조인을 강릉에 남겨두었다. 그리고 하후돈에 게는 양양을, 장료, 악진, 이진에게 는 합비를 사수하라고 명했다.

한편 적벽에서 대승을 거머쥔 주유는 여세를 몰아 강릉까지 쳐 들어가 향후 1년간 치열한 격전을 벌인다. 그런 가운데 유비는 형주 를 조금씩 집어삼키는데, 우선 자

> • 유기: ?~209. 유표劉表의 장남. 유기의 이복동생으로 유종劉琮이 있다. 새어머니 채 씨가 동생 유종 을 편애하고 유표도 채 씨 편을 들 면서 유기와 유종은 원수처럼 벌어 진다. 유표는 유종을 자신의 후사 로 삼는다. 훗날 유종이 조조에게 항복하고 조조가 유종을 제후에 봉 하자 유기는 분노하며 강남으로 피 했다. 이후 유기는 유비를 주군으 로 섬겼고, 적벽대전 이후 형주자 사가 되었지만 이듬해 병사했다.

신을 도와준 유기劉琦•를 형주자사에 앉힌 다음, 그 남쪽에 있는 4군[무릉, 장사, 계양, 영릉]을 제압해 수중에 넣는다. 그 후 제갈량에게 무릉武陵, 장사長沙, 영릉零陵을 맡기고, 조운을 계양桂陽태수에 임명한다.

주유는 그 무렵에야 겨우 강릉성에 입성하고 조인은 후퇴했다. 그 때 마침 형주자사 유기가 죽자 그 자리를 유비가 맡으며 공안公安을 행정도시로 삼았다.

유비가 걸림돌이 된 손권

유비의 형주 장악은 손권으로서는 오나라의 북방 진출 을 가로막는 격이었다. 이에 손권 측 주유와 노숙은 각기 다른 의견 을 냈다. 주유는 이번 기회에 유비의 싹을 아예 잘라내자고 주장한 반면, 노숙은 아직 더 우호관계를 유지해야 한다고 맞섰다. 손권의 고민이 깊어졌다. 유비를 놓아두자니 오나라가 남쪽에 갇히게 생겼

고, 그렇다고 얼마 전까지 동맹자였던 유비와 다툰다면 조조가 어부지리로 큰 이득을 얻을 게 뻔했다. 그렇지 않아도 조조는 허도에서 적벽의 패전을 설욕한다며 수군을 맹훈련시키는 중이었다.

사실 손권에게는 이보다 더 큰, 말 못할 고민이 있었는데, 다름 아닌 오나라 내정에 관한 것이었다. 오나라 원주민과 북방 이주민들 사이에서 벌어진 갈등이 점점 커져 수습하기 어려운 상황에 이르렀다. 그때까지는 혈기왕성한 손권이 힘으로 제압해 수습하고는 있었지만, 손권의 억압 정책에 반발해 양주 여강盧江군의 유력한 호족 뇌서雷緒가 수만 명을 이끌고 유비에게 귀순한 일이 있었을 정도로, 오나라 민심이 사나워졌다. 상황이 상황인지라, 손권은 유비와의 관계를 깨지 않으면서 차츰 형주를 양도받는 방식을 찾아야 했다.

유비의 손부인. 《삼국지연의》
(청시대)

유비, 억세기로 소문난 손부인과 결혼하다

손권의 뜻을 알게 된 주유는 마침 유비가 상처했다는 소식들 듣고, 이 기회에 유비를 무력화할 묘책을 냈다. 즉 손권의 여동생 손 씨[손인孫仁이라고도 함]와 유비를 결혼시키는 전략이었다. 당시 유비는 49세, 손 씨는 20세 전후로 대단한 미인이었다. 마침 유비는 장판교 싸움에서 아내 감 씨를 잃고 외로워하고 있었다. 이전에도 유비는 전쟁터를 떠도느라 여러 번 아내를 잃고[數喪嫡室] 그때마다 젊은 여인을 맞아들이기를 반복했다. 유비의 그런 여성 편력을 잘 알았던 주유가 손권 집안과 정략결혼을 추진한 것이다.

사실 손권은 너무나 드센 여동생 때문에 골치가 아팠다. 큰 체격에 조각상 같은 미녀인 손 씨는 아버지를 닮아 무예가 출중해 손권도 제어하지 못했다. 무엇보다 어머니 국태國太부인● 오 씨가 딸을 지나치게 싸고돌았다. 손 씨는 항시 칼과 창으로 무장한 시녀 1백 명을 데리고 다닌 탓에 나라 전역에 억세다는 소문이 퍼져 결혼 상대를 찾을 수가 없었다. 양가집 자제들에게 청혼을 넣으면 한결같이 정혼자가 있다며 손사래를 쳤다.

손권이 여동생 손 씨에게 유비와 결혼하면 어떻겠느냐고 제안하자, 손 씨는 "내게는 그런 영웅이 어울린다"며 시원스럽게 수락했다. 유비도 멋쩍어하면서 그만한 신붓감은 없다며 좋아했다. 유비는 조운을 비롯한 5백여 군사의 호위를 받으며 오나라의 수도인 건업建業으로 달려갔다.

부인과 함께 오나라를 떠난 유비

유비는 성대한 혼례를 치른 날부터 신혼 재미에 푹 빠져 도무지 형주로 돌아갈 생각을 하지 않았다. 미녀와 재물을 이용해 유비를 무골호인無骨好人으로 만들려는 주유의 노림수가 제대로 먹혀들었다. 한때는 말 타고 전쟁터에 나가지 못해 '비육지탄'하던 유비가 아니던가? 아무리 신혼이라지만, 어찌 이리도 변할 수 있었을까?

하루하루 긴장과 분노, 좌절과 희망을 오가던 유비였다. 손 씨와 결혼 후 평생 처음 아늑한 분위기를 맛보다 보니, 천하를 평정하려는 의욕이 약해진 것이다. 달달한 무드는 묘한 감정을 일으키고 인지와 행위에서 왜곡된 편향을 야기한다.

이를 내다본 제갈량은 유비가 결혼하러 떠나기 전, 조운에게 비책이 담긴 비단 주머니를 건네주었다. 유비가 쾌락에 빠져 지내자 조운이 찾아가 드디어 그 비책을 사용했다.

"조조의 20만 대군이 형주 지역으로 내려오고 있습니다."

그 말을 들은 유비의 흐리멍덩한 눈빛에 다시 생기가 감돌았다. 제갈량의 비책이 쾌락의 정동affect 속에서 몽롱하게 잠들어 있던 유비를 깨워낸 것이다. 잊고 지냈던 도원결의, 필생의 욕구가 유비 안에서 다시 꿈틀대기 시작했다.

유비는 "어떻게 얻은 형주인데 조조에게 넘길 수 있나?"라며 손 부인을 설득해 오나라를 떠날 궁리를 짜냈다. 그리고 부부는 함께 국태부인 오 씨를 찾아갔다. 마침 정월 초하루여서 세배를 올린 뒤 손 부인이 말을 꺼냈다. "어머니, 정초인데도 지아비의 조상묘소가 탁현에 있어서 찾아가지 못해 면목이 없습니다. 강변에 나가서라도 망제望祭를 드려 며느리 된 도리를 해보고자 합니다."

"그렇게 하거라."

그날 밤 손권과 신하들이 잔치 술로 곯아떨어진 틈을 이용해 유비 일행은 모두 도망쳤다. 다음 날 이를 알게 된 주유는 유비와 손 부인을 모두 없애라며 장흠蔣欽과 주태周泰를 보냈다. 이들이 유랑포劉郎浦까지 뒤쫓아갔지만, 유비 일행은 제갈량이 미리 준비한 배를 타고 유유히 형주로 돌아갔다.

패장 조조가 세 번 웃은 이유:

적벽에서 대패한 조조는 후퇴하며 적진을 세 번 비웃다가 세 번 크게 당했다. 거기서 파생된 조조삼소라는 말은 눈앞에 재앙이 닥친 줄도 모르고 남을 비웃고 경솔한 행동을 하는 경우를 일컫는다. 그러나 조조삼소는 인생의 나락 앞에서도 무너지지 않고 다시 한번 일어설 수 있다는 조조의 자신감을 말해주는 것일 수도 있다.

신혼 재미에 빠져 목표를 잊은 유비:

유비가 걸림돌이 된 손권 측은 유비를 손권의 여동생에게 새장가 보내는 전략을 취한다. 아니나 다를까, 감 씨와 사별한 유비는 젊은 미인을 아내로 얻어 천하평정의 꿈을 잊은 채 안락함에 취해 나날을 보냈다. 그런 유비를 깨운 것은 조조의 형주 침략 소식이었다.

한낱 오두미교 수장이
손권급을 탐해

유비가 오나라에서 신혼 생활만 즐기고 떠나는 바람에 주유周瑜의 심려가 깊어졌다. 화병을 이기지 못한 주유는 수개월 후 임지인 강릉으로 돌아가는 길에 금창金瘡[쇠붙이에 의한 상처]이 재발해, 36세[210년]의 나이에 사망한다. 주유는 피를 토하며 다음과 같은 유언을 했다. 지금까지도 널리 회자되는 말이다.

"왜 하늘은 주유를 낳고 제갈량을 또 낳는가?"

제갈량에 대한 주유의 라이벌 의식은 유명하다. 누가 뭐래도 적벽대전의 두 영웅은 주유와 제갈량이었다. 그런데 제갈량은 굳이 자신과 주유를 비교하려 하지 않았다. 노숙, 순욱, 가후, 곽가, 유비, 조조, 손권도 마찬가지로, 각자 유리한 전략을 세우기 위해 서로의 장단점을 비교하기는 했어도 특정 대상을 콕 찍어서 전방위적인 비교에 매달리지는 않았다.

일평생 집착성 비교에 시달린 주유

주유처럼 유달리 특정인과 비교하려는 욕구를 '집착성 비교'라고 한다. 집착은 몰두와는 다르다. 몰두는 긍정적인 효과를 노리고 일정한 분야에 집중하는 것을 말하지만, 특정인에게 고정된 집착은 에너지의 과소비로 부정적 결과를 초래한다. 진정한 비교의 대상은 '너'가 아니라 어제의 '나'와 오늘의 '나'여야 한다. 집착성 비교에서 벗어나 자기실현을 향해 움직일 때 비로소 긍정적 자아상을 회복할 수 있다.

주유는 분명 감성지능이 높고 감수성이 뛰어났다. 그러나 그런 능력은 자기 우월성이 공인된 상황에서만 작동했다. 그가 대선배 정보에게 엄격하게 군령을 집행하는 대신 너그럽게 대할 수 있었던 것도 공인된 상황이었기 때문이다. 또 아무리 뛰어난 감성지능을 지녔다 해도 남과 비교하며 열등감에 사로잡히면, 감성지능이 떨어진다.

주유는 어제의 자신과 오늘의 자신을 비교하기보다 늘 제갈량과 자신을 비교했다. 제갈량이 자신보다 우월한 계책을 내면 금세 판단력이 흐려졌다. 그 때문에, 그는 손권의 여동생까지 형주에 볼모로 잡혀가는 것을 지켜보아야 했다. 주유는 제갈량을 만난 뒤부터 죽을 때까지 비교의식 속에 허우적댔다. 주유가 손권에게 자신의 뒤를 이을 2대 대도독으로 노숙을 추천한 것 역시, 그런 점에서 노숙은 자신과 달랐기 때문이다. 손권은 주유의 뜻에 따라 노숙을 2대 대도독으로 삼는다. 주유보다 노숙의 계책이 뛰어난 것은 사실이었지만, 위에서 그 계책을 조화롭게 적용할 줄 알았던 건 주유였다.

비교당하면 모든 것을 걸고 승부했던 주유와 달리, 노숙은 매사에 신중했다. 주유가 노숙에게 바통을 넘겨준 것은 이제 오나라에는 노숙 같은 사람이 필요하다고 인정한 셈이다.

오두미도교로 제정일치를 실현한 장로

주유가 사라진 후, 노숙의 권고에 따라 오나라의 대외정책 기조는 크게 바뀐다. 손권은 유비가 형주에 주둔하는 것을 인정해주는 대신, 그와 연합해 조조에 대항하는 방향으로 나갔다.

그 무렵 유비에게 예기치 않은 천행天幸이 찾아온다. 211년 익주자사 유장劉璋이 유비에게 사절을 보내 한중漢中의 장로張魯를 토벌하려고 하니 원군을 보내달라고 요청한 것이다. 한중은 사방이 험준한 산악 지대이나 중원과 익주를 연결하는 유일한 통로였는데, 그곳에서 오두미도교五斗米道教의 창시자 장릉張陵●의 손자 장로가 30년째 제정일치祭政一致의 왕

장릉 또는 장도릉, 《列仙酒牌》
(1923)

● 장릉: 34~156. 장도릉張道陵이
라고도 불린다. 명제 때 출생해 대
학大學을 배웠고 오경五經에도 능
통했다. 만년에 촉 부근의 곡명산
鵠鳴山에 들어가 선도仙道를 배워
도서 24권을 저술했다. 오두미도교
교법의 중심은 병의 치유이며 신자
에게 오두미五斗米를 내게 한 데서
오두미도교라는 이름이 붙었다.

국을 다스리고 있었다.

오두미도교는 후한 순제順帝 때 사천 지방에서 일어난 종교이다. 영생불사를 믿으며 도덕경을 암송했고 교주를 천사天師라 불렀다. 교단을 24구역으로 나누고 구역장을 세워 치관治館이라 했는데, 매년 헌금 명목으로 쌀 5말을 거두어 갔다 하여 오두미五斗米라는 이름이 붙었다. 병을 고치려면 쌀을 내고 참회해야 했다.

당시 오두미도교에 세뇌되어, 병이 치료되고 마음의 평안을 얻는 자들이 꽤 있었다. 그런 일들이 소문나면서 수많은 사람이 장로의 맹렬한 추종자가 되었다. 장로가 한중에 웅거하면서 유장과 계속 크고 작은 충돌을 벌였던 배경에는 그런 일이 있었다. 과연 오두미도교 신자들이 병을 고치고 마음의 평안을 얻었을까? 아니면 단지 플라세보placebo 효과에 불과했을까?

종교 체험을 오랫동안 분석한 윌리엄 제임스William. James는 신비적 경험을 잠재의식의 영역에서 일어나는 심리 현상으로 보았다. 그 이론에 따르면, 신비 경험은 이를 필요로 하는 사람에게 일어난다. 신비를 요구하는 성격이 따로 있다는 이야기이다. 그럼 신비로운 종교 체험을 잘하는 성격은 어떤 것일까? 실제적으로는 아무런 압력이 없는데도, 단지 유추와 상상만으로 압력을 받는 사람이 있는데, 그런 사람이 쉽게 망상에 빠지고 신비 체험도 비교적 잘한다.

미국의 심리학자 헨리 머레이Henry A. Murray는 실제적인 압력을 알파 압력alpha press, 유추와 상상을 통한 압력을 베타 압력beta press이라 하며, 베타 압력에 휘둘리는 경우가 비교적 많다고 보았다. 베타 압력에 휘둘리는 순간, 보이는 것을 믿는 것이 아니라 보이지 않는 것을 믿기 시작한다. 오두미도교에

● **마초**: 176~222. 사례司隷 우부풍右扶風 무릉현茂陵縣 사람. 관서에서 독자적 영향력을 행사해 관중십장關中十將이라 불렸다. 아버지 마등馬騰은 이각 4인방이 조정을 장악할 때 한수韓遂와 함께 그들에게 귀순해 정서장군을 지낸 인물이다. 조조에게 패해 가문이 몰살당하자 마초는 유비에게 망명해 좌장군에 이어 표기장군까지 올랐다.

서 신비 체험을 경험한 신자들도 그런 현상으로 이해할 수 있다.

211년, 맹장 마초馬超●가 조조에게 패해 장로에게 붙는다. 이에 기고만장해진 장로는 본격적으로 익주를 탐한다. 익주까지 삼켜버리면 장로도 명실상부 손권급의 군벌이 되는 것이었다.

속만 태우는 유장, 그를 미워하던 법정

마초를 얻은 장로가 익주를 탐내자 익주자사 유장의 속은 시커멓게 타들어갔다. 안 그래도 조조가 쳐들어올 것이라는 소문에 시달리고 있는데 장로까지 날뛰니 음식이 목구멍으로 넘어가지 않았다. 평소 유장을 마뜩잖게 여기던 법정法正은 '이때다' 싶어 농간을 부리기 시작했다. 법정은 익주를 유비에게 통째로 바치려는 속셈으로, 먼저 장송張松을 시켜 유장에게 이렇게 의견을 내게 했다. "마초의 무예는 여포에게 버금갑니다. 유비를 불러 장로를 토벌하게 하십시오."

왜 유장은 법정에게 미운털이 박혔을까? 법정과 유장의 인연은

두 사람의 부친 때로 거슬러 올라간다. 유장의 부친 유언劉焉이 황실에서 종정宗政을 맡았을 때 황실 사정에 밝은 법정의 부친 법연法衍이 많은 도움을 주었다. 그래서 유언은 가족들에게 법연이 큰 도움을 주었다며 꼭 보답하라고 이야기하곤 했다.

법정이 촉으로 이주할 때 유언과 법연은 이미 저세상 사람이 되었다. 유언을 계승한 유장은 법연의 아들이 왔다는 소식을 듣기는 했지만, 굳이 자신이 맞이해야 할 필요는 없다고 보았다. 법정도 그런 유언을 굳이 찾지 않았다. 법정은 누구를 찾아가 청탁하는 성격이 아니었다. 선하고 악한 것을 분명히 구분했던 법정은 은혜는 은혜, 잘못은 잘못이라고 마음에 담아두는 성격이었다.

그 후 꽤 시간이 흘러, 유장의 보좌관이던 장송이 마침 공석이었던 신도현의 현령 자리에 임용되었다. 워낙 자존심이 강했던 법정은 누구와도 쉽게 친해지지 못했는데 유달리 장송과는 잘 지냈다. 그것은 장송의 성격 덕이 컸다. 장송은 어려서부터 위엄과 용모를 갖춘 형 장숙張肅과 비교당하면서 키가 작고 식견도 짧다는 놀림을 자주 받았다. 그러면서 눈치가 늘고 결단도 빨랐던 장송은 법정을 만나자마자 그가 쓸모 많은 인물임을 알아보고 자신이 먼저 법정에게 다가갔다.

평소 무뚝뚝하던 법정도 장송을 만나면 모든 이야기를 허물없이 터놓고 했다. 그런 덕분에 한직이라도 차지한 것이다.

마초, 《삼국지연의》(청시대)

이후에도 유장은 법정에게 자문 한 번 구하지 않은 채 그를 한직으로만 돌렸다.

유비에게 저절로 굴러들어 온 복덩이

법정의 마음에는 유장에 대한 서운한 감정이 앙금으로 쌓여갔다. 어느 날 법정은 장송에게 속내를 털어놓았다.

"유장은 워낙 변변치 못해 익주를 지켜내기 어려울 것 같소."

법정은 이 같은 위험한 이야기를 꺼내놓고 장송의 안색을 살피는데 장송도 '같은 생각'이라며 지난 일을 이야기해주었다. 장송은 한때 익주를 바칠 마음으로 조조에게 직접 찾아간 적이 있었다고 한다. 연회에서 조조는 자신이 집필한 병서兵書를 내놓고 자랑했는데, 장송이 그 자리에서 한번 쓱 읽고는 눈을 감고 그대로 이야기했다. 엄청난 암기력을 발휘한 장송은 조조의 칭찬을 기대했건만, 의외의 반응이었다. 잘난 척하는 사람을 싫어하던 조조는 장송의 암송 실력을 아니꼬워했고, 장송도 조조에게 정나미가 떨어졌다.

조조에게 홀대 당하고 돌아오는 길에 장송은 유비를 만났는데, 유비는 조조와는 전혀 달랐다. 얼마나 사람이 겸손하던지, 자신을 환대해주던 유비 때문에 장송은 몸 둘 바를 모를 지경이었다. 당시 형주에 기대고 있던 유비의 처지는 묘했다. 북쪽은 조조가, 동남부는 손권이 차지하고 있어서, 뻗어나갈 곳이라고는 서남쪽의 익주뿐이었다. 여하튼 유비의 극진한 대우를 받은 장송은 품 안에서 '서촉 81주지도'를 꺼내 보여주었다.

　서로의 속셈을 확인한 법정과 장송은 익주의 새 주인으로 유비를
모시기로 맹세한다. 그런데 때맞춰 마초를 얻은 장로가 쳐들어올 준
비를 하고 있었다. 장송은 이를 기회로 유장을 꼬드겨 유비를 끌어
들인 것이다. 장송이 유장에게 말했다.

> "유비는 공과 같은 종친이며 용병술도 특출하니 틀림없이 장로를 물
> 리칠 것입니다. 장로를 내쳐야 익주가 튼튼해지고 천하무적 조조도 막
> 아낼 수 있습니다."

　장송의 말에 황권黃權과 왕루王累 등 많은 신하가 음모라며 격렬히
반대했다. 특히 왕루는 성문에 거꾸로 매달리면서까지 항의했다. 그
러나 어리석은 유장은 결국 사신을 보내 유비를 모셔온다. 하필 그
사신이 법정이었다.

뒤끝작열 법정의 어리석은 결정

　　법정은 유장에게 냉대를 받으면서도 입 한 번 뻥긋하지
못한 채 잠재의식 속에 불만을 쌓아두고 있었다. 잠재의식 속에 쌓
아두고 꿈이나 환상 속에서나 겨우 분출할 수 있는 욕구를 내현 욕
구covert need라고 하는데, 법정에게도 드디어 그런 욕구를 분출할 기
회가 찾아왔다. 법정은 유비를 만나자마자 장송이 새롭게 그린 익주

지도를 내놓으며 이렇게 떠들었다. "나약하기 그지없는 유장을 당장 공격하십시오. 성내에서 장송이 몰래 장군을 도울 것입니다."

법정은 일종의 내현성 자기애 성향이 있다. 그런 사람들의 특징 중 하나가 수동 공격성인데, 자신이 제대로 대우받지 못하고 억압받는다고 느낄 때 수동 공격성이 활성화된다. 수동 공격성이 활성화되면, 분노를 직접적으로 표출하기 어려운 대상에게 피해의식을 품고 수동적으로 저항하는 형태로 나타난다. 가령, 사장이 싫어서 회사가 성장하지 못하도록 은근히 조장하거나, 자녀가 일부러 부모 속을 썩이는 것은 바로 그런 수동 공격성 사례에 해당한다. 수동 공격성을 띠는 사람들의 특징은 민감하면서도 과묵하고, 수줍어하지만 자신을 천재라고 여기며 그 내면에는 성공에 대한 욕망이 가득 차 있다.

법정도 겉으로는 겸손하게 유장을 섬겼지만 '자신 같은 소중한 존재를 방치한 대가'를 갚아줄 기회를 호시탐탐 노렸다. 그래서 제 발로 유비를 찾아가 익주를 팔아먹으려는 제안을 덜컥 해버린 것이다.

법정에게서 기대 밖의 특급 정보를 들은 유비는 특유의 의리를 내세우며 능청을 떨었다. "나 같은 종친에게 어찌 그리 야비한 짓을…"

그러나 방통이 "지금 차지하지 않으면 익주는 조조의 수중에 들어갑니다"라고 하자 유비는 마지못한 듯 수락한다. 유비는 관우를 형주의 수비 사령관으로 남겨두고 방통과 함께 5만 군사를 이끌고 익주로 향했다. 이처럼 유비가 서쪽을 정벌하기 시작했지만, 손권은 속만 부글부글 끓었을 뿐 섣불리 형주 공략에 나설 수 없었다.

왜? 그랬다가는 조조가 곧바로 남하할 수 있었기 때문이었다.

공인된 상황에서만 너그러운 주유:

주유는 어려운 상황에서도 뛰어난 리더십을 발휘하며 높은 감성지능을 보여주었지만, 제갈량이라는 인재를 만나면서부터 그와 비교의식에 빠지고 열등감에 허우적댔다. 결국 주유는 화병을 얻어 요절했다. 주유의 뛰어난 감성지능은 공인된 상황에서만 발휘되는 것이었다.

오두미도교에 탐닉한 민중:

오두미도교는 불치병 치료에 효험이 있다는 소문이 나면서 수많은 교인을 확보하고 재물을 약탈했다. 오두미도교의 신비 체험은 특정 성향에서만 일어나는 현상일 수 있다. 실체 없이 유추와 상상만으로 압력을 받는 사람이 신비 체험에 쉽게 빠질 수 있다.

서촉을 날로 먹은 유비,
삼국시대 개봉박두

유비가 익주로 다가오자 유장은 광한廣漢군의 부涪현까지 친히 달려 나가 그를 반갑게 맞이했다. 방통이 첫눈에 보기에도 유장은 그야말로 어수룩한 호인이었다. 누구든 절박한 상황에서는 판단력이 떨어져 아무에게나 잘 속을 수 있지만, 유장은 특히나 귀가 얇고 경솔해서 유비 같은 인물에게는 더욱 약했다. 유비를 믿어서는 안 된다는 측근들에게 유장은 초지일관 "천하에 그 같은 덕치의 효웅梟雄이 없고, 같은 황실 사람인데 무엇을 의심하리오?"라고 응수했다.

법정 같은 사람은 난세를 인의仁義만으로 헤쳐 나갈 수 없다는 것을 잘 알았다. 유비는 덕치를 표방했지만, 다른 제후들에 비해 비교적 포용력이 크다는 뜻일 뿐, 어디까지나 살육의 현장에서 일생을 보낸 사람이다. 당시 사대부들 중에는 유비를 '음흉한 놈'이라 욕하는 자들도 많았다. 그러나 유비를 직접 접할 일이 없던 대중들은 그를 인의의 군주로 받들었고, 누구도 쉽게 유비를 건들 수 없었다. 유장도 예외가 아니었다.

유장이 유비를 절대 신뢰한 이유

유장은 유비를 개인적으로 잘 모르면서도 무조건 신뢰했다. 오죽하면 유장의 측근이 성문에 거꾸로 매달리면서까지 유비를 믿지 말라 했을까? 유비는 그런 유장의 신뢰를 역이용한다.

왜 유장은 유비에게 절대적인 신뢰를 보냈을까? 유장은 유비에게 긍정 편향positivity bias을 품고 있었다. 자기 스스로 이룰 수 없는 바람을 투사할 수 있는 상대가 나타날 때 누구나 그런 편향에 빠질 수 있다. "하나를 보면 열을 안다"는 속담처럼 하나의 긍정적인 모습을 보고 다른 모든 부분까지 그렇게 해석해버리는 것이다. 우리가 긍정 편향에 빠지기 쉬운 대상은 정치인, 연예인, 스포츠 스타이다. 연역적으로만 사고하고, 매사에 동조적이며 자존감이 낮고 자기 기준이 없는 경우 긍정 편향, 또는 부정 편향에 잘 빠진다. 방통은 그런 유장을 보면서 한심하게 여기며 속으로 혀를 찼다.

유장과 유비의 회견이 끝난 후 방통이 유비를 따로 만나 이렇게 말한다. "주군, 저런 놈은 지금 당장 죽여도 전혀 상관없겠습니다."

"그렇다 해도 아직은 때가 아니야."

유비는 유장에게 병력을 지원받아 당장이라도 장로와 싸울 것처럼 광한군의 북쪽 가맹葭萌현으로 올라갔다. 하지만 장로와의 싸움은

차일피일 미루기만 하고, 유장이 공급해준 물자로 백성들에게 은덕을 베풀기만 했다. 유비는 늘 그런 식이었다.

212년 12월, 손권은 유비에게 "조조가 남하하니 도와달라"는 편지를 보냈다. 조조가 자기 배후의 화근인 마초와 한수를 정벌하고 40만 대군으로 적벽대전의 원수를 갚는다고 나선 것이다. 당시 손권은 여몽呂蒙의 건의를 받아들여 조조 침략 대비용으로 유수구濡須口에 군항을 건설해두었다. 그곳에서 손권과 조조는 일진일퇴를 거듭하다가 그다음 해 봄철 장마 때문에 싸움을 멈췄다.

유비, 익주를 손에 넣다

한편, 손권의 편지를 받은 유비는 기회다 싶어, 유장에게 일단 형주로 돌아가겠다며 1만 명의 병사와 군수물자를 추가로 요구했다. 그러나 유장은 어정쩡하게 늙은 병사 4천 명만 유비에게 보내준다. 그즈음 장송이 유비에게 보낸 밀서가 어쩌다가 장송의 형 장숙의 손에 들어갔다. 그렇지 않아도 동생의 출세를 시기하고 있던 장숙은 잘됐다며 그 밀서를 재빨리 유장에게 바쳤다.

그제야 유장은 장송을 처형했고, 유비는 이를 구실 삼아 기다렸다는 듯 유장을 공격했다. 그때 방통이 복병의 화살에 맞아 전사했다. 이를 위기라고 본 제갈량, 장비, 조운 등이 군대를 거느리고 달려왔다. 드디어 익주가 포위되었다. 사실, 유장 측은 정예병 3만 명과 1년 치 식량이 있어서 쉽게 공략당할 수 없었는데도, 지레 겁을 먹은 유장은 성문을 열고 투항했다. 싸움이 시작된 지 3년 만인 214년의 일이었다.

이로써 유비는 30년 겪은 산전수전의 결실로 촉한蜀漢의 기반을 닦았다. 그러자 조조도 한중 공략을 서둘러 215년 7월에 마무리한다. 그 틈에 손권은 10만 대군을 이끌고 합비 정복에 나섰다. 합비는 조조가 강남을 공격할 때 '전략적 거점'이었기 때문이다. 그러나 손권의 대군은 조조 측 장료張遼의 800결사대를 끝내 이겨내지 못했다.

한편, 조조가 한중을 차지하자 유비는 크게 당황한다. 그런데다 손권까지 제갈량의 친형인 제갈근을 유비에게 사자로 보내 형주 반환을 요구했다. 유비는 제갈근에게 이렇게 둘러댔다. "아이구 참. 이제 겨우 촉만 통일했을 뿐, 이웃 양주涼州는 그대로 있소. 양주까지 평정해야 북쪽이 안정되니 그때 가서 봅시다."

이 소식을 들은 손권은 "짚신이나 만들던 놈이 교활하게 늙었다"라며 불같이 화를 내고 전군에 비상령을 내렸다. 자칫 전면전으로 비화될 위기였다

노숙과 관우의 단독 회담

유비와 손권이 싸우면? 결국 조조만 좋아진다. 유비도 손권도 이를 잘 알았다. 이에 유비는 서둘러 관우에게 전쟁을 막으라는 지시를 내렸고, 손권 진영에서도 기다렸다는 듯이 친유비파의 거두인 노숙이 나섰다. 노숙은 그간 관우와 쌓은 친분을 이용해 관

우에게 단독 회담을 제안했다. 회담 장소는 장강 남안에 있는 육구陸口의 임강정臨江亭이었다. 약속된 날짜에 관우는 몇몇 병사만 대동하고 작은 배에 올라, 오나라로 향했다. 양쪽 병사들은 사전 합의대로 회담장의 양 방향에서 100보 밖에 멈추었고, 관우와 노숙 두 사람이 칼 한 자루만 차고 만났다[單刀赴會].

노숙은 무력으로는 관우의 상대가 되지 않았다. 그래서 노숙의 부하들이 말렸지만, 노숙은 듣지 않았다. 적진에 들어간 관우도 위험하기는 마찬가지였다. 회담이 결렬될 경우를 대비해 노숙이 매복병을 숨겨두었을 게 분명했기 때문이다. 마주 앉은 관우가 먼저 따졌다. "유비 형님께서 갑옷을 입고 잠자리에 들 만큼 고생해서 얻은 형주를 돌려달라니 말이 되느냐?"

그러자 노숙은 이렇게 답했다.

"그대도 알다시피 천하에 발붙일 곳 없던 유 장군을 우리 주군이 형주에 머물게 했소. 게다가 유 장군께서는 유기가 죽으면 형주를 돌려준다고 약속했소. 이제 익주까지 얻은 마당에 형주를 반환하는 것은 마땅합니다."

아무리 《춘추》를 많이 읽었다지만, 관우는 무장이었다. 전략가인 노숙을 논리적으로는 당해내지 못했고, 더 반박할 말도 없었다. 그래서 형주 서쪽의 강릉, 영릉, 무릉은 그대로 놓아두고, 동쪽의 계양, 강하, 장사의 3군만 손권에게 돌려주는 선에서 합의하고 끝냈다.

힘든 협상을 마무리한 후 노숙은 병을 얻었는데 끝내 일어나지 못했다. 217년 임종을 앞둔 노숙은 대도독의 후임으로 여몽을 지목했다. 노숙의 주검 앞에서 손권은 통곡했고, 유비와 제갈량도 슬퍼했다.

괄목상대의 대표주자 여몽

여몽은 매사 적극적이고 용맹했다. 15세 때 벌써 산적 토벌군에 몰래 들어간 여몽은 "호랑이 굴에 들어가야 호랑이를 잡는다"는 명언을 남기기도 했다. 그러나 워낙 공부는 등한시해 공문 작성도 못 할 만큼 문맹에 가까웠다. 노숙이 여러 차례 여몽에게 책 좀 보라고 충고했지만, "난 소질이 없소"라며 들은 척도 안 했다. 급기야 손권까지 나서서 이렇게 타일렀다. "무릇 뛰어난 장수가 되려면 무예와 함께 글도 읽어 견문을 넓혀야 한다."

그러자 여몽은 "군사 업무도 바쁜데 언제 책을 읽습니까?"라며 따졌다. 이에 손권이 정색하며 다음과 같이 따끔하게 한마디 했다.

"누가 그대더러 학자가 되라 하는가? 적어도 군대에서 오고가는 편지 정도는 읽을 수 있어야 되는 것 아닌가? 나도 형의 뒤를 이어 바쁜 가운데도 여러 책을 읽고 있네. 공자는 사색보다 배우는 게 낫다 했고, 광무제는 군사 업무를 보면서도 수시로 책을 보았지. 그대가 아무럼 광무제보다 바쁘겠는가? 배움에는 나이가 없는 법. 지금이라도 노력하기를 바라네."

그때부터 여몽은 학업에 정진해 고금을 막론하고 유수한 학자들을 뛰어넘는 경지에 올랐다. 주유의 뒤를 이어 대도독의 자리에 오른 노숙이 여몽을 만났을 때였다. 여몽은 유비와 관우에 대해 곰과 호랑이 같은 자라며 미리 대비해야 한다고 했다. 그 이야기를 들은

노숙이 여몽의 등을 두드리며 말
했다.

"예전의 여몽이 아니구려. 무용
만 출중한 줄 알았는데, 참으로 유
식하오."

"선비란 사흘 만에 만나도 눈을 비비고 다시 보아야 할 정도로 달
라져 있어야 하지요."•

여몽의 이 말에서 '괄목상대'라는 말이 나왔다. 손권도 노숙을
만나보고 이렇게 여몽을 칭찬했다. "여몽은 나이 들고 명성을 떨치
면서도 독학으로 수양해 뛰어난 선비가 되었으니 이 얼마나 훌륭
한가?"

여몽은 따로 스승을 두지 않고 자기주도적으로 공부한 경우였다.
진정한 배움이란 지식과 기술 습득의 결과가 행동의 변화로 이어지
는 것이다. 배움에 자율성이 낮을수
록 지식과 기술을 암기하는 데 그치
고, 자율성이 높을수록 행동에 변화
가 일어난다. 그만큼 배움의 성과는
자신의 의지가 얼마인지가 관건일
수 있다. 여몽의 괄목상대는 외부의
지도 없이 자율적으로 학습 상황을
통제하고 관리해 이루어진 성과라는
데 의미가 있다.

관우와 주창, 《삼국지연의》(청시대)

여몽에게 약점 털린 관우

자기주도 학습으로 문무 겸장이 된 여몽과 노숙이 정국을 보는 시각은 차이가 있었다. 노숙은 조조가 굳건히 버티고 있는 한, 오나라는 유비의 촉과 협조해야 한다고 본 반면, 여몽은 촉과 오나라의 관계는 결코 오래 갈 수 없다고 보았다. 여몽은 대도독이 되자 겉으로만 유비 측과 우호관계를 맺고 뒤로는 칼을 갈기 시작했다. 2년 후인 219년, 관우가 북진해 위의 번성樊城을 공격했는데, 여몽에게는 드디어 기회가 온 것이었다. 번성으로 출정하던 관우는 여몽을 의식해 강릉에 수비병을 두고 봉화대를 높이 세워두었다.

여몽은《사기史記》등 많은 책을 보면서 사람 보는 눈을 떴다. 그 결과 칭찬에 약한 관우는 금세 우쭐해지면서 방심하는 성향이라고 판단했다. 이 같은 관우에 대해 여몽의 맞춤 전략은, "관우 앞에서 능력을 감추고 무능해 보여라"라는 것이었다. 그리고 손권에게 상소를 올리기를, "제가 중병에 걸려 은퇴한 것처럼 할 테니, 후임에 육손陸遜을 임명해주십시오. 그럼 관우는 강릉에서 수비병들을 거두고 번성으로 갈 것입니다"라고 했다.

여몽의 말은 그대로 통했다. 관우는 '젖비린내 나는 육손을 대도독으로 임명'했다며 손권이 자기 뒤를 칠 마음이 없다고 보고 강릉 봉화대에 배치했던 모든 군사를 전쟁터인 번성으로 차출해갔다. 게다가 대도독에 부임한 육손은 관우에게 평소부터 천하의 명장인 그를 늘 공경해왔다면서 앞으로도 잘 모시겠으니 지도편달을 부탁한다는 편지까지 보냈다. 그러자 손권에 대한 관우의 경계심은 완전히 풀어졌다.

그때 여몽은 상선으로 위장한 군함들에 정예병을 태우고 장강에 배를 띄웠다. 밤낮없이 거슬러 올라간 군함들은 초나라 병사들을 차례로 포박하고 강릉과 공안公安을 기습 점령했다. 당시 강릉에 있던 남군태수 미방糜芳과 공안에 주둔하던 사인士仁도 여몽을 도왔다. 관우 소속이었던 미방과 사인이 대체 왜 그를 배신할 걸까?

조비, 유비, 손권의 3파전

평소에 관우는 미방과 사인을 업신여긴 데다, 번성으로 갈 군수물자를 제때 수송하지 못한다며 계속 질책하고 있었다. 이에 스트레스를 받던 둘은 강릉과 공안을 통째로 여몽에게 넘겨주었다. 유비가 형주를 잃어버린 것은 이 같은 관우 탓도 있었지만, 관우의 성향을 잘 파악해 허점을 노린 여몽의 지혜가 컸다.

관우는 자신을 우러러봐야 하는 병졸들에게는 관대했고, 사대부들에게는 냉정했다. 심지어 손권에게도 똑같이 냉정하게 대했다. 손권이 관우의 딸을 며느리 삼겠다고 하자 관우는, "어찌 호랑이의 자식을 개의 자식에게 줄 수 있단 말이냐?"라며 화를 내기도 했다. 이 말을 들은 손권이 관우를 향해 얼마나 이를 갈았겠는가? 제갈량도 평소에 관우의 그 점을 걱정했다. 술에 취하면 부하들을 폭행했던 장비와는 성향이 정반대였으니, 제갈량이 둘의 성품이 반반 섞였으면 좋겠다고 자주 생각할 정도였다.

관우가 외부 정벌에 나가면 군수품을 조달하는 쪽은 사대부였다. 그런 사대부들과 사이가 나빴으니, 관우는 군수품 조달에도 차질이 있을 수밖에 없었다. 여몽이 강릉을 접수했다는 전갈이 관우에게 들어가자, 관우는 부랴부랴 번성의 포위를 풀고 달려왔지만 때는 이미 늦었다. 강릉에 남았던 관우의 병사들마저 자신들의 가족에게 후대하는 여몽에게로 대거 이탈했다.

겨우 십여 기병을 이끌고 유비가 있는 성도로 달려가던 관우는 곳곳에 매복된 부하에게 추격당하다가 결국 아들 관평과 함께 붙잡혀 처형당했다.

관우가 이끄는 형주군이 북진해 번성까지 포위했을 때 조조는 큰 위협을 느껴 허창에서 업으로 천도할 계획까지 세웠었다. 만일 상황이 더 악화되면 직접 참전할 준비도 했었다. 그런데 여몽의 계략에 말려든 관우가 철수하면서 형주 전선은 안정을 되찾았다. 심지어 얼마 후에는 손권이 조조에게 관우의 목을 보내왔다.

얼마 후인 220년 정월 조조는 66세로 일기를 마쳤고, 그로부터 9개월 후 조조의 아들 조비曹丕[위 고조 문황제]가 후한 헌제의 선양을 받아 위의 황제로 즉위했다. 이에 뒤질세라 유비는 221년 촉한을 세워 황제에 올랐고, 손권도 229년 오나라 황제로 등극한다.

유비를 절대 신뢰한 유장:
익주를 지키고 있던 유장은 유비를 끌어들여 익주를 지
키려고 한다. 익주를 유비에게 바치려는 법정과 장송의
음모에 말려든 것을 전혀 모른 유장은 부하들의 반대에
도 유비를 절대 신뢰한다. 그런 현상은 "하나를 보면 열
을 안다"는 긍정 편향으로 해석할 수 있다. 결국 유비는
익주를 쉽게 차지한다.

자기주도 학습으로 명장이 된 여몽:
무예는 뛰어났지만 문맹에 가까웠던 여몽. 손권의 권유
로 책을 많이 읽어 지력을 장착했다. 칭찬에 약한 관우의
속내를 읽고는 결국 형주를 빼앗고 관우도 죽음에 이르
게 한다. 심리전에서 관우가 여몽에게 패한 것이다.

홀로 남은 유비의
헛된 자신감

　유비가 촉한 황제가 된 후 처음으로 내린 명은 '오나라 징벌'이었다. 자신과 생사고락을 같이하기로 결의한 관우를 죽인 손권이 유비에겐 이제 역적이었다. 제갈량과 조운은 이 전쟁을 반대했으나 유비는 강행했다. 그 와중에 장비가 또 술에 취해 부하 장수 범강范疆과 장달張達에게 채찍을 휘둘렀다. 이에 앙심을 품은 두 사람이 깊이 잠든 장비의 목을 베어 손권에게로 달아났다.

　그리하여 유관장 삼형제 중 유비만 혼자 남게 되었다. 그는 마치 고독감을 전쟁으로 달래려는 듯했다. 그때 유비의 공허한 눈빛을 본 황권黃權이 만류했다.

　"우리 군대가 형주로 깊이 쳐들어가기는 쉬우나 전세가 어려워질 경우 퇴각하기가 어렵습니다. 그러니 선봉을 제게 맡기시고 폐하께서는 후방에 머무십시오."

그러나 유비는 들은 척도 하지 않고, 황권을 장강 북안에 머물게 하고 홀로 70만 대군의 선두에 서서 형주를 향해 말을 달렸다. 제갈량, 조운, 마초 중 어느 누구도 대동하지 않았다. 당시 내로라하는 전략가들은 이구동성으로 유비의 승리를 전망했다.

백전노장 유비 대 애송이 육손

그 전망이 맞았을까? 초반전 유비는 무성巫城과 자귀성秭歸城을 차례로 격파했다. 이에 자신감이 붙은 유비는 제갈량 같은 명장 없이도 혼자서 승리할 수 있다는 듯 무조건 돌격했다. 손권은 관우가 깔보던 젊디젊은 육손陸遜을 대도독에 임명하고는 전투에 파견했다. "전장에서는 그대가 손권일세"라는 말로 육손에게 힘을 실어주었다.

전권을 위임받은 육손은 20만 병사와 함께 유비군의 방어에 나섰다. 육손은 외유내강형이었다. 어떤 일이든 서두르는 법이 없고 차근차근 해결해나가는 것이 관우와 장비를 잃기 전 유비의 성격과 닮았다. 다만, 큰 전쟁 경험이 없어서 손 씨 일족을 섬기던 노장들에게는 좀처럼 인정받지 못했다. 육손을 못마땅해하던 노장들은 "애송이 육손이 전쟁을 질질 끌려고 합니다. 단기전으로 끝내게 하셔야 합니다"라는 상소를 빗발치듯 올렸다.

손권은 역시 대단한 인물이었다. 그런데도 꿋꿋이 육손을 지지하며 노장들의 질시를 막아주었다.

육손, 《삼국지연의》(청
시대)

유비의 거센 기세 앞에 육손 부대는 장강 삼
면의 모든 거점에서 물러서야 했다. 그런데도
육손은 적극적으로 공격하지 않았고 오히려 이
릉夷陵으로 후퇴했다. 실은 유비를 유인하는 후
퇴 전술이었다. 육손은 자신의 요새였던 이릉
진영에서도 촉군의 도발에 일절 응하지 않고
수비로만 일관했다.

마침 무더운 여름이 시작되었다. 이때 유비
가 결정적인 판단 착오를 일으킨다.

"야! 날 참 너무 덥다. 무더위를 피해 모두 숲
속에 진을 쳐라!"

유비의 명령에 군사들은 울창한 숲속에 수십
개의 진을 치고, 유사시를 대비해 진들끼리 서로 연결했다. 바로 거
기서 관도대전, 적벽대전과 함께 삼국시대의 3대 대전으로 꼽히는
이릉대전이 일어난다.

유비, 이릉대전에서 참패하다

유비군의 규모를 본 육손의 장수들은 잔뜩 겁을 집어먹
었다. 그런데도 육손은 소규모 병력을 동원해, 나란히 늘어선 유비
진영의 이곳저곳을 치고 빠지기만을 반복했다. 이는 유비군의 연결
고리를 확인하는 작업이었다. 그러느라 육손군이 유비군에게 입은

피해도 적지 않았다. 유비군의 사기는 올라갔고 육손 부대의 사기는 저하되었다. 오나라 노장들이 나서서 육손을 비난하자 그제야 육손은 속내를 털어놓았다.

"유비의 많은 막사가 줄줄이 늘어서 있습니다. 참으로 어리석은 짓이지요. 유비가 병법에 무지해서 그렇습니다."

드디어 육손은 비밀병기였던 화공火攻을 개시했다. 강풍이 부는 어느 날 밤 육손의 몇몇 병사가 흙과 나무로 지은 유비군 막사 주변에 불을 지폈다. 불꽃이 유비군 전체로 확산되자, 육손의 군사가 들이닥쳤다. 그때의 실패는 적벽대전의 승리를 집어삼킬 만큼 너무나 참담했다.

퇴각에 퇴각을 거듭하던 유비는 다행히 조운의 원군 덕분에 겨우 위기를 모면하고는 백제성까지 물러났다. 유비의 남은 병사는 백여 명에 불과했고 유비 편에 섰던 소수 민족들의 피해도 엄청났다. 유비는 패전에 대한 허탈감 때문에 성도로 돌아가지 못하고 그만 병석에 드러누웠다.

천하의 유비가 어떻게 애송이 육손에게 대패한 것일까?

후한 말 대중 속에 각인된 영웅 유비와 실체 사이에는 간극이 상당히 컸다. 그 간극을 관우, 장비, 제갈량, 조운이 상당 부분 메워주었다. 유비 본인도 이를 잘 알고 있었다. 관우와 장비를 잃고 당황해하던 유비는 평소와 달리 충동적인 모습을 보였다. 유비는 인의를 표방한 주군이지 책사는 아니었다. 그런데도 책사 제갈량도, 명장 조운도 다 놔두고 홀로 출전을 강행했다. 혼자 힘으로도 오나라를 정복할 수 있음을 알리고 싶었던 것일까? 유비의 무의식 속에 있던 "나도 혼자 다 할 수 있어"라는 절규가 표출된 것일 수 있다.

아니면, 삼위일체라고 해도 과언이 아니었던 유관장의 관계가 무너지자, 유비의 본능적 에너지가 현실에 대한 고려 없이 마구 분출된 것으로 볼 수도 있다.

그런 유비와 싸우는 육손에게 딱 맞는 전략이 있었는데, 바로 '이일대로以逸待勞', 즉 그저 편히 쉬면서 적이 날뛰다가 피곤해지기를 기다리는 것이었다. 여몽처럼 수많은 병법서를 독학으로 마스터한 육손은 바로 그 전략으로 유비를 무너뜨렸다.

촉을 삼키려는 사마의의 야심

누구나 유비의 승리를 점쳤던 이릉전투에서 대패한 유비는 그 후 수치심과 번민에 쌓인 나날을 보내다가 223년 제갈량을 불러 태자 유선劉禪[207~271, 촉한의 마지막 황제]을 부탁한다.

"그대의 재주로 치면 조비의 열 배이며 손권 따위와는 비교도 할 수 없소. 그러니 내 자식이 도울 가치가 있으면 도와주고, 그렇지 않으면 그대가 이 자리를 차지하시오."

유비는 제갈량과 자기 자식에 대해 누구보다 잘 알고 있었다. 유

비의 적장남 유선은 태어날 때부터 전장을
누볐다. 장판교 전투 때는 두 살이던 유선
을 조운이 품에 안고 조조의 포위망을 뚫
었다. 그런데도 세상모르고 자던 유선을 받
아든 유비가 "네놈 때문에 장수를 잃을 뻔
했다"며 땅바닥에 내던졌다는 데서 유선의
아명은 아두阿斗가 되었다.

유비의 우유부단한 태도는 대중에게는
오히려 덕망 높은 사람으로 비쳐졌고, 그의
명성이 회오리처럼 상승하는 효과를 냈다.
그러나 그 태도는 아들 교육에는 독으로 작
용했다.

사마의. 《삼국지연의》(청시
대)

유비와 달리 조조는 자식들을 어려서부터 전쟁터로 내보내 싸우
게 했다. 장자 조앙曹昂은 장수張繡의 기습으로 요절했고, 태자 조비曹
丕는 204년 조조가 원소의 잔여 세력을 공격할 때 참여했다. 그때 조
비는 원소의 차남 원희의 아내 견 씨를 강제로 빼앗아 조예曹叡[위 열
조 명황제, 205~239, 조위의 2대 황제]를 낳았다.

유비의 자식들에게는 그 같은 기록이 없다. 이유는 유비가 자식들
을 오냐오냐하며 길렀기 때문일 수 있다. 유선도 전쟁터에서 자랐다
지만 늘 관우, 장비, 조운 같은 천하제일 명장들의 보호 아래 있었기
에, 그에겐 전쟁터가 마냥 흥미진진한 놀이터 같았을 것이다. 그래서
유선은 아무리 큰 위기를 만나도 풍경화처럼 감상만 했을 뿐, 절박
한 감정에 휩싸이지는 않았다. 그러다 보니 분위기 파악이 잘 안 되

는 성격으로 성장했다.

그런 유선을 지탱해줄 버팀목으로 유비는 제갈량을 지목했다. 제갈량은 군주의 꿈이 없고 자신의 포부를 실현해줄 군주가 필요했을 뿐이었기에, 유비가 안심하고 유선을 부탁할 수 있었다. 유비의 예측대로 유선은 제갈량에게 전권을 맡기다시피 하고 안일하게 세월을 보냈다.

이때 위나라 사마의司馬懿[진 고조 선황제, 179~251]는 촉나라를 고립시킬 전략을 세운다. 전통적으로 가까웠던 촉과 오의 관계가 유비의 오나라 공격으로 단절된 기회를 이용하려는 사마의의 속셈이었다. 사마의는 이 기회에 기존의 위 대 촉 대 오 3파전이었던 것을 위+오 대 촉으로 바꿔 촉을 집어삼킬 야심을 품었다.

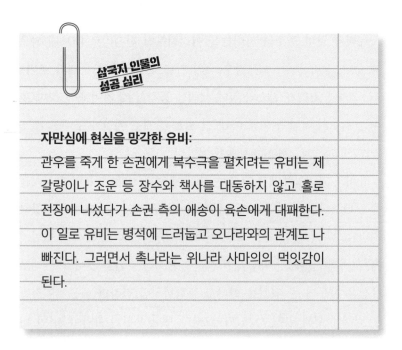

삼국지 인물의 성공 심리

자만심에 현실을 망각한 유비:
관우를 죽게 한 손권에게 복수극을 펼치려는 유비는 제갈량이나 조운 등 장수와 책사를 대동하지 않고 홀로 전장에 나섰다가 손권 측의 애송이 육손에게 대패한다. 이 일로 유비는 병석에 드러눕고 오나라와의 관계도 나빠진다. 그러면서 촉나라는 위나라 사마의의 먹잇감이 된다.

완벽주의자 제갈량,
철두철미한 사마의

사마의가 누구인가? 천하제일의 책사로 만족했던 제갈량과 달리 사마의는 주군이 되려는 웅대한 뜻이 있었다. 그러나 그런 속내를 철저히 감추었다. 사마의는 내성적이며 능글거리는 성격은 유비를 닮았고, 결정적일 때 냉혹한 수를 서슴지 않고 임기응변에 능한 모습은 조조를 닮았다. 사마의의 그런 점을 일찍이 간파한 조조는 그를 낭고상狼顧相● 이라며, 곁에 두되 중용하지는 않았다. 조조는 사마의에게 주로 가축 사육 같은 일을 맡기며 속을 떠보았는데, 태자가 그와 친하게 지내자 주의를 주었다. "중달[사마의의 자]은 신하로 만족할 사람이 아니다."

그럼에도 하찮은 일을 묵묵히 수행해내는 사마의를 보며 조조는 비로소 안심했지만, 그에게 끝까

● **낭고상:** 이리처럼 몸은 움직이지 않은 채 고개만 180도 뒤로 돌릴 수 있는 사람. 반역의 징후가 있는 관상으로 알려진다.

지 중책을 맡기지는 않았다. 황제의 불신을 받는 것만큼 '불확실'하고 '모호'한 처지가 어디 있겠는가? 사마의에게는 그 자체가 바로 위기였다. 사마의는 하루이틀도 아니고 매일 그 위기를 견뎌야 했다.

숨죽이던 사마의 서서히 두각을 나타내다

모호성과 불확실성을 견디지 못했다면 사마의는 진작 조조를 떠났을 것이다. 그러나 사마의에게는 모호한 현재, 예측 불가능한 미래를 견디는 힘tolerance of ambiguity이 있었다. 바로 그런 힘에서 기술, 지식, 가치관, 사고방식, 태도, 성격 등 역량competency이 증가한다. 하버드대학교 성격연구소 소장이던 데이비드 매클레랜드David McClelland 교수는 역량을 '상황과 관계없이 자신의 성과 창출에 유익한 행동 양식을 지속하는 특성'이라고 정의했다. 사마의는 자신에게 비우호적인 상황 속에서도 드러나지 않게 자신의 때를 위한 기반을 다져갔다.

사마의는 조조의 후계자 조비의 신임을 받으며 나날이 벼슬이 높아졌다. 심지어 조비는 226년 5월에 황태자 조예曹叡에게 유지를 남길 때에도 "사마의와는 틈이 생겨도 의심하지 말라"라고 했다. 그렇게 위나라 최고의 실력자가 되고 나서도 사마의는 일부러 큰 공을 세우기를 꺼린다. 황제에게 자신이 위험인물로 비쳐질까 봐 조심 또 조심한 것이다. 사마의의 그런 태도는 향후 제갈량과의 전투에서도 고스란히 드러난다.

황제로 등극한 조예는 어머니 견후甄 后를 부왕 조비에게 모함해 죽게 한 문덕 황태후文德皇太后를 사살했다. 조예는 집권 초기 선정을 베풀었지만, 후기에 들어서 는 사치와 향락에 빠져 실정失政을 거듭 했다.

이처럼 위나라 분위기가 어수선해지 자 제갈량은 227년부터 7년에 걸쳐 5차 례 북쪽 정벌에 나선다. 이때 사마의와 제갈량의 역사적인 대결이 벌어진다.

위연, "Gongjin's Campaign Memorials: a Three Kingdoms Wiki(1906)

제갈량에겐 두고두고 한이 될 자오곡 계책

제갈량은 여러 면에서 뛰어났지만, 완벽주의자로 매사 를 직접 주관해야만 직성이 풀리는 성격이었다. 관청 장부까지 일일 이 들여다보는 제갈량에게 관리들은 종종 "위와 아래의 역할이 다 릅니다"라며 건의하기도 했다.

제갈량은 황제 유선에게 꼼꼼히 작성한 '출사표'를 바치고, 228년 봄에 앞장서서 북벌을 시작했다. 위나라 조조의 사위 하후무夏侯楙가 전 병력을 동원해 맞선다는 첩보가 들어오자, 위연魏延은 제갈량에게 달려가 출전을 자청했다.

"제게 군사 5천 명을 주시면 자오곡子午谷을 돌파해 장안을 급습하고 승상의 본대가 올 때까지 버티겠습니다."

이른바 '자오곡 계책'이었다. 험준한 진령산맥의 자오곡이라는 계곡을 타고 달려가면 장안까지 열흘이 채 안 걸렸다. 그러나 제갈량은 웃기만 할 뿐 위험한 계책이라며 위연의 출전을 승인해주지 않았다.

"뜻은 좋으나 만전지계萬全之計가 아니로다. 만약 적이 계곡 주변에 매복병을 심어두기라도 한다면, 우리는 5천 군사도 잃고 사기도 꺾일 것이다."

그러나 위연은 뜻을 굽히지 않았다.

"승상처럼 대로만 따라서 공격한다면 위나라도 모든 군사를 동원해 막을 텐데 어느 세월에 중원을 차지하겠습니까?"

"걱정 마라! 병법대로만 진격한다면 어찌 이기지 못할까?"

만일 위연의 계책이 성공만 한다면 일거에 승기를 잡을 수 있었다. 조조였다면, 충분히 받아들였을 계책이었다. 훗날 사마의도 이렇게 말했다.

"나도 위연의 생각과 같다. 그리했다면 장안은 이미 초나라의 것이 되었을 것이다. 제갈량은 평생 실수할까 봐 근신하던 사람이다. 위태로운 일에 놀아날 위인이 아니지."

사마의가 제갈량을 제대로 보았다. 완벽주의자 제갈량은 매사 신중했고, 위험한 계곡길 대신 평탄한 대로를 선택했다. 그래서 북벌은 지구전으로 흘렀고, 촉나라 백성들은 큰 부담을 지게 되었다.

옹고집 제갈량과 읍참마속

제갈량은 기산祁山을 출발해 가정街亭으로 향하는 서쪽 코스로 주력군 20만을 보냈다. 그에 앞서, 기곡箕谷을 출발해 장안으로 향하는 동쪽 코스로 조운과 별동대를 보내며 마치 전군이 진군하는 것처럼 헛소문을 냈다. 그리고 주력군의 선봉에는 제갈량이 가장 총애하던 마속馬謖을 세우고는 협곡을 방어하면서 나가도록 지시했다. 그러나 마속은 그 지시를 무시한 채 산 정상에 주둔해버렸다.

마속은 자신을 실력 이상으로 과장하고, 행동보다 말이 앞서는 사람이었다. 마속의 부대가 물을 구하기 힘든 산 정상에 주둔하자 위나라 노장 장합은 이를 기회라 여기고 곧바로 급로를 차단해버렸다. 그렇게 장합은 기갈에 빠져 허덕이는 마속의 부대를 쉽게 정복했다.

그 여파로 제갈량의 본진도 한중으로 퇴각해야 했다. 제갈량은 패전의 책임을 물어 자신이 그리도 아꼈던 마속의 목을 친히 베었다. 여기서 나온 사자성어가 읍참마속泣斬馬謖으로, 대의를 위해 자기가 아끼는 사람을 버린다는 뜻으로 사용된다. 여기서도 제갈량의 완벽주의적 고집이 드러난다. 완벽주의자가 원하는 상황이란 존재하지 않으므로, 완벽주의자는 더더욱 자신의 생각에 매달리게 된다. 또 제갈량처럼 다른 사람이 하는 일은 늘 성에 차지 않는다. 그 모든 것이 합쳐져 옹고집이 된다.

위연이 제안한 '자오곡 계책'을 거절한 것도 그렇다. 그것은 제갈량의 병법 철학 때문이기도 했지만, 위연에 대한 선입견도 크게 작용했다. 위연이 처음 유비에게 등용될 때 제갈량은 그가 반골反骨

● **반골상**: 목덜미인 경추 부위가
돌출되거나 뒤통수가 튀어나온 상
을 흔히 반골상이라 하며 배신자의
관상으로 통했다. 제갈량이 위연을
반골상이라 한 것은 《삼국지연의》
의 설정으로, 훗날 위연이 북벌 선
봉장에 섰을 때 제갈량의 회군 명
령에 불복한 것을 염두에 둔 표현
이다.

상●이라며 반대했고, 그 후에도 위연을 마뜩치 않게 여겼다. 둘은 성격도 맞지 않았는데, 호탕한 위연은 신중하기 그지없는 제갈량을 '겁쟁이'라고 말하고 다녔다.

마속은 위연과 달리 제갈량과 더불어 전략 토론을 즐겼다. 제갈량도 마속을 친아들처럼 여기며 어디든 데리고 다녔다. 하지만 유비는 마속을 '크게 기용해서는 안 될 인물'이라 보았고 임종의 자리에서도 "마속은 실제보다 부풀려진 사람이니 너무 믿지 마시라"라고 당부하기까지 했다. 그러나 제갈량은 위연을 멀리하고, 마속은 끝까지 편애했다.

다음으로 2차 북벌이 겨울에 시작되었다. 제갈량은 1차 북벌 때 실패한 기산~가정 코스 대신 산관散關을 넘어가려 했다. 산관을 넘으려면 높이 솟은 기암괴석과 계곡물이 깊은 진창陳倉을 건너야 했다. 위나라에서는 이를 내다본 사마의의 추천에 따라 학소郝昭가 진창 방위사령관으로 임명되었다. 학소는 1천여 명의 병사와 함께 봄부터 성을 쌓아두고 수비에 들어갔다. 촉나라 군대는 성을 포위하고 공격을 개시했지만 20여 일 만에 군량미가 떨어져 돌아가야 했다.

그다음 해인 229년 봄, 제갈량은 3차 북벌을 시작했다. 그는 익주 방어의 요지인 무도武都와 음평陰平을 점령한 후 겨울을 맞이했는데 폭설 때문에 양쪽 군대가 모두 물러났다. 그로부터 1년 뒤, 이번에는 위나라가 먼저 3개 방면에서 촉을 응징하러 나섰다. 사마의가 직접 참

전했지만, 여름 폭우로 양도糧道가
유실되는 바람에 퇴각해야 했다.

231년에 제갈량의 4차 북벌이
시작되었다. 제갈량 측은 지난 전
쟁에서 가장 큰 애로사항이었던
군수물자 수송을 위해 목우유마木

● 목우유마: 촉한 시대 제갈량과
포원蒲元이 공동 개발한 운송수단
으로 소와 말처럼 생겼고 바퀴가
하나뿐인 수레이다. 군사들에게 식
량을 공급할 목적으로 사용되었는
데, 한 번에 한 사람의 1년 치 식량
을 공급할 수 있었다고 한다.

牛流馬●를 만들며 연전연승했지만, 제갈량이 사마의를 따라 시계처럼
돌고 도는 모양새였다. 결국 제갈량은 군량미 수송에 차질이 생겨
회군해야 했다.

목우유마의 모형. 중국 산둥성 쯔보시 소장

사마의 때문에 속만 태우다 죽은 제갈량

　　당시 촉의 국력을 1이라고 하면, 오나라는 3, 위나라는 6으로, 국력으로는 조조의 위나라가 제일이고 유비의 촉이 가장 낮았다. 따라서 제갈량은 위의 세력을 빼앗으려고 집요하게 북벌을 반복한 것이었다. 그런 제갈량을 상대할 사람은 위나라에서 사마의밖에는 없었다. 제갈량이 있는 한 사마의의 가치는 절대적이었다. 이를 잘 알았던 사마의는 제갈량과의 전쟁에서 상대를 전멸시키는 전략보다 완패도 완승도 하지 않는 범위 안에서만 움직였다.

　그다음 제갈량의 북벌은 234년에 있었다. 그는 기존의 군사보다 훨씬 많은 병력을 동원해 오장원五丈原을 차지하고 사마의를 공격했다. 이때 사마의가 부하들에게 내린 명령은 '견수자중堅守自重', 즉 오직 지키기에만 힘쓰라는 것이었다. 제갈량이 싸움판을 벌이려고 사마의를 조롱하는 등 온갖 수단을 동원해봤지만 사마의는 꿈쩍도 하지 않았다.

　그렇게 100여 일간 대치하면서 속만 태우던 제갈량은 병사하고 만다. 자만심으로 형주를 잃어버리고 종말을 맞이한 관우처럼 제갈량도 자기 책략만 고집하다가 이렇게 허무하게 끝이 났다. 관우와 제갈량의 지나친 나르시시즘은 유비밖에는 제어할 사람이 없었다.

　촉군은 제갈량의 죽음을 감추고 서둘러 후퇴했다. 제갈량 사후 촉과 위 사이의 국경은 어느 정도 안정되었다. 그 후 238년 요동의 공손연이 반란을 일으키자 사마의가 달려가 평정했다. 사마의는 귀국길에 위의 황제 조예가 위급하다는 소식을 듣고 서둘러 입궐한다.

병상에 누운 조예는 사마의와 황실의 일족 조상曹爽에게 자신의 아들을 간곡히 당부했다.

"경들이 이제 여덟 살인 조방曹芳을 잘 보살펴주구려."

조예 사후 조상은 한동안 연장자인 사마의를 깍듯이 예우했다. 그런데 측근이 생기면서 사마의를 밀어내기 시작하더니, 어느덧 사마의에게서 병권까지 회수해 자기 동생들에게 나눠주었다.

최후 승자는 사마의? 삼국시대를 끝내다

점점 기고만장해진 조상은 거침없이 사치와 향락에 빠져들었다. 이를 지켜보던 사마의는 병을 핑계로 칩거했는데, 이는 조상의 실체를 잘 알았던 계략이었다. 사마의는 전쟁에서 큰 공을 세운 장수였지만, 조조 때부터 궁중의 정치와 생리를 익히 경험한 노련한 정치가이기도 했다. 반면, 조상은 어릴 적부터 황실에 출입하긴 했지만, 뜻 맞는 이들과만 어울리며 정치적 안배에만 밝았을 뿐 무게감도 배짱도 없었다. 사마의는 그런 애송이가 더욱 만행을 부리도록 바짝 엎드려주었다. 마치 먹이를 노리는 숲속의 맹수처럼 말이다.

사마의는 내면의 충동이 표출되지 못하도록 상반된 행동을 하는 데 탁월했다. 심지어 노망난 노인 행세까지 할 정도였다.

이에 완전히 방심한 조상은 249년 정월 어느 날, 황제를 모시고 자신의 파벌들과 함께 낙양성을 나섰다. 명제의 능을 참배한다는 명분으로 나들이를 떠난 것이다. 사마의가 은연자중하며 10년간 기다

● **가치부전假痴不癲**: 치痴란 바보 같은 태도를 말하며 전癲이란 정신 착란을 의미하는 것으로, 가치부전 이란 "어리석은 척하되 미치지는 마라"라는 말이다. 자신에게 불리한 상황에서 큰 포부를 숨기고 겉으로 바보같이 굴되 정신을 바짝 차리며 때를 기다린다는 뜻이다.

얀리벤(閻立本), 《역대제왕도권(歷代帝王圖卷)》(7세기) 中 서진 황제 사마염, 보스턴미술관 소장

리던 바로 그 순간이었다.

사마의는 즉시 두 아들 사마사司馬師[진 세종 경황제, 208~255], 사마소司馬昭[진 태조 문황제, 211~265]와 함께 거사를 일으키고 낙양을 접수한 다음, 조상 일당을 일망타진했다. 바보인 것처럼 살다가 기회를 포착하면 본모습을 드러낸다는 말●은 바로 이런 사마의를 두고 하는 말이다.

그때부터 위나라의 실권은 사마의가 장악했고, 황제는 그의 꼭두각시가 되었다. 사마의는 두 아들을 거치며 촉과 위를 점령했다.

그 후 사마의의 손자 사마염司馬炎[서진 세조 무황제, 236~290]이 오를 멸하고 통일제국 서진의 초대 황제가 되면서 삼국시대를 끝낸다.

고집불통 제갈량 대 철두철미한 사마의:

촉의 제갈량은 위나라를 정벌할 목적으로 7년간 다섯 차
례에 걸쳐 북벌을 감행하면서 사마의와 충돌한다. 완벽
주의자 제갈량은 실수할까 봐 매사 안전한 길을 택하고
정석대로만 했다. 그 결과 북벌이 지구전이 되면서 백성
들에게 큰 부담이 되었다. 그런 제갈량을 잘 알았던 사마
의는 상대를 전멸시키는 전략보다 지구전을 택함으로써
제갈량 속을 태웠다. 결국 제갈량은 그 전투에서 병사했
고, 정권에 대한 포부를 오래도록 숨겨왔던 사마의는 기
회를 노려 아들들과 함께 쿠데타에 성공해 위를 장악했
다. 사마의의 손자 사마염은 통일제국 서진의 초대 황제
가 된다.

인명

부르디외, 피에르 71
브렘, 잭 374

[ㅅ]
사마염 436, 437
사마의 238, 424, 426~430, 432~437
서서 365, 366, 369
셀리그먼, 마틴 184, 261
소제 68, 81~83, 88, 161, 248
소패왕 106, 187~189, 203
손견 58, 99, 100, 102~104, 106~120,
124, 130~136, 139, 140, 151, 152,
154, 189, 190, 192~195, 360, 363,
365, 378, 382
손권 83, 189, 191, 201, 344, 360,
363~365, 367, 369, 372~380,
382~385, 391~395, 397~403, 405,
407, 411~419, 426
손다이크, 에드워드 리 364
손부인 394
손책 41, 106, 108, 112, 115, 131, 133,
135, 189~197, 200~208, 211~213,
268~270, 275, 278, 279, 282, 319,
344, 363, 364, 376, 392, 395
순우경 237, 332, 350, 351
순욱 238, 245, 252, 276, 285~289, 291,
293, 303, 323~325, 328~332, 339,

342, 344, 347, 349, 353, 399
순유 249, 311, 325, 328, 339, 342, 346,
348
스턴버그, 로버트 20
신평 237, 239, 248, 356

[ㅇ]
아들러, 알프레드 271
안량 23, 339, 340, 342
양봉 106, 107, 229, 232, 233, 240, 281,
317
양정 153, 222, 229, 316, 317
양홍 269~272, 270, 275
여몽 136, 185, 411, 413~419
여범 192, 194
여포 13, 22, 24, 45, 78, 82~84, 97, 106,
112, 113, 129, 139~144, 146, 148,
149, 153, 154, 156~169 209, 215,
218, 226, 235, 244~249, 255~260,
267~329, 340, 354, 362, 403
영제 10, 29, 34, 48, 49, 55~60, 64~67,
75, 127, 136
오자서 40
왕미인 65
왕윤 83, 84, 89, 96, 97, 138~155, 160,
223, 231, 240, 266, 316
왕치 151

원상 354, 356~358, 360

원술 13, 24, 79, 94, 95, 99~113, 117, 120, 122, 132~136, 139, 140, 146, 157, 158, 160~162, 169, 177, 183, 186~195, 214, 216, 227, 234, 238~240, 247, 251~253, 267~279, 294, 305, 306, 319~321, 322, 326, 327, 340, 343, 361, 365, 392

위연 390, 429~432

위자 94, 158, 159, 164

유관장 11~18, 20, 21, 42, 44, 99, 112, 420, 424

유방 12, 48, 130, 197, 247, 369

유비 10~50, 53~55, 57, 58, 61~64, 83, 95, 99, 113, 115, 132, 159, 172, 177, 178, 180, 182~187, 210, 238, 244~253, 256, 260~263, 267~270, 272~277, 282, 305~307, 309, 313~316, 319~327, 333, 335~337, 340, 341, 343, 344, 353, 354, 357~360, 363, 365~375, 377, 379, 380, 382~384, 388, 390, 392~399, 401, 403, 405~407, 409~414, 416~427, 431, 432, 434

유선 424~426, 429

유엽 332, 346, 347, 352

유요 191, 197~203, 198, 205, 208, 210, 211, 214~220

유우 62, 63, 164, 294, 297, 298, 301

유장 30, 31, 42, 319, 360, 369, 401~407, 409, 410, 419

유표 24, 95, 103, 131~133, 136, 139, 162, 177, 188, 277, 278, 285~287, 289, 291, 311, 319, 344, 354, 357~362, 365, 368, 370, 372, 373, 382, 391~393

유협 65, 67, 70, 81, 82, 86

유회 62

육손 390, 416, 421~424, 426

융, 카를 90, 279

응소 173, 174

이각 114, 129, 152, 153, 161, 165, 187, 191, 222~231, 233, 234, 239, 240, 266, 284, 288, 289, 292, 316, 328, 403

이숙 82~84, 86, 87, 92, 110

이유 82~84, 86~89, 92, 96, 97, 114, 128, 129, 142, 143, 147, 149

[ㅈ]

자방 247, 248

장각 10, 34, 47, 53, 58

장료 168, 169, 294, 306, 309, 312, 313, 350, 393, 412

삼국지 인물들로 배우는 성공과 실패의 심리
심리학으로 읽는 삼국지

펴낸날 | 초판 1쇄 발행 2024년 12월 20일

지은이 | 이동연
발행인 | 최석두

펴낸곳 | 도서출판 평단
출판등록 | 제2015-000132호(1988년 7월 6일)
주소 | (10594) 경기도 고양시 덕양구 통일로 140 삼송테크노밸리 A동 351호
전화번호 | (02) 325-8144
팩스번호 | (02) 325-8143
이메일 | pyongdan@daum.net

ISBN | 978-89-7343-579-1 (03190)